·政治与哲学书系·

马克思主义国家治理理论与中国实践

揭晓 等 | 著

光明日报出版社

图书在版编目（CIP）数据

马克思主义国家治理理论与中国实践 ／ 揭晓等著．－－北京：光明日报出版社，2023.7
ISBN 978－7－5194－7341－9

Ⅰ.①马… Ⅱ.①揭… Ⅲ.①马克思主义—国家理论—研究 ②中国特色社会主义—社会主义制度—研究 Ⅳ.①A811.64②D621

中国国家版本馆 CIP 数据核字（2023）第 123068 号

马克思主义国家治理理论与中国实践
MAKESI ZHUYI GUOJIA ZHILI LILUN YU ZHONGGUO SHIJIAN

著　　者：揭　晓 等	
责任编辑：李　倩	责任校对：李壬杰　张慧芳
封面设计：中联华文	责任印制：曹　净

出版发行：光明日报出版社
地　　址：北京市西城区永安路 106 号，100050
电　　话：010－63169890（咨询），010－63131930（邮购）
传　　真：010－63131930
网　　址：http://book.gmw.cn
E－mail：gmrbcbs@gmw.cn
法律顾问：北京市兰台律师事务所龚柳方律师
印　　刷：三河市华东印刷有限公司
装　　订：三河市华东印刷有限公司
本书如有破损、缺页、装订错误，请与本社联系调换，电话：010-63131930

开　　本：170mm×240mm	
字　　数：260 千字	印　　张：14.5
版　　次：2023 年 7 月第 1 版	印　　次：2023 年 7 月第 1 次印刷
书　　号：ISBN 978－7－5194－7341－9	
定　　价：89.00 元	

版权所有　翻印必究

目 录
CONTENTS

第一章 国家治理理论概述 …………………………………… 1
  第一节 国家治理的概念 …………………………………… 1
    一、治理的概念 …………………………………………… 1
    二、国家的概念 …………………………………………… 8
    三、国家治理体系和治理能力现代化 …………………… 11
  第二节 国家治理的逻辑架构 ……………………………… 14
    一、治理理念 ……………………………………………… 14
    二、治理主体 ……………………………………………… 16
    三、治理内容 ……………………………………………… 19
    四、治理方式 ……………………………………………… 21
  第三节 国家治理的制度体系 ……………………………… 23
    一、制度体系的主要特征 ………………………………… 23
    二、制度体系的关键构成 ………………………………… 26
    三、制度体系的完善发展 ………………………………… 27

第二章 马克思主义国家治理理论的发展演进 ……………… 31
  第一节 马克思主义国家学说的创立和发展 ……………… 31
    一、马克思主义国家学说的诞生：欧洲市民阶级的形成与德国的艰难处境
        ……………………………………………………………… 31
    二、站在黑格尔肩膀上的马克思：《黑格尔法哲学批判》所论的国家学说
        ……………………………………………………………… 32
    三、推进与完善：《德意志意识形态》《共产党宣言》
        《家庭、私有制和国家的起源》中的国家学说 ……… 35
    四、马克思主义国家学说的创立和发展：德国的历史经验与马克思、恩格

　　　　斯的努力 ·· 38
　　第二节　马克思主义国家治理理论的发展 ······································ 39
　　　　一、俄国共产党人对马克思主义国家治理理论的发展 ············ 39
　　　　二、德国社会民主党的"修正主义" ·· 41
　　　　三、葛兰西与哈贝马斯：公民社会是国家的最高形式 ············ 43
　　　　四、西方马克思主义国家治理理论的总结与启示 ···················· 44
　　第三节　马克思主义国家治理理论的中国化 ·································· 45
　　　　一、毛泽东思想对国家治理理论的发展 ···································· 45
　　　　二、中国特色社会主义理论体系对国家治理理论的发展 ········ 49
　　　　三、习近平新时代中国特色社会主义思想对国家治理理论的发展 ······ 55

第三章　中华优秀传统文化蕴含的国家治理智慧 ·························· 62
　　第一节　中华优秀传统文化国家治理思想的主要内容 ·················· 62
　　　　一、国家治理的前提：民为邦本 ·· 63
　　　　二、国家治理的原则：以德为先 ·· 65
　　　　三、国家治理的方法：明分使群 ·· 66
　　　　四、国家治理的过程：身国同治 ·· 68
　　　　五、国家治理的目标：贵和安人 ·· 70
　　第二节　中华优秀传统文化国家治理思想的基本特点 ·················· 72
　　　　一、天人合一 ·· 72
　　　　二、义利合一 ·· 74
　　　　三、知行合一 ·· 76
　　　　四、常变合一 ·· 78
　　　　五、王霸合一 ·· 80
　　第三节　中华优秀传统文化国家治理思想的现代价值 ·················· 82
　　　　一、"道法自然"的生态文明建设 ·· 82
　　　　二、"以民为本"的人民至上原则 ·· 84
　　　　三、"礼法合治"的国家治理理念 ·· 85
　　　　四、"天下大同"的人类命运共同体构建 ································ 87

第四章　国外国家治理理论 ·· 89
　　第一节　西方治理理论概述 ·· 89

一、治理理论发展背景 ……………………………………………… 89
　　二、西方前沿治理理论概述 …………………………………………… 91
第二节　以市场为中心的治理学派 …………………………………… 92
　　一、理论思想概述 ……………………………………………………… 92
　　二、公共选择理论 ……………………………………………………… 93
　　三、新制度主义 ………………………………………………………… 97
　　四、以市场为中心治理理论在中国的实践：社会经济改革的有效工具
　　　　……………………………………………………………………… 100
第三节　以网络为中心的治理学派 …………………………………… 102
　　一、理论思想概述 ……………………………………………………… 102
　　二、网络治理 …………………………………………………………… 103
　　三、政策网络 …………………………………………………………… 106
第四节　以国家为中心的治理学派 …………………………………… 111
　　一、理论思想概述 ……………………………………………………… 111
　　二、国家主义理论 ……………………………………………………… 113

第五章　国家治理现代化与中国探索　116
第一节　全面建设社会主义现代化国家的战略内涵与特征 ………… 117
　　一、中国共产党对现代化的探索历程 ………………………………… 117
　　二、全面建设社会主义现代化国家的科学内涵 ……………………… 120
　　三、全面建设社会主义现代化国家的基本特征 ……………………… 122
第二节　社会主义现代化强国与国家治理现代化 …………………… 125
　　一、开启全面建设社会主义现代化国家新征程的战略意义 ………… 126
　　二、全面建设社会主义现代化国家对国家治理现代化的新要求 …… 129
第三节　国家治理现代化的动力、保障和保证 ……………………… 133
　　一、国家治理现代化的内驱动力：全面深化改革 …………………… 133
　　二、国家治理现代化的有力保障：全面依法治国 …………………… 135
　　三、国家现代化提供的根本保证：全面从严治党 …………………… 137

第六章　中国特色社会主义国家治理的实践　139
第一节　政治治理 ……………………………………………………… 139
　　一、探索民主政治新范式，坚持中国特色社会主义政治发展道路 … 140
　　二、优化政治资源配置，构建中国政治治理大格局 ………………… 145

三、持续深入推进改革，形成政治治理的强大动力 …………… 147

第二节　经济治理 …………………………………………………… 149
　　一、创新经济治理思想，引领经济发展新方向 ……………… 149
　　二、制定经济治理战略，提升经济发展新定力 ……………… 152
　　三、优化经济治理结构，形成经济发展新系统 ……………… 157
　　四、提升创新驱动能力，引领经济发展新方向 ……………… 159

第三节　文化治理 …………………………………………………… 160
　　一、坚持党对文化治理的全面领导 …………………………… 160
　　二、构建新时代文化治理多元路径 …………………………… 163
　　三、挖掘中华文化中的治理智慧 ……………………………… 167

第四节　社会治理 …………………………………………………… 170
　　一、社会治理在国家治理体系的定位 ………………………… 171
　　二、坚持以人民为中心的价值旨归 …………………………… 172
　　三、汇聚多元治理主体的强大合力 …………………………… 174
　　四、积极创新社会治理体制 …………………………………… 175
　　五、加强民生建设和民生福祉 ………………………………… 177
　　六、防范化解社会风险 ………………………………………… 179

第五节　生态治理 …………………………………………………… 180
　　一、建设现代化生态治理制度体系 …………………………… 181
　　二、建立自然资源高效利用的制度 …………………………… 182
　　三、形成多主体协同参与治理格局 …………………………… 183
　　四、明确生态环境保护和责任制度 …………………………… 187
　　五、共建生态文明全球命运共同体 …………………………… 189

案例分析　从分散探索到协同共治：数字化治理与政府效率变革
　　　　——基于2012—2020年的广东经验 ……………………… 192

参考文献 ………………………………………………………………… 218
后　记 …………………………………………………………………… 224

第一章

国家治理理论概述

政府治理模式的改革源于20世纪70年代政府管理危机或信用危机。治理意味着一种多元的、民主的、合作的管理逻辑，它打破了管理者与被管理者二元对立机制，是一种充分展现人性、追求民主共治的新型管理模式。国家治理既强调了政府在国家治理中的重要作用，同时也考虑到了治理理念所强调的社会诉求。2013年11月，党的十八届三中全会通过的《中共中央关于全面深化改革若干重大问题的决定》，将"推进国家治理体系和治理能力现代化"定位为"全面深化改革的总目标"，深刻揭示了国家治理与现代社会的内在联系，为推进国家治理体系和治理能力现代化指明了方向，提供了根本遵循。

第一节 国家治理的概念

一、治理的概念

自20世纪八九十年代以来，"治理"理论逐渐成为风靡全球的流行用语，以及成为政治学、社会学、哲学、经济学等学科领域的重要概念，是西方学术界最有影响的理论分析框架之一。事实上，"治理"不仅仅是一个时髦用语，也是当代社会对于新型管理模式的一种探索。

（一）当代西方语境的治理概念

"治理"（governance）概念源于古典拉丁文和古希腊语中的"掌舵"一词，其含义主要指控制、引导和操纵①。14世纪晚期"govern"扩展为"治理"一词，该词来自法文"governance"，即"统治指挥的行为，其含义是管理、控制、

---

① 王浦劬. 科学把握"国家治理"的含义 [N]. 光明日报，2013-12-29（7）.

统治某个事物或某个国家实体的行为和方式"。① 但是，从20世纪70年代开始，伴随着经济全球化和后现代社会哲学的出场，"治理"这一历史范畴的内涵、功能、特征都发生了深刻的变化，具有了完全崭新的内涵。② 1989年世界银行首次使用"治理危机"（crisis in governance），标志着"新治理"开始流行，并赋予其不同于"统治"的意义。

随着20世纪90年代西方经济危机的出现，福利国家制度逐渐遭到质疑。西方学界提出福利国家面临"社会不可治理性"，政府逐渐失去在公共政策领域的垄断地位。各种利益集团、非政府组织、公民团体逐渐加入政策制定过程的各个环节中，表现为国家中心主义的式微，新自由主义理论为分权化和私有化的新公共管理提供了理论支撑③。治理成为西方社会科学的重要概念和话语，赋予了新的内涵。治理作为一种新的国家治理范式出现在西方历史进程中，作为市场和国家不完善结合之外的新选择，治理概念和相关理论得以兴起。④ 1992年世界银行提出治理是"为了发展而在一个国家的经济与社会资源的管理中运用权力的方式"。

治理理论的创始人罗西瑙在《没有政府的治理》和《21世纪的治理》中把"治理"定义为一系列活动领域中的管理机制，它们虽未得到正式授权，却能有效发挥作用。与统治不同，治理指的是一种由共同的目标支持的活动，这些管理活动的主体未必是政府，也无须依靠国家的强制力来实现。换句话说，与政府统治相比，治理的内涵更加丰富，它既包含政府机制，同时也包含非正式的、非政府的机制。⑤ 罗伯特·罗茨认为，"治理"标志着政府管理含义的变化，是指"一种新的管理过程，或者一种改变了的有序统治状态，或者一种新的管理社会的方式"。⑥ 至少可以从六个方面来理解"治理"的含义。（1）作为国家最小管理活动的治理，是指国家削减公共开支，以最小的成本获得最大的效益。（2）作为公司管理的治理。这种专门的用法指的是"指导、控制和监督企业运

---

① 张占斌，薛伟江. 当代中国国家治理概论 [M]. 北京：中共中央党校出版社，2021：22.
② 孙伯癸. 当代地方治理：面向21世纪的挑战 [M]. 北京：中国人民大学出版社，2004：19.
③ 王群光. 治理的西方语境与中国化重建 [J]. 社会主义研究，2017（5）：89-95，118.
④ 卜万红. 社区服务：政府、市场和社会的互动 [J]. 中共南京市委党校南京市行政学院学报，2003（3）：51-56.
⑤ 詹姆斯·罗西瑙. 没有政府的治理 [M]. 张胜军，刘小林，等译. 南昌：江西人民出版社，2001：5.
⑥ 俞可平. 治理与善治 [M]. 北京：社会科学文献出版社，2000：86.

行的组织体制"。（3）作为新公共管理的治理。它指的是将市场的激励机制和私人部门的管理手段引入政府的公共服务，实行"更少的政府"（或者更少的划桨）、"更多的治理"。（4）作为"善治"的管理。它强调效率、法治、责任的公共服务体系。（5）作为社会—控制论系统的治理。它可以被看作一种在社会政治体系中出现的模式或结构，它是所有被涉及的行为者互动式参与努力的"共同"结果或者后果。（6）作为自组织网络的治理，它指的是建立在信任与互利基础上的社会协同网络。

研究治理理论的另一位权威格里·斯托克（Gerry Stoker）对目前流行的各种治理概念进行了一番梳理后指出，截至目前各国学者对作为一种理论的治理已有五种主要的观点。即：（1）治理意味着一系列来自政府但又不限于政府的社会公共机构和行为者。它对传统的国家和政府权威提出挑战，它认为政府并不是国家唯一的权力中心。各种公共的和私人的机构只要其行使的权力得到了公众的认可，就都可能成为在各个不同层面上的权力中心。（2）治理意味着在为社会和经济问题寻求解决方案的过程中存在着界限与责任方面的模糊性。它表明，在现代社会国家正在把原先由它独自承担的责任转移给公民社会，即各种私人部门和公民自愿性团体，后者正在承担越来越多的原先由国家承担的责任。这样，国家与社会之间、公共部门和私人部门之间的界限与责任便日益变得模糊不清。（3）治理明确肯定了在涉及集体行为的各个社会公共机构之间存在的权力依赖。进一步说，致力于集体行动的组织必须依靠其他组织；为达到目的，各个组织必须交换资源谈判共同的目标；交换的结果不仅取决于各参与者的资源，而且取决于游戏规则以及进行交换的环境。（4）治理意味着参与者最终将形成一个自主的网络。这一自主的网络在某个特定的领域中拥有发号施令的权威，它与政府在特定的领域中进行合作，分担政府的行政管理责任。（5）治理意味着办好事情的能力并不限于政府的权力，不限于政府的发号施令或运用权威。在公共事务的管理中，还存在着其他的管理方法和技术，政府有责任使用这些新的方法和技术来更好地对公共事务进行控制与引导。

阿里·卡赞西吉尔认为治理模式之所以有吸引力，就在于更能应付千差万别的现代社会中的决策问题。现代社会的各子系统和网络日趋独立，这便对治理造成了压力。在这种情况下，治理的能力，除了政府机关和各种机构外，还需要公民社会的参与，各种利益集团、网络以及部门间的协商。治理于是促进了国家与社会之间的互动，成为形形色色社会代理者（如公共治理部门、私人公司、半公共机构、游说团体、咨询人、公民和消费者协会）之间的一种协作方式，使政策的制定更为有效。这种模式比传统的统治方式更能适应社会环境，既强调了公共政策制定中的纵横协调，也强调了多元和不统一。它的要旨不在于具体的机构，而在于过程和实践。它是一个过程而不是结构。①

德国学者贝娅特·科勒-科赫等认为，"治理的本质特征就是有意识地确定并努力实现一个政治目标，并确保行为者的行为是在朝这个方向努力"。"这个过程如何进行，取决于参与的行为者、议事日程上的主题，特别是取决于实施这一进程的各种制度。"②

一些国际性组织也对治理的概念进行了界定。世界银行一直在一个相当窄的范畴上关注什么是好政府和善治问题，即关注与改革官僚机构有关的管理或制度问题、政策分析、协调的改进以及它们所谓的"公共服务的效率"问题。但是自1989年世界银行发表《撒哈拉以南非洲：从危机到可持续增长》以来，其在治理的名义下开始关注新的范畴，不再简单地是技术和管理问题了。其主要也是为了回避较为敏感的政府统治，以免有指责和干涉内政之嫌。其认为"治理"就是"为了发展而在一个国家的经济与社会资源的管理中运用权力的方式"。世界银行把治理与对发展的健全管理联系起来，认为对公共事务的处理需要建立标准和规章制度，并且，掌权者需要报告他们的工作。良好的治理应该引导非政府机构，尤其是私营企业积极参与。经合组织的发展援助委员会对此进行了拓展，认为治理就是"运用政治权威管理和控制国家资源，以求经济和社会的发展"。

在众多的文献中，联合国全球治理委员会关于治理的界定被广泛引用，具有极大的代表性和权威性。该委员会在1995年发表了一份《我们的全球伙伴关系》的研究报告，该报告认为治理就是"各种公共的和私人的个人和机构管理其共同事务的诸多方式的总和。它是使相互冲突的或不同的利益得以调和并且采取联合行动的持续的过程。这既包括有权迫使人们服从的正式制度和规则，也包括各种人们同意或以为符合其利益的非正式的制度安排"。它有四个基本的特征：治理不是一整套规则，也不是一种活动，而是一个过程；治理过程的基础不是控制，而是协调；治理既涉及公共部门，也包括私人部门；治理不是一种正式的制度，而是持续的互动。

基于以上对治理诸种分析，不难发现，由于治理概念被越来越广泛地运用到各个领域或由于研究的需要，导致学者对治理概念的界定角度不一。但同时

---

① 俞可平. 治理与善治 [M]. 北京：社会科学文献出版社，2000：130.
② 贝娅特·科勒-科赫，托马斯·康策尔曼，米歇勒·克诺特. 欧洲一体化与欧盟治理 [M]. 顾俊礼，潘琪昌，周宏，等译. 北京：中国社会科学出版社，2004：177.

也可以看到，"治理"这一概念十分有用，在社会各个层次，从最基层到跨国范围都可以发现其运用。治理理论主要被用于分析四个不同的层次：特定的社会组织内部（如企业、公司以及社区内部的组织机构）、民族国家、地区组织和全球社会。概言之，治理其实就是在既定的范围内各行为体为最大限度地增加共同利益而进行的民主协商和合作，通过建立一系列正式和非正式的规则来解决公共性问题，以维持正常的政治经济秩序。这里涉及几个问题。一是治理的主体。治理理论超越了以国家为中心的传统政治思维。从柏拉图、亚里士多德开始一直到现代的政治学与国际关系理论，国家都是政治活动的中心、社会政治生活行为规则的制定者、社会资源的拥有者和处置者、谋求社会福利的责任者。治理理论虽然承认国家仍然是社会政治活动最重要的行为体，但是由于相互依赖的加深和公共性问题的凸显，国家的主权遭到削弱、自主性降低，这就要求人们得以从国家、市场、企业、公民和社会的多维度、多层面去观察与思考。二是肯定了非国家行为体和社会组织的力量与作用。在治理的基础上，国家不再是唯一的、独占性的统治权威，虽然国家在治理上仍然发挥着主要的作用，但是需要和其他的行为体进行必要的合作，才能实现治理的目标。三是在治理的权威上，既有正式的强制性的制度管理，也有行为体之间民主协调谈判妥协；治理的权威既涉及政府的强制性和垄断性，也是基于共同的认同或自愿接受规则，在一定程度上，治理更加重视彼此的协商、谈判，更加强调权力的民主性和社会性。四是在治理的目标上，通过合作治理所产生的经济、社会效果是各行为体继续进行合作和发展的基础与依据。五是治理不等于统治。虽然治理和统治一样，都需要权威和权力，最终的目标也是维持正常的社会秩序，推动社会发展。但是"治理从头起便须区别于传统的政府统治概念"。治理与统治本质性的区别就是，治理虽然需要权威，但是这个权威主要来源于共同的认同和共识，而并不一定是来自政府机关，而统治的权威则必定是政府。前者以自愿为主，后者以强制为主。即使没有多数人的认可，政府统治同样可以发挥作用，而治理则需要得到多数人的认同，治理才能真正发挥作用。同时，两者在管理过程中的权力运行方向不同。统治的权力运行方向是自上而下，而与此不同的是，治理则是一个上下互动的管理过程，它主要通过合作、协商、伙伴关系、确立认同和共同的目标等方式实施对公共问题的管理。

（二）中国的治理概念

在中国传统历史上，"治"和"理"是两种不同的概念①。治的本义是河流

---

① 卜宪群. 中国古代"治理"探义［J］. 政治学研究，2018（3）：81-86.

的名称。《说文·水部》云:"治,水,出东莱曲城阳丘山,南入海。"《汉书·地理志上》云:"阳丘山,治水所出,南至沂入海。"《地理志上》云:"冠石山,治水所出,南至下邳入泗。"从这里可以看出,治的本义是治理,即疏浚河道。

春秋时期已经广泛使用这个"治"的引申概念,此时的含义多指管理和治理政务。《老子》云:"以正治国,以奇用兵,以无事取天下。"《国语·齐语六》云:"若必治国家,则非臣之所能也,其唯管夷吾乎!"又云"教不善则政不治。"《管子·任法》云:"君臣上下贵贱皆从法,此谓为大治。"此时的"治"被引入政治领域,皆与国家政务事务的管理、整治有关,战国时期"治"的使用更加普遍,含义内容更加丰富①。

"理"的本义是指攻玉的方法。《说文·玉部》:"理,治玉也。从玉,里声。"即按照玉的纹理、肌理、层次来剖析它、整治它,引申为治理、整理。段玉裁注:"战国策:郑人谓玉之未理者为璞,是理为剖析也。"② 朱骏声在《说文通训定声·颐部》中亦云理为"顺玉之文而剖析之"。可见段玉裁和朱骏声是将"理"字的本义与其后来的引申义放在一起进行讨论。理的引申义同样是从先秦时期开始形成的。先秦时期"理"由攻玉演化为三种含义:一为正土地疆域。《诗·小雅·信南天》:"我疆我理,南东其亩。"郑笺"疆,画经界也;理,分地理也。"《左传·成公二年》:"先王疆理天下,物土之宜而布其利。"杜预注:"疆,界也;理,正也。"二为职官。《左传·昭公十三年》:"行理之命,无月不至。"杜预注:"行理,使人通聘问者。""行理",晋国职官。《左传·昭公十四年》:"士景伯如楚,叔鱼摄理。"三为按照事物的规律、道理行事。《管子·正弟》:"能服信政,此谓正纪。能服日新,此为行理。"《管子·校注》:"能行日新,可谓行之理也。"这里的"行理",就是按照事物的规律行事。《战国策·齐策四》:"事有必至,理有固然。"由此可知,先秦思想家和政治家的"理"已演变为遵循规则、规律、道理、秩序行事之义③。"治"从早期水的本义引申为现在的治理,理从早期攻玉方法的本义引申为现在遵循规律做事。到战国晚期,"治"与"理"二字合二为一,形成了"治理"一词。荀子云:"然后明分职,序事业,材技官能,莫不治理,则公道达而私门塞矣,公义

---

① 卜宪群.中国古代"治理"探义[J].政治学研究,2018(3):81-86.
② 许慎.说文解字注[M].段玉裁,注.上海:上海古籍出版社,1981:15.
③ 卜宪群.中国古代"治理"探义[J].政治学研究,2018(3):81-86.

明而私事息矣。"① 荀子的学生韩非也提出"是故夫至治之国，善以止奸为务。是何也？其法通乎人情，关乎治理也"。②

因此，至战国晚期，"治"与"理"二字的引申义合并为"治理"一词，其意思基本固定下来，是指国家管理应按照某种规律、规则行事。也就是说，只有顺应时代需要，使国家井然有序的政治才能称为"治理"。秦汉以后的治理也是沿袭其在战国时代的含义，并普遍出现在文献中，"凡事治则条理秩然"成为中国传统文化中治理的含义③。可见，中国传统文化中具有丰富的治理思想。中国早在2000多年前就提出治理理念，并不断演进发展，形成一整套特色鲜明的治理体制和模式。因此，从某种意义上讲，当代中国提出的"国家治理现代化"，是建立在悠久的历史文化传统和经济社会发展基础上内生性演化出来的结果④。不过，"治理"在传统社会强调的"治国理政"的道理，即治理国家的原则和规律。因为，传统中国社会的公共事务较为简单，道家强调的"无为而治""小国寡民"，君主专制统治强调按照既定的原则和规律或者礼仪和规范进行管理与统治。公共事务管理的基本形式沿用千年而没有大的变化。反观当今社会的迅速变迁，公共事务的大幅增加，民众对公共福利的需求也越来越高，传统治理模式无法满足，治理需要被赋予新的意义，并引起社会的广泛关注⑤。

不同于西方国家，中国语境的"治理"与"统治"基本是作为同义词使用。中国语境的治理理论来源于儒道之术主要是治国理政之道，即是在国家控制下，主要专注于公共领域，是为了稳定和秩序。这和西方治理理论的多中心，覆盖公共领域和私人领域有明显不同。中国学术界引入治理进行研究，主要是看中治理概念的宽泛性和中性特点，治理与传统管理和统治相区别，其主要不同在于，治理既包括统治过程的正式的政府机制，也包括非正式和非政府的机制。

当前中国的治理研究相对传统社会的治理有扩大化的趋势，其既包括特定主体的国家治理、社会治理，也包括特定问题的贫困治理以及特定方式的运动式治理。不过中国当前强调的治理还是以国家治理为核心。习近平总书记明确指出，国家治理的目标在于实现"党和国家事业发展、人民幸福安康、社会和

---

① 王先谦. 荀子集解卷8：君道 [M]. 沈啸寰，王星贤，点校. 北京：中华书局，1988：239.
② 王先慎. 韩非子集卷20：制分 [M]. 上海：上海人民出版社，1998：476.
③ 卜宪群. 中国古代"治理"探义 [J]. 政治学研究，2018（3）：81-86.
④ 李晓乐. 马克思主义国家治理理论的历史逻辑 [D]. 南京：东南大学，2016：34.
⑤ 王群光. 治理的西方语境与中国化重建 [J]. 社会主义研究，2017（5）：89-95.

谐稳定、国家长治久安"①。当代中国"治理"与中国传统对"治"的理解是贯通的②。可以说当代中国强调的国家治理,是对中国传统治国之道的延续。正如习近平总书记指出的"我国今天的国家治理体系,是在我国历史传承、文化传统、经济社会发展的基础上长期发展、渐进改进、内生性演化的结果"③。

二、国家的概念

国家具有广义和狭义两种概念,广义概念是指拥有共同语言、历史文化、领土、种族和政府的社会群体,狭义概念是指一定范围内的人群共同体,两者皆是政治地理学的概念。国家是现代世界政治社会最基础的单位,是政治社会组织发展的核心形式。国家是人们生存的认可的政治基础,人的一切活动都受其影响。

(一)传统中国国家概念

国家是古代世界最主要的成就,国家是社会中的政治组织。历史学对"国家"的研究聚焦于权力架构、组织形式,从这个意义上讲,"国家"实质指的是政权。在中国历史上,国家最常用的概念是"王朝",是时间范畴的国家概念,包括该时代的全部精神和物质文明④。

国家概念很早就出现在中国古代的相关典籍中,如《史记·秦本纪》所载秦孝公(之)令:"国家内忧,未遑外事",又如《中庸》所书"国家将兴,必有祯祥"。从先秦的历史来看,"国"和"家"是两种概念,后来逐步合并成国家。先秦文献的"国"主要指的是古代的王侯封地,而"家"主要指的是"大夫封地"。后来随着大夫的地位提高,两个概念日趋接近。特别是在周天子统治衰落之后,诸侯和大夫兴起争霸天下,这时候"国家"一词开始兴起。

秦朝统一中国后,"国家"一词正式形成。这时候"国家"与"天下"的含义相近。前者更为具体,主要指江山社稷、政权机构、皇帝个人及其统治范围;而后者又具道德和普世意义。在传统中国历史中,国家在社稷江山上具有

---

① 习近平在省部级主要领导干部学习贯彻十八届三中全会精神全面深化改革专题研讨班开班式上的讲话 [EB/OL].(2014-02-17). https://www.ccps.gov.cn/xxsxk/xldxgz/201908/t20190829_133857.shtml.
② 张占斌,薛伟江. 当代中国国家治理概论 [M]. 北京:中共中央党校出版社,2021:23.
③ 习近平. 习近平谈治国理政:第1卷 [M]. 北京:外文出版社,2018:91.
④ 商红日. 国家与政府:概念的再界定:兼论国家与政府的区别 [J]. 北方论丛,2001(3):39-45.

一定神圣性，而"天下"隐含终极价值，是一种表达着对人所处世界终极关怀和价值追求的理念，其不仅指称中国，也用于界定中国朝廷的权力范围。国家需要"天下"来赋予其正当性①。宋代在周边游牧民族的压力下，传统的"天下观"逐步瓦解，逐步有了"自我意识"，产生了一定现代性的"中国国家意识"，形成一种具有延续性和主体性的"中国观念"。清末受到西方的冲击，从天下观到万国观，近代中国人开始认识到中国是世界万国中的一员，现代国家观念逐渐形成②。

（二）现代国家观念和特征

中西方政治学表达国家概念的词语是不同的。西方往往采用 country、nation、state 来表达国家的含义，而中文的"国家"一词涵盖了西方英文表达的三种含义。（1）领土——疆域的"country"，这主要是指地理意义上的国家，侧重国家的领土和疆域概念。（2）民族（国族）意义上的"nation"，主要是指以人口和民族为基础的国家，强调的是以血脉和文化为核心的共同体。（3）国民和国家统治体系的"state"，指的是地区和国民范围内的合法持久使用权威的政治共同体，侧重国家的法律和政治概念。

现代意义上的国家一般包括领土、国民、主权、政府和合法暴力统治等因素与形式。《西方哲学英汉对照辞典》将国家定义为"在公民或臣民构成大量人口的领土内运行的一套有组织的机构及其制度，其通过合法强制的法律体系控制和调节社会的活动。一个国家承认其他国家的平等主权"③。中国政治学对现代国家概念的基本定义可以概括为：现代国家乃是集领土、国族、国民（nation）和国家统治系统（state）等为一体的人类共同体，其实质是以国界精确划分的领土为地理基础，享有对内对外的国家主权，以国族、国民为内在根基，以新型国家统治系统为外壳，包括统治系统和被统治者在内的人类共同体④。

（三）马克思主义国家观

马克思与恩格斯对国家的起源、本质、演变发展以及国家的性质和职能进

---

① 李磊. 历史与现实纠葛中的"国家"概念 [J]. 华东师范大学学报（哲学社会科学版），2014（4）：21-22.
② 张占斌，薛伟江. 当代中国国家治理概论 [M]. 北京：中共中央党校出版社，2021：17.
③ 尼古拉斯·布宁，余纪元. 西方哲学英汉对照辞典 [M]. 北京：人民出版社，2001：952.
④ 肖滨. 扩展中国政治学的现代国家概念 [J]. 中国社会科学评价，2020（2）：5-14.

行了深刻的论述,是马克思政治思想的重要组成部分①。马克思认为国家是人类历史发展到一定阶段的产物,也是一种历史现象,是人类文明史的社会开端。恩格斯晚年在其《家庭、私有制和国家的起源》一书中,发展了马克思关于国家和社会结构的理论,提出:"国家是社会在一定发展阶段上的产物,是把社会冲突保持在'秩序'的范围以内的力量","随着阶级的消失,国家也不可避免地要消失"。②

马克思主义关于国家的论断第一次科学地揭示了国家的起源和本质。在马克思和恩格斯之前,尽管有不少学者对国家进行了研究,但他们都没有科学地揭示国家的本质。之前的政治学理论将国家说成是超阶级、超历史、代表全民利益的社会机构,给国家下的定义也是不明确的③。马克思主义揭示了国家的本质,提出国家是一个阶级镇压另一个阶级的工具,不管是民主共和国还是君主国在这一点都是一样的④。列宁也提出,国家是维护一个阶级对另一个阶级的统治机器⑤。

马克思主义通过分析国家的起源来解释国家的本质。与氏族组织通过血缘关系划分居民不同,国家是按地区划分居民。当氏族社会的阶级矛盾不可调和时,就会设立强制机构,以军队、警察和监狱等强制机关为后盾。与氏族社会的武装组织不同之处在于,国家不仅有武装力量,还有监狱和各种强制机制。国家的暴力是统治阶级专享的,并作为政治工具来维护统治阶级利益。氏族社会的武装主要由全体成年居民组成,主要用于对付外敌,其内部主要是靠原始民主、原始崇拜和道德习俗等习惯力量来维持秩序。

通过与原始社会的对比,马克思主义揭示了国家的本质。即国家是在阶级冲突中产生的,是一个阶级用以压迫另一个阶级的有组织的暴力⑥。国家的本质是阶级统治。马克思主义认为,国家作为上层建筑是为经济基础服务的,是维护统治阶级经济利益的工具。国家的主要功能是让社会服从于统治阶级的意志,

---

① 郁建兴. 论全球化时代的马克思主义国家理论 [J]. 中国社会科学, 2007 (2): 43-55, 205.
② 恩格斯. 家庭、私有制和国家的起源 [M]. 北京: 人民出版社, 1999: 176-180.
③ 李崇富. 马克思主义国家观和国家认同问题 [J]. 中国社会科学, 2013 (9): 5-15.
④ 中共中央马克思恩格斯列宁斯大林著作编译局. 马克思恩格斯文集: 第3卷 [M]. 北京: 人民出版社, 2009: 111.
⑤ 中共中央马克思恩格斯列宁斯大林著作编译局. 列宁全集: 第37卷 [M]. 北京: 人民出版社, 1986: 66.
⑥ 中共中央马克思恩格斯列宁斯大林著作编译局. 马克思恩格斯全集: 第20卷 [M]. 北京: 人民出版社, 1971: 681.

实现对内镇压被统治阶级的反抗，对外保卫统治阶级不受外来侵犯。

此外，马克思主义认为，国家同样具有社会管理和组织职能，具有维护社会公共利益，维持社会稳定的作用。国家不仅是阶级矛盾的产物，也是从社会中分化出来的管理机构。国家的社会管理职能的出现，将阶级冲突和矛盾控制在一定范围内，使社会免于解体，并维护社会公共利益。无论是古代国家的救济灾荒、兴修水利还是现代资产阶级国家的经济干预和社会管理都是国家社会管理职能的体现。政治统治需要持续下去，也需要国家执行社会职能①，政治统治和社会管理是相辅相成，辩证统一的。国家实行阶级统治和社会管理是统治阶级利益实现的客观要求，是阶级利益在社会的实现形式，也体现着国家性质。

马克思主义认为无产阶级国家是通过无产阶级革命胜利而取代资产阶级国家的新型国家，其并不是原来意义上的国家。无产阶级将通过政治统治逐渐夺取资产阶级的全部资本，通过无产阶级统治的国家将一切生产工具进行集中，从而达到生产力总量的提升②。马克思主义认为无产阶级国家虽然具有国家的形式，但是由于其统治阶级是占社会大多数的无产阶级，无产阶级国家镇压的是少数剥削者，而不是多数人民，所以无产阶级国家已经不是原来意义上的国家③。

无产阶级国家与剥削阶级国家，存在本质性的区别，因为剥削阶级国家是极少数剥削者享有民主权利，而绝大多数人民没有或只有极为有限的民主权利，实质是剥削和压迫劳动阶级的政治工具，但是不同的是，无产阶级国家是广大人民群众当家做主，享受真正的民主权利，镇压的是极少数剥削者的反抗。另外，无产阶级国家还具有过渡性。列宁指出：无产阶级国家是新型民主和新型专政的国家，是处于向无阶级社会过渡形态和"自行消亡"中的国家，无产阶级所需要的只是逐渐消亡的国家④。

三、国家治理体系和治理能力现代化

"坚持和完善中国特色社会主义制度、推进国家治理体系和治理能力现代

---

① 中共中央马克思恩格斯列宁斯大林著作编译局. 马克思恩格斯选集：第3卷 [M]. 北京：人民出版社，2012：559-560.
② 中共中央马克思恩格斯列宁斯大林著作编译局. 马克思恩格斯文集：第2卷 [M]. 北京：人民出版社，2009：52.
③ 中共中央马克思恩格斯列宁斯大林著作编译局. 列宁选集：第3卷 [M]. 北京：人民出版社，2012：169.
④ 中共中央马克思恩格斯列宁斯大林著作编译局. 列宁选集：第3卷 [M]. 北京：人民出版社，1972：190.

化，是全党的一项重大战略任务。"① 中国共产党第十九届中央委员会第四次全体会议通过的这一重要论断，是国家治理现代化的关键内容。

（一）国家治理体系和治理能力

现代国家治理体系是包括目标体系、制度体系和价值体系的结构性功能系统。其中，目标体系由可持续发展、民生与民权的改善和可持续的稳定三大目标组成。实现这三大目标的能力就是国家治理能力。国家治理的制度体系是由执政党、政府部门、协商参议部门、民意代表部门、公务人员、司法部门、基层组织、公民和相关组织、市场体系、学者记者律师和国际行动者这十一类机构与个人行动者等治理主体及塑造他们行为的规则和程序等十一项制度支柱组成。国家治理现代化的核心价值体系主要由善治的基本价值构成，如合法性、参与、法治、效益、廉洁、公正、和谐等②。

国家治理能力是国家制度管理社会各方面事务的能力，包括改革发展稳定、内政外交国防、治党治国治军等各个方面③。国家治理能力不是政府多项能力的简单相加，而是所有能力构成的一个有机整体④。国家治理现代化主要有民主化、法治化、文明化和科学化四个衡量标准。中国国家治理能力现代化是指不断适应社会主义现代化建设的需要，增强依法按照制度治国理政的能力，将各方面制度优势转化为管理国家的能力和水平⑤。

（二）国家治理现代化的必要性

改革开放后，中国进入快速发展的黄金40年，中国已经朝着现代化后期阶段前进。信息化、城镇化和全球化浪潮冲击着现有的国家治理体系，并对现有的国家治理能力形成挑战，这些也推动着国家治理现代化的发展。

国家治理现代化的迫切性源于政府前期管理出现的问题，这些问题主要包括四个方面⑥。首先，前期政府强势主导的发展模式难以持续，市场无法在资源配置中发挥有效的作用。高投入、高消耗、低效益的国家投资拉动型经济增长模式已经难以为继。其次，全能全控的集中化国家管理模式造成经济社会发展

---

① 中共中央关于坚持和完善中国特色社会主义制度推进国家治理体系和治理能力现代化若干重大问题的决定［M］. 北京：人民出版社，2019：42.
② 何增科. 理解国家治理及其现代化［J］. 马克思主义与现实，2014（1）：11-15.
③ 习近平. 切实把思想统一到党的十八届三中全会精神上来［J］. 求是，2014（1）：3-6.
④ 施雪华. 政府综合治理能力论［J］. 浙江社会科学，1995（5）：8-13.
⑤ 郑言，李猛. 推进国家治理体系与国家治理能力现代化［J］. 吉林大学社会科学学报，2014，54（2）：5-12，171.
⑥ 何增科. 理解国家治理及其现代化［J］. 马克思主义与现实，2014（1）：11-15.

活力递减、改革创新的动力衰减。再次，收入分配差距扩大，形成贫富阶层并出现固化的现象，难以形成有效的社会流动，并随之产生腐败现象。腐败现象和官本主义削弱政府公信力，并对党执政正当性产生负面作用。最后，随着经济社会现代化的发展，人们的现代化程度也得到相应提高。现代社会产生具有现代公民意识的社会群体，他们也推动着国家治理制度朝着现代化方向发展。

（三）国家治理现代化的路径

国家治理制度体系和治理能力的现代化对于各领域改革发挥着统领作用。国家治理现代化改革的目标是发展和完善中国特色社会主义制度，通过建立现代国家治理体系促进国家治理水平的提升，从而实现国家治理体系和治理能力现代化。国家治理体系和治理能力现代化是极为复杂的系统工程，它涉及社会、经济各个领域，这就要求在推进过程中需要进行反复证论和研究。

从宏观角度来看，推动国家治理现代化需要关注四个重点问题[①]。第一，加强中国共产党的领导，同时也要转变党治国理政的方式。中国共产党是中国各领域发展和社会建设的领导力量，党的领导是国家治理体系现代化改革的根本保障。中共十八届三中全会对治理体系进行了重要的论述，其提出要在坚持现有制度基础上，通过增强具体治理机制的多元性、协同性和互动性，来实现国家治理体系和治理能力的现代化。中国共产党是人民利益的代表，应该更多涉入具体与微观的治理活动，保证党领导人民有效治理国家。第二，注重国家治理的法制化和制度化，明确各治理主体的责任。国家治理体系和治理能力现代化的主要特点是实现治理的整体性和系统性，过程具有高度复杂性。因此，通过适度的分权、放权和授权，给予地方政府及其他治理主体更多的改革和创新的权力，从而实现调动全社会的力量和智慧，推动国家全面改革和创新，这是国家治理体系现代化的重要策略之一。第三，党和政府引导与培育各治理主体依法办事的意识及能力。第四，推动全面性目标的国家治理，提高国家治理的实际效果。

从具体实施方法来看，实现国家治理体系现代化需要六个必要措施[②]。第一，解放思想，摆脱旧观念的束缚。中共十八届三中全会提出"实践发展永无止境，解放思想永无止境，改革开放永无止境"。解放思想是改革发展的基础和支撑理念。第二，加强顶层设计，建立国家治理体系现代化的发展战略。第三，

[①] 郑言，李猛．推进国家治理体系与国家治理能力现代化［J］．吉林大学社会科学学报，2014，54（2）：5-12，171．

[②] 俞可平．推进国家治理体系和治理能力现代化［J］．前线，2014（1）：5-8．

注重总结和推广地方治理改革的优秀经验，并通过相关的程序上升为国家制度。第四，依据我国的现有国情，科学借鉴国外国家治理的优秀经验。第五，对阻碍社会进步发展的体制进行改革，建立和完善匹配现代化强国要求的现代国家治理体制。第六，消除官本主义的负面影响。

第二节　国家治理的逻辑架构

中国国家治理体系是在坚持党的领导下，各治理主体通过协商合作，履行公共责任，提供公共服务，并内含着治理的理念、主体、内容、方式和制度安排等要素的一整套治理逻辑体系。这些部分构成国家治理体系的基础，也是国家治理能力的载体，更是中国实现国家治理现代化的主要领域和内容。

一、治理理念

中国国家治理具有自身特色的治理理念。这是中国国家治理与西方国家治理最重要的区别，目前国家层面对于治理理念有相关的文件进行明确界定，实现了相关内容的规范①。当代中国，应该坚持和秉持的治理理念主要包括以下内容。

（一）坚持中国特色社会主义道路

自新中国成立以来，中国国家治理取得巨大的成就，其主要原因和基础是始终坚持社会主义道路。中国特色社会主义制度是党和人民在长期实践探索中形成的科学制度体系，我国国家治理一切工作和活动都依照中国特色社会主义制度展开，我国国家治理体系和治理能力是中国特色社会主义制度及其执行能力的集中体现②。制度自信和制度优势，让中国人民和中国共产党能够攻坚克难，赢得中国改革开放的伟大胜利。中国国家治理坚持社会主义方向和道路，形成的中国特色社会主义制度，为当代中国经济发展和社会稳定提供了根本的

---

① 例如，《中共中央关于坚持和完善中国特色社会主义制度推进国家治理体系和治理能力现代化若干重大问题的决定》和《坚持和完善中国特色社会主义制度推进国家治理体系和治理能力现代化》。

② 中共中央关于坚持和完善中国特色社会主义制度推进国家治理体系和治理能力现代化若干重大问题的决定［M］．北京：人民出版社，2019：1-2．

制度保障①。我们在推动中国国家治理现代化的过程中,应该始终坚持中国特色社会主义道路。

(二) 坚持和完善党的领导制度

中国共产党领导是中国特色社会主义最本质的特征,是中国特色社会主义制度的最大优势,党是最高政治领导力量。党的领导是国家治理的坚强保障,也是推动国家治理现代化的核心力量。在国家治理现代化推进过程中,党代表人民的意志,收集和提炼人民意愿,为国家治理设定方向和目标。在具体的治理事务中,党发挥着总揽全局、协调各方的作用;党通过领导、管理和监督,保障国家治理任务得到落实。因此,国家治理是在党的领导下进行推动和落实的,要坚决把党的领导落实到国家治理现代化建设的各个领域和各个环节。

(三) 坚持以人民为中心

以人民为中心是中国特色社会主义事业和所有工作的出发点和落脚点,国家治理作为社会主义事业建设的重要内容,以人民为中心也成为其核心要义。正如习近平总书记所说,"始终代表最广大人民根本利益,是我国国家制度和国家治理体系的本质属性,也是我国国家制度和国家治理体系有效运行、充满活力的根本所在"②。中国的国家治理体系应以人民为中心,维护人民的意志和权益。坚持以人民为中心具体体现在民主权益的保障、人民生活水平的提高以及幸福感的获得。国家治理应该以最广大人民根本利益为基础,始终将保障民生、提高人民生活水平和幸福感为目标。

(四) 中国国家治理的巨大成就和道路选择是从实际出发、"实事求是"的结果

正是坚持从中国实际出发,将马克思主义普遍原理与中国实际相结合,中国人民才能在中国共产党的领导下取得社会主义革命和建设以及改革开放的胜利,形成中国特色的国家制度和治理体系。正如习近平总书记所说:"一个国家选择什么样的国家制度和国家治理体系,是由这个国家的历史文化、社会性质、经济发展水平决定的;衡量一个社会制度是否科学、是否先进,主要看是否符合国情、是否有效管用、是否得到人民拥护。"③ 国家治理现代化要始终坚持从

---

① 张占斌,薛伟江. 当代中国国家治理概论 [M]. 北京:中共中央党校出版社,2021:45.
② 习近平. 坚持和完善中国特色社会主义制度 推进国家治理体系和治理能力现代化 [J]. 求是,2020 (1):4-8.
③ 习近平. 坚持、完善和发展中国特色社会主义国家制度与法律制度 [J]. 当代党员,2019 (24):1-2.

中国实际出发，不超越我们的国情和所处的阶段，不能照搬照抄也不能封闭僵化，才能形成适合中国需要又真正有效的中国特色国家治理体系和制度。

（五）坚持社会公平正义

随着社会进步和时代变化，我国社会主要矛盾已经转化为人民日益增长的美好生活需要和不平衡不充分发展之间的矛盾，人民在民主、法治、公平、安全等方面的需求日益增长。因此，公平正义已经成为中国特色社会主义的重要内涵和内在要求。国家治理的主要目标之一是推动社会公平正义，这也是人民对治理的要求。公平正义是现代国家治理的核心价值追求。建设国家治理体系现代化就是要以推进社会公平正义、增进人民福祉为基础，切实保障公平正义和人民权利，不断完善和发展社会公平正义法治保障制度。

（六）坚持高质量发展

2021中央经济工作会议提出"必须坚持高质量发展，坚持以经济建设为中心是党的基本路线的要求，全党都要聚精会神贯彻执行，推动经济实现质的稳步提升和量的合理增长"。中国的发展经历改革开放40多年的建设，目前已经成为世界经济大国。随着经济发展和社会进步，中国的发展要求已经从规模和速度转变为高质量的发展。坚持高质量的发展，就是推动经济实现质的稳步提升和量的合理增长。实现高质量发展，要求我们必须坚持社会主义的基本经济制度，在此基础上，充分发挥市场在资源配置中的关键性作用，通过发挥政府的引导和宏观调节作用，推动市场有效发挥作用，实现真正意义上的有效市场和有为政府相结合。

二、治理主体

党的十九届四中全会提出"完善党委领导、政府负责、民主协商、社会协同、公众参与、法治保障、科技支撑的社会治理体系。"[①]。这意味着国家治理的主体不只是政府，也包括市场、社会和公民。国家治理现代化的实现，首先要解决治理主体多元化的问题。实现国家治理现代化要求充分发挥各种主体的作用，协同发展，形成合力，实现多元主体协同治理。治理主体多元化是国家治理不同于国家统治的重要特征。多元主体协同治理是公共管理符合时代发展要求的必然选择，也是促使国家职能回归的必然要求。

国家治理的范畴主要包括国家、社会和市场三大领域。第一，国家领域是

---

① 中共中央关于坚持和完善中国特色社会主义制度推进国家治理体系和治理能力现代化若干重大问题的决定［M］.北京：人民出版社，2019：28.

公权力主导的领域，执政党和政府在国家公共事务范围内起支配作用，通过各种手段与方式维护国家安全和秩序，推动经济发展和社会公平正义。其中政府在国家治理体系中具有合法性和强制性的特征。政府可以创造出良好的社会环境，为市场主体、社会组织和公民个体提供良好的发展空间。第二，社会是平等主体之间社会合作和经济交往的民间领域，主要由公民自发组织协调。国家对社会具有维系秩序、惩治犯罪、保护权益的职责，发挥着兜底性和保障性作用。第三，市场是经济活动和商品交易的空间，其主体是各类企业组织和公民个体，他们在市场中从事各种生产、交换、消费等活动①。

具体来说，现代中国国家治理的主体主要包括执政党、政府、社会组织、市场主体和公民个体。中国国家治理目标是形成"党委领导、政府负责、社会协同、市场协作、公众参与"的共建共治共享的治理格局。

第一，党委领导，即坚持党的领导。中国共产党的领导地位决定了国家治理体系中必然坚持党的领导，发挥党的作用。国家治理体系是在坚持中国共产党领导下的国家制度。党作为最广大人民利益的代表，在国家治理体系中发挥着核心作用。党的领导是我们取得社会主义事业胜利的根本保证，也是国家治理体系现代化的基础保障。国家治理现代化既要发挥多元主体协同治理的优势，更要发挥社会主义国家的政党优势。国家治理现代化是中国共产党提出的全面深化改革的总目标，是为了更好实现经济和社会发展，从而实现人民群体的根本利益。

只有实现党领导下的多元主体协同治理，发挥党在治理体系总揽全局、协调各方的核心作用，才能真正实现国家治理现代化②。在国家治理现代化的推进过程中，首先要实现党的现代化，建立符合时代要求和中国国情的现代化政党。通过实现党的现代化，从而发挥党在多元社会环境中，聚拢各个社会群体投身于现代化建设事业的作用。其次加强党的自身建设，加强党员教育，发挥党员先进性作用，增强党的社会基础，做好群体的引领工作。发挥党在政府、社会、市场和公民方面的核心与桥梁作用。最后推动党的依法执政。党的十八届四中全会提出全面推进依法治国，就是指党要将自身改革作为国家治理的重要课题，党的执政行为须在宪法和法律的规定下进行。

第二，政府负责，即优化政府治理能力。政府的职能已经从全能型转变为

---

① 张占斌，薛伟江. 当代中国国家治理概论［M］. 北京：中共中央党校出版社，2021：46.
② 于江，魏崇辉. 多元主体协同治理：国家治理现代化之逻辑理路［J］. 求实，2015（4）：63-69.

有限型，应特别重视服务职能。优化政府的治理能力就是要以建立高效、廉洁、诚实和依法执政的有为政府为目标。政府积极推动机构改革，精简部门和人员，提高政府人员综合素质，提高工作效率，协调好与市场、社会和公民个体的关系。政府应该通过有效引导，发挥市场在资源配置的决定性作用，消除市场的负面影响，建立有效市场。同时政府应该积极培育和扶持社会组织发展，将部分公共服务授权给社会组织，提高社会组织的专业能力，更好地参与国家治理，推动社会治理体系建设。政府还需树立公民本位思想，增强公民责任意识，树立主人翁精神，发挥公民自主性，鼓励公民参与国家治理的积极性。

第三，社会协同，即增强社会的治理能力。在现代社会，国家治理事务丰富而繁杂，单纯依靠国家机构进行管理和服务效果不佳。社会的治理能力影响着国家治理水平，社会协同对于国家治理发挥着重要作用。社会协同主要工作在于增强社会组织的能力，培育社会组织的自治能力。社会组织具有独立性和多样性，它能够通过社会系统而非官方模式，为民众提供更贴切的服务，还能对权力体系进行督导，有利于市场经济的发展和公民个体的权益保障。能够授权给社会组织的领域，政府应该放权和分权，将社会权力归还给社会组织。目前，中国通过将村、社区等基层自治性组织与政府部门相连接，建立街长制、巷长制和河长制方式，进行网格化管理，利用半官方指挥系统和党组织体制进行社会自治，取得丰富的成果，建立社会组织和国家机构紧密联系的协同治理格局。

第四，市场协作，即强化市场治理能力。现代社会，市场是社会生活诸多系统中最基础、最重要和最多元的领域，对于提升经济发展水平和人民生活质量具有关键性的作用。政府不再决定具体生产方式和内容，而由市场发挥资源配置的作用。政府通过逐步取消对相关内容的复杂审批手续、精简审批流程等方式，充分发挥市场自由和高效的特性。通过有效竞争，形成优胜劣汰，鼓励先进高效的市场主体获得更多的资源，形成有效再生产的良性循环，使资源得到高效分配，促进经济持续健康发展。

自改革开放以来，经济建设成为我国国家治理的中心任务，发展才是硬道理已经深入民心和社会各领域。我国企业在科技攻关、物资供应、信息共享和数据管理等方面都取得较快的发展，这成为市场参与国家治理的重要因素。发挥企业的作用不仅可以降低公共财政成本，也能显著提高治理效率和能力。鼓励市场参与国家治理是中国国家治理现代化的重要内容。推动和发展市场参与国家治理的制度体系，形成相应的治理体系和联动网络，对于国家治理现代化建设具有重大的意义。

第五，公民参与，即提高公民个体治理能力。国家治理中公民既是对象也是主体。国家治理的最终目标是保障公民基本权益，实现人民真正当家做主。公民成为国家治理的出发点和落脚点。公民在国家和社会所占空间很大，其作用和潜力也是巨大的。关注公民个体发展包括个人权益和治理能力的提升，这是国家治理现代化的重要内容。当前国家在个人权益和治理参与领域开展各项改革，如分配制度、医疗、就业、住房和社会保障。这些改革不仅有利于公民享受改革开放的红利和成果，也可以提升公民个体的治理能力。公民参与国家治理，不仅可以享受个人权益，还应该承担国家治理的责任和义务，公民应树立主人翁精神，积极投身到社会主义现代化强国的建设中通过各种途径参与国家治理，通过不断提升自己的治理能力，更好地参与国家治理现代化建设。

三、治理内容

党的十九届四中全会系统总结了中国特色社会主义制度的优势，并对进一步推进国家治理体系和治理能力现代化提出了十三个方面的目标和任务[①]，它们是国家治理的主要内容。这也表明，中国的国家治理内容丰富，涉及"经济、政治、文化、社会、生态文明、军事、外事等各个方面的内容"[②]。全会提出的十三个目标和任务，构成了国家治理的主要内容。具体来说包括以下内容[③]。

第一，政党方面。治理目标在于通过完善党的执政方式，提升党的执政能力，坚持党的全面领导。具体内容包括：建立不忘初心、牢记使命的制度，完善坚决维护党中央权威和集中统一领导的各项制度。健全党的全面领导制度，完善党和国家机构职能体系，把党的领导贯彻到党和国家所有机构履行职责的全过程中，推动各方面协调行动、增强合力。健全为人民执政、靠人民执政的各项制度，提高党的执政能力和领导水平。完善全面从严治党制度，不断增强党的创造力、凝聚力、战斗力，确保党始终成为中国特色社会主义事业的坚强领导核心[④]。

---

① 张占斌，薛伟江. 当代中国国家治理概论 [M]. 北京：中共中央党校出版社，2021：50.
② 中共中央关于坚持和完善中国特色社会主义制度推进国家治理体系和治理能力现代化若干重大问题的决定 [M]. 北京：人民出版社，2019：2.
③ 张占斌，薛伟江. 当代中国国家治理概论 [M]. 北京：中共中央党校出版社，2021：50-52.
④ 中共中央关于坚持和完善中国特色社会主义制度推进国家治理体系和治理能力现代化若干重大问题的决定 [M]. 北京：人民出版社，2019：28.

第二，政治方面。治理目标在于构建职责明确、依法行政的政府治理体系，发展和完善社会主义民主政治以及社会主义法治。具体内容包括：创新行政方式，提高行政效能，建设人民满意的服务型政府；完善国家行政体制，优化政府职责体系，健全充分发挥中央和地方两个积极性的体制与机制；全面推进依法治理，坚持法治国家、法治政府、法治社会一体建设，推进法治中国建设；保证宪法全面实施，完善立法体制机制，健全社会公平正义法治保障制度，加强对法律实施的监督①。

第三，经济领域。治理目标在于推动经济高质量发展。具体内容包括：坚持社会主义基本经济制度，充分发挥市场在资源配置中的决定性作用，更好发挥政府作用，全面贯彻新发展理念，坚持以供给侧结构性改革为主线，加快建设现代化经济体系；巩固和发展公有制经济，鼓励、支持、引导非公有制经济发展，坚持以按劳分配为主体、多种分配方式并存；加快完善社会主义市场经济体制，完善科技创新体制机制，建设更高水平开放型经济新体制。

第四，文化领域。治理目标在于繁荣发展社会主义先进文化，巩固全体人民团结奋斗的共同思想基础。具体内容包括：构筑中国精神、中国价值、中国力量，坚定文化自信；坚持马克思主义在意识形态领域指导地位的根本制度，坚持以社会主义核心价值观引领文化建设；健全人民文化权益保障制度，坚持正确导向的舆论引导工作；文化创作要将社会效益放在首位，实现社会效益和经济效益相统一。

第五，社会领域。治理目标是统筹城乡的民生保障，满足人民日益增长的美好生活需要。具体内容包括：增进人民福祉、促进人的全面发展；健全幼有所育、学有所教、劳有所得、病有所医、老有所养、住有所居、弱有所扶等方面国家基本公共服务制度体系；注重加强普惠性、基础性、兜底性民生建设，保障群众基本生活；创新公共服务提供方式，鼓励支持社会力量兴办公益事业，满足人民多层次多样化需求，使改革发展成果更多更公平惠及全体人民；保持社会稳定，加强和创新社会治理；完善党委领导、政府负责、民主协商、社会协同、公众参与、法治保障、科技支撑的社会治理体系；构建人人有责、人人尽责、人人享有的社会治理共同体；确保人民安居乐业、社会安定有序，建设更高水平的平安中国。

第六，生态文明领域。治理目标在于促进人与自然和谐共生。具体内容包

---

① 中共中央关于坚持和完善中国特色社会主义制度推进国家治理体系和治理能力现代化若干重大问题的决定［M］. 北京：人民出版社，2019：14-15.

括：践行"绿水青山就是金山银山"的理念，坚持节约资源和保护环境的基本国策，坚持节约优先、保护优先、自然恢复为主的方针，坚定走生产发展、生活富裕、生态良好的文明发展道路，建设美丽中国；实行最严格的生态环境保护制度，高效利用资源，推进生态保护和修复工作，严明生态环境保护责任。

第七，军事领域。治理目标在于坚持和完善党对人民军队的绝对领导制度，确保人民军队忠实履行新时代使命任务，永葆人民军队的性质、宗旨、本色。具体内容包括：确保党对人民军队的绝对领导；坚持人民军队最高领导权和指挥权属于党中央，健全人民军队党的建设制度体系，把党对人民军队的绝对领导贯彻到军队建设各领域全过程；全面推进国防和军队现代化，确保实现党在新时代的强军目标，把人民军队全面建成世界一流军队。

第八，"一国两制"领域。治理目标是坚持和完善"一国两制"制度体系，推进祖国和平统一。具体内容包括：严格依照宪法和基本法对特别行政区实行管治，坚定维护国家主权、安全、发展利益，维护香港、澳门长期繁荣稳定；全面准确贯彻"一国两制""港人治港""澳人治澳"的高度自治方针；健全中央依照宪法和基本法对特别行政区行使全面管治权的制度；坚定推进祖国和平统一进程，促进两岸交流合作、深化两岸融合发展、保障台湾同胞福祉的制度安排和政策措施，团结广大台湾同胞共同反对"台独"、促进统一。

第九，外交领域。治理目标是坚持和完善独立自主的和平外交政策，推动人类命运共同体构建。具体内容包括：坚定不移维护国家主权、安全、发展利益，坚定不移维护世界和平、促进共同发展；完善全方位外交布局；进一步建设合作共赢的开放体系，积极参与全球治理。

四、治理方式

国家治理是一项系统工程。国家治理的主要方式是坚持党的领导、人民当家做主和依法治国相统一，坚持科学执政、民主执政和依法行政，加强系统治理、依法治理、综合治理和源头治理[①]。

（一）治理方式的内容

国家治理的具体治理方式包括政治引领、法治保障、德治教化、自治基础

---

① 张占斌，薛伟江. 当代中国国家治理概论［M］. 北京：中共中央党校出版社，2021：52.

和智治支撑等几个方面①，相关内容如下。

第一，政治引领。中国国家治理的根本特征是鲜明的政治引领，这对国家治理有着决定性和根本性作用，是国家治理方向和任务的根本保障。鲜明的政治引领，首先应该以国家的大政方针、根本利益为导向，坚持党中央的集中统一领导，坚决落实中央的要求与部署，严格执行向党中央请求报告制度，确保令行禁止。政治引领国家治理就是要把政治建设贯穿国家治理的各个方面和各个环节。

第二，法治保障。法治是国家治理的基本方式，是现代治理文明的重要标志。全面推进科学立法、严格执法、公正司法、全民守法，实现依宪治国、依宪行政，使中国的国家治理在法治轨道运行，从而推进法治中国建设，实现依法治国、依法执政、依法行政。运用法治思维与法治方式深化改革和推动社会的全面发展。

第三，德治教化。国家治理除了要坚持依法治国外，还需要将之与以德治国相结合。法安天下，德润人心，这是中国传统文化的治理智慧。道德是内心的法律。国家治理需要法律和道德同向发力，法治的实现有赖于道德的支持。德治要求重视发挥道德的教化作用，用社会主义先进文化陶冶道德情操，用道德滋养法治精神。以社会主义核心价值观为统领，实现社会的和谐稳定和国家的长治久安，让国家治理更具中国风格和民族特色。

第四，自治基础。国家治理的主要内容需要通过社会自治来实现。社会自治是国家治理基础。这是以人民为中心的治理观的核心要求，也是宪法规定的一项基本政治制度。在基层社会自治中，应以党组织为领导、村（居）委会为主导、人民群众为主体建设基层社会治理，明确社会自治的范围，丰富社会自治的方式，实现群众事群众定，群众的事群众自主办②。

第五，智治支撑。智能化是国家治理方式现代化的重要手段，是现代治理的主要形式。所谓智治就是要运用大数据、云计算、人工智能、信息互动平台等科技手段进行国家治理，提升治理的精准化、智慧化、客观化程度，用科技提升执法水平和执政能力。通过"大数据+风格化"方式，做好基层社会治理。因此，要加快推进国家治理智能化建设，通过智能治理基础建设，切实解决数

---

① 张占斌，薛伟江. 当代中国国家治理概论［M］. 北京：中共中央党校出版社，2021：52.
② 张占斌，薛伟江. 当代中国国家治理概论［M］. 北京：中共中央党校出版社，2021：53.

据壁垒、重复建设和重建轻用等一系列问题，用智能化助推决策科学化。

（二）治理方式的标准和趋势

第一，治理方式的标准。衡量一个国家治理体系现代化的标准至少有五个，即公共权力运行制度的规范化、民主化、法治化、效率和协调①。也有学者提出民主化、法治化、文明化和科学化的四条衡量标准②。国家治理现代化的衡量标准，很大程度上是治理方式现代化的衡量标准。综合当前学术界的主要观点，本文采用民主化、法治化、文明化和科学化四个标准作为治理方式现代化的主要内容。

第二，治理方式的未来趋势。国家治理方式随着经济基础的变化而不断调整，不是固定不变的。与之前的单位制、双轨制、承包制、责任制等国家治理方式不同，近年来，中国国家治理方式呈现项目化趋势、网络化趋势、福利化趋势和参与化趋势③。这些趋势既体现了中国共产党对马克思主义国家理论的继承和创新，又具有中国特色。

第三节 国家治理的制度体系

中国国家治理是在中国特色社会主义制度基础上开展的，国家治理体系和治理能力现代化是中国特色社会主义制度及其执行能力的集中体现和内在要求。中国特色社会主义体系由十三个制度构成，范围涵盖内政外交等各个领域④。中国特色社会主义制度是特色鲜明、富有效率的，但并不是尽善尽美的，还需要不断地发展。

一、制度体系的主要特征

中国国家制度和国家治理体系是在中国人民长期发展与探索中形成的，具有十三个方面的显著优势，这些优势也蕴含着中国治理制度体系的特征。中国国家治理制度体系具有鲜明的特征，具体包括以下内容。

---

① 俞可平. 推进国家治理体系和治理能力现代化［J］. 前线，2014（1）：5-8.
② 何增科. 理解国家治理及其现代化［J］. 马克思主义与现实，2014（1）：11-15.
③ 刘长军. 中国共产党国家治理方式的未来趋向［J］. 云南社会科学，2013（4）：14-18.
④ 张占斌，薛伟江. 当代中国国家治理概论［M］. 北京：中共中央党校出版社，2021：30.

(一) 本质特征

国家治理体系具有许多显著优势,其中坚持人民当家做主、紧紧依靠人民推动国家发展的优势①,体现了中国国家治理体系的本质特征,既体现中国国家治理制度的持久生命力,也是中国经济发展、社会稳定的基石②。新中国一开始就定位为人民当家做主的国家。从中国共产党成立之日起就致力于建设人民当家做主的新社会,领导人民为建立新的国家制度而奋斗。从革命实践过程来看,党从新民主主义革命的各个时期都提出要实现人民民主权利,建设新民主主义国家制度。

新中国成立后,新民主主义制度向社会主义制度转变,是中国历史上最深刻最伟大的社会变革,这为中国发展和国家治理体系建设提供了根本的政治与制度基础。人民民主专政的国体和人民代表大会制度的政体,让人民真正实现当家做主。自改革开放以来,中国的国家制度和治理体系不断发展,人民民主的显著优势更加凸显。发展人民民主最重要的是坚持党的领导、人民当家做主、依法治国的有机统一,坚持群众路线,密切联系群众。

(二) 根本特征

中国共产党领导中国特色社会主义最本质的特征,是中国特色社会主义制度的最大优势。一个国家实行什么样的国家制度,关键是要看国家制度能否解决这个国家面临的历史问题。中国共产党始终代表着最广大人民的根本利益,这集中反映了人民民主国家对执政党的内在要求。国家治理体系是在党领导下管理国家制度体系,是中国特色社会主义制度的根本制度、基本制度和重要制度③。

党的领导是国家治理体系现代化坚持社会主义方向和性质的根本保证。国家治理体系和治理能力现代化是一项复杂而重要的系统工程,其面临着各式各样的风险和挑战,因此,我们必须从中国的国情和实际出发,既需要坚持长期形成的历史传承,又要把握党和人民在国家制度与治理体系建设中形成的经验及原则,既不走故步自封的老路,又要坚持中国特色社会主义和党的领导。只有坚持党的领导,才能保证国家治理体系现代化沿着正确的道路和方向前进。

党的领导为推进国家治理体系现代化提供了坚强保障。习近平总书记指出

---

① 中共中央关于坚持和完善中国特色社会主义制度推进国家治理体系和治理能力现代化若干重大问题的决定 [M]. 北京:人民出版社,2019:3.
② 冯俊. 我国国家制度和国家治理体系的本质特征 [J]. 红旗文稿,2020 (5):17-20.
③ 孔昕. 坚持中国共产党领导是中国特色社会主义制度和国家治理体系的本质特征 [J]. 新湘评论,2019 (22):33-35.

"相比过去，新时代改革开放具有许多新的内涵和特点，其中很重要的一点就是制度建设分量更重，改革更多面对的是深层次体制机制问题，对改革顶层设计的要求更高，对改革的系统性、整体性、协同性要求更强，相应地建章立制、构建体系的任务更重"①。作为一项最为庞大复杂的系统工程，国家治理体系现代化需要党总揽全局、协调各方的领导作用，各项工作必须在党中央统一领导下进行。将党的领导落实到国家治理的各个环节和各个领域，是实现国家治理体系现代化的政治保障和根本保障。

（三）具体特征

除了上述本质特征和根本特征之外，国家治理制度体系的具体特征还包括以下四个方面。

1. 内生性特征

中国的国家治理制度体系是由中国自身的历史环境、文化传统、经济社会发展所决定的，也是党和人民在长期实践探索中形成的制度体系，与中国历史文化传统和具体国情相适应的制度模式。它的产生并不是一蹴而就的，而是马克思主义的原理与中国现实的历史性结合，其产生和发展传承了中国历史文化特色并借鉴世界先进治理理念和制度，一步步内生演化形成的，因此具有内生性特征。

2. 原创性特征

中国国家治理制度体系是中国共产党和中国人民的伟大创造，区别于西方国家治理体系，具有鲜明的中国特色。中国国家治理制度的产生和发展，是以中国特色社会主义制度为基础而产生的国家治理制度，是具有原创性的制度。

3. 党组织为主导的多元治理结构

中国治理主体最重要的是中国共产党的各级组织。区别于西方将政府作为国家治理最重要的主体，中国国家治理是以执政党为核心的治理结构。党掌握着国家核心政治权力，党组织比政府机关在公共治理中的作用更大，相对而言，政府的作用主要在于执行党的决策②。

4. 新的稳定观为主要标准

历任中国领导人，都将稳定作为公共治理评价的主要标准。自改革开放以来，中国的稳定观发生了重大变化。不同于传统稳定观，以"疏"为主的"动

---

① 中共中央关于坚持和完善中国特色社会主义制度推进国家治理体系和治理能力现代化若干重大问题的决定［M］. 北京：人民出版社，2019：49.
② 俞可平. 国家治理的中国特色和普遍趋势［J］. 公共管理评论，2019（3）：25-32.

态稳定"已经逐渐替代以"堵"为主的传统"静态稳定"。传统静态稳定主要采用堵和压制的方法来维持稳定,将稳定理解为静止;而现代的动态稳定主要采用疏导的方法,将过程中的平衡作为稳定,强调通过不断调节来维持新的平衡[1]。

此外,中国治理体系还具有"条块结合"的治理结构、"以点带面"的治理策略、注重协商民主等具体的特征。

二、制度体系的关键构成

在制度与国家治理的互动选择下,制度是国家治理体系的中轴结构。从政治学角度来看,治理是指政治管理的过程,主要包括政治权威的规范基础、处理政治事务的方式和对公共资源的管理[2]。现代国家治理是一种多元治理,它包括政府、市场和社会等。从内容来看,国家治理制度的关键构成包括国家层面的行政体制、经济体制与社会体制[3],具体如下。

（一）行政体制

政府是国家治理的重要主体,其具有合法的强制性,能够为整个社会建设提供基础性的制度环境。有力政府具有强而有力的特征,它可以保护市场经济的繁荣发展和社会的稳定有序。行政体制主要是指政府层面,是由政治体制决定的政府运行机制,包括行政权力划分、政府机制建立及运行等各种关系和制度总和。行政体制决定了对于市场的保护力度和策略,对市场的保护既包括不过度干涉市场,也包括必要的宏观调控。对于社会的保护包括建设服务型政府和国家,为社会发展提供条件。各级政府作为治理的重要主体,在国家治理中发挥着重要作用。国家治理的效率与政府的效率息息相关。行政体制的状态决定了政府在多元治理中的作用发挥与有效国家治理的实现。

（二）经济体制

市场作为国家治理的主体之一,与之相关的经济体制是国家治理制度的重要内容。在国家治理体系的基本构成中,经济体制是针对市场而言,现行的经济体制基本为市场经济体制。马克思发现经济基础决定上层建筑这一人类历史发展的基本规律。经济的发展程度决定了政治、科学、艺术和社会的发展程度。健康有序的市场经济的发展既需要有序适当的政府监管和保护,也与社会的有

---

[1] 俞可平. 国家治理的中国特色和普遍趋势 [J]. 公共管理评论, 2019 (3): 25-32.
[2] 俞可平. 治理与善治 [M]. 北京: 社会科学文献出版社, 2000: 5.
[3] 郑吉峰. 国家治理体系的基本结构与层次 [J]. 重庆社会科学, 2014 (4): 25-32.

序发展和公民社会的完善建立息息相关。

经济体制是经济运行中的一系列制度安排，通常是指一国确定及执行经济政策的相关机制总和。经济体制就是资源配置的具体方式，一国经济体制的优劣决定了市场在资源配置中的地位和效率。经济体制对于市场经济发挥的作用决定了其在国家治理结构中所处的地位。经济体制是国家治理制度的重要构成部分。

（三）社会体制

社会是国家治理主体之一，而社会体制是其运行程序和制度。社会体制本质是社会结构，包括社会运行、社会组织、社会保障、社会构成和社会管理体制[1]。社会体制是社会运行基本方式的相关制度，其与民生保障、基本公共服务、社会公平正义及共同富裕直接相关。社会体制承担着协调关系、规范行为、保持稳定等社会管理的功能与使命，也反映着民众组织化与社会服务社会化的程度。社会是国家治理三大体之一，其在国家治理中发挥着至关重要的作用，可以弥补政府失灵和社会失灵造成的功能缺失。

社会发展形成的独立个体和个性化社会组织，构成了非正式的社会网络系统，可以为民众提供高效优质的各种服务和作用，包括社会服务、权力监督、个人权益保障、公共利益最大化等方面。公民社会的发展可以让社会成员形成合作、诚信、互惠的精神，形成有利于市场经济发展的社会环境，推动市场在资源配置中发挥作用，并在很大程度上减少社会经济资源的投入。社会体制的作用和地位是由社会在国家治理中的功能与作用决定的，社会体制本身是程序和规则的集合，也应该是国家治理结构的重要制度构成。

三、制度体系的完善发展

我国的国家治理体制体系具有效率并兼顾公平，不过目前还未达到定型成熟和尽善尽美的程度[2]，有许多方面需要完善和发展。知常明变者赢，守正创新者进。中国国家治理制度植根于中国特色社会主义制度，继承了中国守正创新的优秀传统，既在根本方向上和大政方针上坚持自己的方向与立场，又根据时代发展实践的需要进行改革创新，从而实现理论、实践和制度三个创新的统一。中国国家治理制度的完善和发展，应该主要从以下六个方面入手。

---

[1] 秦德君. 中国社会体制问题研究 [J]. 上海行政学院学报, 2010, 11 (4): 75-81.
[2] 张占斌, 薛伟江. 当代中国国家治理概论 [M]. 北京: 中共中央党校出版社, 2021: 40.

(一) 坚持党的全面领导

坚持党的全面领导是改革开放胜利的关键,是中国特色社会主义事业发展和完善的核心,也是推进国家治理体系和治理能力现代化的坚强保证。坚持党的全面领导是国家治理坚持社会主义方向的重要保障,也是国家治理高效能的根本保证,更是国家治理现代化的重要支撑。

(二) 坚持四个自信

完善国家治理体系的治理能力是实现国家治理制度完善和发展的重要内容。国家治理制度的战略定力在于坚定的道路自信、理论自信、制度自信和文化自信①。自近代以来,中国共产党对国家发展和出路的成功探索与改革开放的辉煌成就,都充分彰显了中国特色社会主义道路、中国特色社会主义思想、中国特色社会主义制度和中国特色社会主义文化的正确性。要实现中国国家治理制度的完善和发展,必须坚持四个自信。

(三) 坚持独立探索

中国国家治理制度区别于西方治理的社会中心逻辑,形成了政党领导、国家主导的政治逻辑②。中国国家治理制度的发展应该始终坚持实事求是的原则,立足于中国国情和实际现实,针对具体的治理进行持续性探索,具有鲜明的独立探索特征。

(四) 制定与时俱进的新制度

任何国家制度都不是凭空想象出来的,而是调节社会矛盾、规范社会秩序的产物。政治领域、经济领域和社会领域都有其相应的矛盾,解决了旧矛盾,又有新的矛盾出现。旧的体制和制度发挥不了作用了,就需要根据社会矛盾的现实情况,与时俱进地建立新的制度。国家治理制度也是为了解决治理领域的各种矛盾,实现系统规范而产生的。当新的矛盾出现时,国家治理制度要根据实际情况,与时俱进地进行深化改革,建立新的符合社会发展需要的国家治理制度。

推进国家治理体系和治理能力现代化,既要做到国家制度与治理体系的稳定性和延续性,又要从实际出发抓紧制定各方面急需的相关制度,以满足人民对美好生活的新期待,以适应经济社会发展的新要求,以保障国家长治久安的

---

① 盛美真. 论中国特色社会主义新时代国家治理的五个发展取向 [J]. 理论与改革,2020 (5):156-164.

② 盛美真. 论中国特色社会主义新时代国家治理的五个发展取向 [J]. 理论与改革,2020 (5):156-164.

大目标①。习近平总书记指出"我们要在坚持好、巩固好已经建立起来并经过实践检验的根本制度、基本制度、重要制度的前提下,坚持从我国国情出发,继续加强制度创新、加快建立健全国家治理急需的制度、满足人民日益增长的美好生活需要必备的制度"②。自党的十八大以来,党中央从全局高度建立的党和国家监督体系、建设美丽中国等制度和措施都是从实际出发、解决新矛盾的对应举措。国家治理体系现代化,也是根据新的矛盾提出的制度建设要求。

(五)将成熟经验上升为制度

制度在一定程度上是经验的理性化和条理化。当然一切都依靠经验显然也是不行的。好的经验只有上升为理论、外化为制度,才能转化为有效的机制,才能起到根本和长远的作用,才能符合全局的需求。缺乏制度保障的狭隘经验主义在中国也是行不通的。不过以成熟经验为基础,进行理论探索,再转化为制度也是制度建设的重要路径。

中国国家治理制度产生于中国特色社会主义事业建设之中,也服务中国特色社会主义事业建设。而中国特色社会主义事业并没有现成的模板,是开创性事业,我们只能在摸索中前进。国家治理制度的建设需要总结优秀经验和成熟做法,将之上升为理论,并形成制度固定下来。不断完善国家治理体系,是我们党治国理政的一个重要经验③。习近平总书记指出"要及时总结实践中的好经验好做法,成熟的经验和做法可以上升为制度、转化为法律"④。党中央根据十八大以来的经验,建立了不忘初心、牢记使命的制度,把坚持马克思主义在意识形态领域的指导地位作为一项根本制度,此外我们还有不少根据党治理经验升华出来的优秀制度。

(六)调整制度的位阶

不同层次的制度在国家治理过程中发挥着不同的作用。随着对中国特色社会主义事业认识的深化,加上实践本身的要求和制度本身的逻辑,我们有必要对国家治理制度的层级和位阶进行调整。比如,党的十九届四中全会首次提出"党的领导制度体系"这一重要论述,并且明确其在我国国家制度和治理体系中的统领地位。此次会议将按劳分配为主体、多种分配方式并存的分配制度和社

---

① 张占斌,薛伟江. 当代中国国家治理概论[M]. 北京:中共中央党校出版社,2021:40.
② 习近平. 坚持、完善和发展中国特色社会主义国家制度与法律制度[J]. 当代党员,2019(24):1-2.
③ 张占斌,薛伟江. 当代中国国家治理概论[M]. 北京:中共中央党校出版社,2021:43.
④ 习近平. 坚持、完善和发展中国特色社会主义国家制度与法律制度[J]. 当代党员,2019(24):1-2.

会主义市场经济体制纳入基本经济制度范畴,并将其升级为一项基本制度,这也标志着我们首次对社会主义基本经济制度内涵进行了重要拓展①。

党中央还根据制度的重要性,将中国特色社会主义制度区分为根本制度、基本制度和重要制度。根本制度起着统领性和方向性的作用。基本制度具有结构性和稳定性功能,体现中国国情并保持政治经济发展性质。重要制度具有灵活性和适应性特征,根据时代和社会发展需要进行设定与调整。三个层次的位阶区分,标志着我们对国家制度和国家治理体系的认识更加系统化与规范化。各层级制度相互依存、相互协调,以根本制度为统领,以基本制度和重要制度为支撑,共同为国家治理和社会主义现代化提供保障②。由此可见,国家治理制度的完善也可以通过制度位阶上的调整来进行。

---

① 张占斌,薛伟江. 当代中国国家治理概论[M]. 北京:中共中央党校出版社,2021:44.
② 张占斌,薛伟江. 当代中国国家治理概论[M]. 北京:中共中央党校出版社,2021:44.

第二章

马克思主义国家治理理论的发展演进

第一节 马克思主义国家学说的创立和发展

作为世界政治思想上的一个重要思潮,马克思主义国家学说的诞生自然有其渊源。为了对马克思主义国家学说做出准确理解,显然有必要考察这一渊源,而这一点,又不妨从马克思主义的奠基者马克思所身处的欧洲之历史演变概况和德国自身的独特历史开始说起。

一、马克思主义国家学说的诞生:欧洲市民阶级的形成与德国的艰难处境

马克思主义国家学说的一个重要原理是国家发源于市民阶级。因此,对马克思主义国家学说的准确解读,就离不开对欧洲市民阶级的考察。欧洲市民阶级的形成,与商业经济是息息相关的:罗马帝国的商业经济一直延续至8世纪末,这一商业经济在9世纪一度遭到破坏,但10世纪的商业复兴使得欧洲的城市大为发展,由此造就了在教士与贵族之外的一个积极的阶级,即市民阶级。在欧洲后续的历史发展中,市民阶级日益成为社会主导力量,"当市民阶级壮大起来,并且凭借人员的众多而获得力量的时候,贵族在他们面前逐步后退以至于让位他们"[1];在此之后,日渐壮大的市民阶级还为日后作为世俗精神产物的文艺复兴和宗教神秘主义所导致的宗教改革,做好了充分的准备[2]。由此可以说,欧洲中世纪商业的发达造就了欧洲世界前所未有的一个积极的阶级,亦即

---

[1] 亨利·皮雷纳. 中世纪的城市 [M]. 陈国樑,译. 北京:商务印书馆,2019:104.
[2] 亨利·皮雷纳. 中世纪的城市 [M]. 陈国樑,译. 北京:商务印书馆,2019:146.

市民阶级的诞生，这一阶级推动着欧洲世界的历史变革。

进一步说，欧洲市民阶级的历史演绎，促成了"现代国家"的诞生，当中最为经典的两个例子便是英国和法国：前者通过不流血的革命建立了君主立宪制国家，后者则经历了血腥漫天的大革命才建立了资产阶级政权国家。这里要注意的是，英、法两国的国家性质，是以市民阶级和商业经济为奠基的：英国资产阶级革命的法律文件《权利法案》，通过对国王权威的边界之明确界定，保证了国民的权利和自由；作为法国大革命的重要产物，亦即资产阶级国家最早的一部民法典《拿破仑法典》，则是通过对国民财产权益的精确规定，为法国资本主义的发展在法律上奠定基础。

但英、法的经验并不代表马克思所出生、成长期间的德国的情况。如果说英国的现代国家之创立相对顺利，法国相对曲折的话，那么德国的情况可谓是颇为黯淡。有关这点，德国著名社会学家诺贝特·埃利亚斯曾通过英、法语言的"文明"与德语中的"文化"的语义对比，指出前者指向人的行为举止，后者则意味着一种经过反思的民族主体意识，在这背后，乃是德国在走向现代国家的进程中的巨大曲折：对比其他西方民族，德国民族用了很长时间才实现政治统一，并且在数百年来，她一直遭受着其他势力的逼迫和侵略①。明白这一点很重要，因为这传达出了马克思主义国家学说诞生的基本背景：欧洲商业经济的发展导致了市民阶级的兴起与社会主导地位，这一阶级催生了英、法所代表的现代国家，但同一时期的德国却因为地缘政治等原因而迟迟未能形成一个现代国家，因此，在国家学说方面，德国学者具有更加强烈的渴望和追求，从学说内涵的深度和广度来说，也就更加具有优势——马克思主义国家学说就是在这样的思想生态下诞生的。

二、站在黑格尔肩膀上的马克思：《黑格尔法哲学批判》所论的国家学说

马克思的国家学说一个重要的源泉在于黑格尔的国家学说，而黑格尔的国家学说，又与其亲身遭遇的普法战争有着密切关系。1806年普法战争打到了黑格尔所在的城市耶拿，黑格尔目睹了拿破仑阅兵耶拿的盛况，这给他以巨大震撼：黑格尔看到，拿破仑的马背上的精神，正在以一种伟大的、奇异的方式统治着这个世界，他将要实现一种"世界精神"。一方面是自己的国家被侵略，另一方面是对这个侵略自己国家的力量的由衷钦佩，这一巨大矛盾让黑格尔将一

---

① 诺贝特·埃利亚斯. 文明的进程：文明的社会发生和心理发生的研究［M］. 王佩莉，袁志英，译. 上海：上海译文出版社，2015：3.

腔热血转向了对拿破仑所代表的现代国家法哲学的研究——身处国难中的黑格尔这样勉励自己：在这种国恨家仇的时刻，唯有知识才是最可靠的救星，这不仅可以消除慌乱，更是恢复、强大国家主权的法宝①。

黑格尔这一以知识拯救家国的理想，所形成的一个重要产物便是其影响深远的《法哲学原理》。黑格尔《法哲学原理》包含三大部门，即抽象法、道德、伦理，这三者是层层递进的关系。首先，黑格尔将"法"界定为"自由意志的定在"②（"定在"作实现或体现解），"抽象法"指的是人人都自在享有的权利；进一步，黑格尔将人经过扬弃、反思的"法"界定为"道德"，"道德"即"主观意志的法"，它由"故意与责任"发展为"意图与福利"，最后发展为"良心与善"；抽象的法是客观的，道德是主观的，而"伦理"则是主观与客观的统一，是客观精神的真实体现，"个人存在与否，对客观伦理说来是无所谓的，唯有客观伦理才是永恒的，并且是调整个人生活的力量"③。在这一哲学概念的演绎下，黑格尔进一步将"伦理"界定为一个有机的精神世界：直接的、自然的伦理精神是家庭；在伦理精神进行分化而到达相对性的观点的时候，就形成了市民社会；市民社会是"独立的单个人的联合"，这种联合是遵照成员的人身、财产、特殊利益、公共利益而发生的，它最终发展为目的与现实相统一的"国家"，"国家是伦理理念的现实"，"国家是绝对自在自为的理性东西"，"由于国家是客观精神，所以个人本身只有成为国家成员才有客观性、真理性和伦理性"④。

分析完黑格尔《法哲学原理》的国家学说的发生路径，不难发现这是一种唯心论思想，即它犯了理念先行、让现实屈服于理念的方法论错误。然而，从中也可以得到至少两点启发：首先，《法哲学原理》揭示了黑格尔时代的德国对于建立一个现代国家的热切追求；其次，《法哲学原理》的方法论，即思路上的误区，将开启一种修正的、因而更为精确的国家学说——并且更为重要的是，其家庭—市民社会—国家与精神—实体的架构，已经抓住了国家学说的结构要素了。正是这两点的综合，导致了马克思《黑格尔法哲学批判》的诞生。

整体来说，马克思《黑格尔法哲学批判》是对黑格尔《法哲学原理》的全方位的、紧扣每个思想细节的分析和反思。这一点，首先表现为马克思对黑格

---

① 贺麟．德国三大哲人处国难时之态度［M］．南京：独立出版社，1940：23.
② 黑格尔．法哲学原理［M］．范扬，张企泰，译．北京：商务印书馆，2021：4-41.
③ 黑格尔．法哲学原理［M］．范扬，张企泰，译．北京：商务印书馆，2021：189.
④ 黑格尔．法哲学原理［M］．范扬，张企泰，译．北京：商务印书馆，2021：281，288，289.

尔《法哲学原理》的方法论批判。举例来说，针对黑格尔《法哲学原理》中"国家是伦理性的东西，是实体性的东西和特殊的东西的互相渗透"，"现实的理念，即精神，把自己分为自己概念的两个理想性的领域，分为家庭和市民社会，即分为自己的有限性的两个领域，目的是要超出这两个领域的理想性而成为自为的无限的现实精神"等论断，马克思指出了其方法论的误区所在："逻辑的泛神论的神秘主义在这里已经暴露无遗"，并进一步在批判的基础上给出更为恰允的解读："理念变成了独立的主体，而家庭和市民社会对国家的现实关系变成了理念所具有的想像的内部活动"，"实际上，家庭和市民社会是国家的前提，它们才是真正的活动者；而思辨的思维却把这一切头足倒置"，"黑格尔的论点只有像下面这样解释才是合理的：家庭和市民社会是国家的构成部分。国家材料是'通过情势、任性和本身使命的亲自选择'而分配给它们的。国家的公民是家庭和市民社会的成员"①。很清楚，马克思是将黑格尔的由理念而现实，或者说由精神而物质的思路，转变为一种由现实和物质进行的国家结构要素的推导与还原。

与此同时，马克思对于黑格尔《法哲学原理》也有肯定，并且从这肯定中进一步升华出新的理论。比如，对于黑格尔的"政治国家就是国家制度"的论断，马克思是颇置首肯的，他解释说："这里只有外在的同一，即互相的规定"，即政治国家只有一种外在形式的同一，而不是内在内容的同一。进一步，马克思还对此做出理论拔高：他指出，国家的抽象性质乃是近代以来才有的事，因为随着人类社会的进步，人类终于对自己产生了一种抽离式的自我审视，也才对自己的私人生活产生一种"抽象"，因此"政治国家的抽象是现代的产物"②，这即是说，对于国家和政治国家的反思，是现代以后才有的事，在这反思过后，国家和政治国家便成为一个可以改造的对象。

因此可以说，通过对黑格尔《法哲学原理》的方法论和内容的全面反思，马克思获得了对于国家学说的坚实可靠的知识基础。这一点极为重要。马克思以及与马克思在学术上关系密切的恩格斯的整个思想体系，包括国家学说思想，正是由此而得到一个"阿基米德点"。比如，在《黑格尔法哲学批判》中，就通过对黑格尔学说的反思，得到了人的本质是社会关系总和的经典论断："如果在考察家庭、市民社会、国家等等时把人的存在的这些社会形式看作人的本质的实现，看作人的本质的客体化，那么家庭等等就是主体内部固有的质"，"人

---

① 马克思. 黑格尔法哲学批判［M］. 北京：人民出版社，1963：20.
② 马克思. 黑格尔法哲学批判［M］. 北京：人民出版社，1963：51-52.

永远是这一切社会组织的本质"①。

三、推进与完善：《德意志意识形态》《共产党宣言》《家庭、私有制和国家的起源》中的国家学说

以《黑格尔法哲学批判》为起点，马克思以及恩格斯在其后续的学术进程中对于"国家"这一事物的研究做出进一步推进和完善。

这一点，首先要从马克思、恩格斯对于其思想体系的"知识基础"之重新明确开始说起。在《黑格尔法哲学批判》一书中，马克思着重批判了黑格尔的唯心论方法，而返回到现实物质本身。这一思路使得马克思以及恩格斯走向了对现实物质的本质追问，这便有了他们对"生产力""分工""私有制"等概念的考察。在马克思、恩格斯看来，"人们所达到的生产力的总和决定着社会状况"，"按照我们的观点，一切历史冲突都根源于生产力和交往形式之间的矛盾"。"生产力"问题又具体表现为"分工"和"私有制"问题，马克思、恩格斯指出："分工和私有制是相等的表达方式，对同一件事情，一个是就活动而言，另一个是就活动的产品而言"，"分工的各个不同发展阶段，同时也就是所有制的各种不同形式"②。通过对人类社会的部落、古代的公社和国家、封建等级以及资本主义等所有制形式的探讨，马克思、恩格斯指出这些所有制必然导致一种对人类自身而言的异己的、对立的压迫感，从而让人类感到不由自主③。

这一系列新的洞见，促使马克思、恩格斯对国家学说做出更为深刻的诠释。马克思、恩格斯首先界定了"市民社会"的定义，指出市民社会是迄今为止的生产力与生产关系所达到的一个产物，这个产物受生产力制约，同时也制约着生产关系；市民社会是国家的基础和上层建筑的基础，要理解后者，必须理解前者④。这即是说，市民社会受到特定生产力水平的制约，同时它的内部又塑造了生产力的交往方式，市民社会对于财产和利益的维护，即造就了"国家"这一组织形式，以及法律等上层建筑。市民社会内部的所有制形式——对19世纪的全球世界来说，尤其是资本主义所有制，对人来说意味着一种异己的、对立的存在；那么，为了解决这一困境，就需要将所有制形式变成一种全民共享的、与每个社会个体的利益相一致的样态，这就是共产所有制，它最终要形成的，

---

① 马克思. 黑格尔法哲学批判 [M]. 北京：人民出版社，1963：61.
② 马克思，恩格斯. 德意志意识形态（节选本）[M]. 北京：人民出版社，2018：28, 12-13.
③ 马克思，恩格斯. 德意志意识形态（节选本）[M]. 北京：人民出版社，2018：30.
④ 马克思，恩格斯. 德意志意识形态（节选本）[M]. 北京：人民出版社，2018：77-78.

就是共产主义国家。这就是马克思、恩格斯国家学说的一个大致轮廓。

在这方面,为了得到一个更好的理解,有必要遵循马克思、恩格斯的思路对当时德国的国家情况做出个案式解读,以及遵循马克思、恩格斯的思路对"共产主义"这一国家的最理想、最终极的发展产物做更深入的原理分析。

马克思、恩格斯指出,在18世纪末,当法、英都实现了资产阶级国家之确立时,德国因为内部分裂的小邦诸侯的专制、游手好闲的小地主、经济规模不大不小因而没有寻求解放意识的农民,以及没有共同利益只有分散的、狭隘的、利益的市民,始终没能建成一个有凝聚力的国家。对这一时期的德国来说,国家就成为一种貌似"独立"的东西,一种本质是"虚伪"的东西,因此在德国,"国家"意味着一种幻想,也因此,在德国会产生极其忠诚的官僚意识,以及理论家神神道道的、言不及义的、无法如实反映市民利益的学说①。在这里,马克思、恩格斯通过分析德国市民社会的构成,总结了德国国家的概况,以及德国国家学说的谬误之成因。应当说,这一"市民社会—国家—上层建筑"的唯物主义推衍,是具有巨大分析效力的。就当时的情况而言,这一巨大分析效力,表现在马克思、恩格斯对于当时德国的历史处境的定位:"外国的日益加剧的竞争和德国越来越不能避开的世界交往,迫使德国人的分散的地方利益结合为一定程度的共同利益","德国市民,特别是从1840年起,开始考虑如何保障这种共同的利益;他们成为民族主义者和自由主义者,并要求征收保护关税和制定宪法","因此,现在他们差不多已经达到了1789年法国资产阶级所处的阶段"②。

总结之下,可以发现,在马克思、恩格斯的思想体系中,国家学说有着这样一个大致的发生路径,即生产力—分工—所有制—市民社会—国家—上层建筑。这一学说的权威性在于,它是从现实物质出发的,是从人类历史中得到检验和印证,对未来有着强烈指导意义的。这一学说的思想机制的优越性,以及其谋求人的最终解放的宗旨,促使它最终走向了对共产主义的推衍和构思。

上述马克思、恩格斯国家学说的发生路径,让马克思、恩格斯在解决人类政治经济存在的问题时,首先想到从"分工"开始:当交往和生产力的发展到达了一个普遍程度,以至于分工和私有制变成了一种限制条件而非促进条件,那么,"分工"和"私有制"就变成了一种需要消灭的东西。进一步,马克思、

---

① 马克思,恩格斯. 德意志意识形态(节选本)[M]. 北京:人民出版社,2018:111-113.

② 马克思,恩格斯. 德意志意识形态(节选本)[M]. 北京:人民出版社,2018:114-115.

恩格斯指出，要实现对"分工"和"私有制"的消灭，就必须消灭阶级，而这个任务，要交给无产阶级：因为无产阶级最具革命性，一旦他们推翻了资产阶级并消灭了分工和私有制，就可以让自己成为统治阶级，争取得到民主，并尽可能地提升社会生产力所达到的总量；最终让人类社会步入共产主义——在那里，每个人的自由发展是一切人的自由发展的条件①。

在马克思去世一年后，恩格斯在所著的《家庭、私有制和国家的起源》一书中，对国家的起源和消亡做出了学理上的还原。马克思于1883年3月去世，翌年4—5月，恩格斯就在马克思思想的基础上写成了《家庭、私有制和国家的起源》一书。此书是恩格斯根据马克思对于美国人类学家摩尔根《古代社会》的批注所汇总、概括而成。因此可以这样说，此书是马克思、恩格斯的唯物主义思想和摩尔根对古代社会考察的两种思想的"通婚"产物。就国家学说而言，首先在国家的起源上，恩格斯此书秉持的还是他与马克思共同的思路，并且，对于摩尔根《古代社会》的研习，使恩格斯得出了一个更具"历史感"的结论，即"国家是文明的概括，它在一切典型的时期毫无例外地都是统治阶级的国家，并且在一切场合在本质上都是镇压被压迫被剥削阶级的机器"②。这一融合了马克思、恩格斯思想与摩尔根对古代社会的形态考察的新思想系统，将"国家"视作一种历史产物，这即是说，国家是人类历史上的一种组织形态，它有其"生"，自然就有其"死"。

国家并不是从来就有的，曾经有过不需要国家，而且根本不知国家和国家权力为何物的社会。在经济发展到一定阶段而必然使社会分裂为阶级时，国家就由于这种分裂而成为必要了。现代，我们正在以迅速的步伐走向这样的生产发展阶段，在这个阶段上，这些阶级的存在不仅不再必要，而且成了生产的真正障碍。阶级不可避免地要消失，正如它们从前不可避免地产生一样。随着阶级的消失，国家也不可避免地要消失。在生产者自由平等的联合体的基础上按新的方式来组织生产的社会，将把全部国家机器放到它应该去的地方，即放到古物陈列馆去，同纺车和青铜斧陈列在一起。③

在这里，恩格斯延续了马克思的国家学说，但更为进步的地方在于，恩格斯坚定地论断了国家消亡的必然性。这一论断的依据在于，当生产力发展到一定阶段时，阶级对立对于生产构成了阻碍，这就为阶级的消灭提供了动力；而

---

① 马克思，恩格斯. 共产党宣言[M]. 北京：人民出版社，2018：41-51.
② 恩格斯. 家庭、私有制和国家的起源[M]. 北京：人民出版社，2018：195.
③ 恩格斯. 家庭、私有制和国家的起源[M]. 北京：人民出版社，2018：195.

一旦阶级消灭，国家就会随之消灭。可以说，到恩格斯的《家庭、私有制和国家的起源》这本书为止，马克思、恩格斯的国家学说就已走到一个最为完备的状态。

四、马克思主义国家学说的创立和发展：德国的历史经验与马克思、恩格斯的努力

马克思主义国家学说，发源于近代德国创建现代国家的艰难遭遇，在英、法等国已经形成完备的资产阶级现代国家时，德国因为自身社会构成的原因，始终难以形成一个有效率的现代国家，并由此而遭遇到法国的侵略。这样一种历史遭遇，促使当时的德国学者不得不构造出一种国家学说，而由此形成的一部经典著作便是黑格尔的《法哲学原理》。《法哲学原理》从唯心论的方法出发，通过抽象法—道德—伦理的概念演绎，得出伦理是一个有机的精神世界，它发展到一个相对阶段时形成了维护成员的人身、财产、特殊利益、公共利益的市民社会，市民社会又进一步发展为绝对自在自为的理性存在，此即国家。在黑格尔的基础上，马克思通过方法论从唯心到唯物的"倒转"，从而为国家找到了一个考察的基础，这就是"家庭"和"市民社会"。进一步，马克思又和恩格斯联手，为国家找到了"生产力"和"交往形式"这一更加微观、更加有效的知识基础，并通过生产力→交往方式→分工→所有制→阶级→国家→上层建筑的推衍方式，指出了国家的发生机制，即社会状况是由生产力和交往方式决定的，其具体表现是人与人之间的分工，分工形成了所有制，所有制又造就了阶级差异——如在同样的生产力下，雇主与工人的交往方式具体表现为雇主与工人的不同分工，并形成了私有制，再进一步形成资产阶级与无产阶级的差异；国家就是由占据统治地位的阶级，如资产阶级，为了巩固自身的社会地位而形成的，国家的上层建筑也为此服务。最后，马克思、恩格斯根据这一国家的发生原理，指出人类社会最终的出路在于消灭国家，即通过无产阶级占领社会统治权，从而使生产资料公有化，最终消灭阶级和剥削，这最终就导致了国家的消亡和共产主义社会的诞生。

我们知道，马克思主义思想体系是建立在19世纪三大科学发现即细胞学说、能量守恒转化定律和进化论的基础之上的：细胞学说的迁移得出了人类社会是人的联合体的思路，能量守恒转化为矛盾的发展转化的思路，进化论则得出社会形态的理论。这一思想或者说知识的发生背景，对于我们理解马克思主义国家学说具有重要的启发意义。这即是说，按照马克思主义的基本思路，国家是人类社会的一种联合体，它的基础是社会，它内部存在阶级，阶级之间的政治经济矛盾会促进社会的发展，从而让国家走向一种形态的演进，这一演进不是别的，正是阶级对立消解后国家的消失，或者说社会的共产主义化。作为一种对科学发现做了很好借鉴与发挥的学说，马克思主义的国家学说是一种"动态发展"的学说，以下第二节将要论述的，便是包括列宁、斯大林的正统马克思主义，以考茨基、伯恩斯坦为代表的"修正主义"的马克思主义，以葛兰西、哈贝马斯等为代表的西方马克思主义等思想流派对于马克思主义国家治理理论的发展。

第二节 马克思主义国家治理理论的发展

如果说马克思、恩格斯的国家学说是一种对国家发生机制的奠基性理论，那么，马克思、恩格斯之后的马克思主义国家学说则转向了一种更为具体的实践，其所形成的，即是马克思主义国家治理理论。

虽然说马克思、恩格斯从历史唯物论的角度论证了国家是历史的产物，它终有消亡的一天，但在此之前国家在很长一段时间内仍将存在，以马克思、恩格斯思想为理论指导的政权，为兼顾理想与现实，首先就须走向消除了生产资料私有制与社会化大生产之间的矛盾的社会主义国家——所谓社会主义国家，即马克思、恩格斯思想所构造的社会形态的终极版本，亦即共产主义的初级阶段。大家知道，最早对这一兼顾理想与现实的社会形态付诸实践，也就是最早探索马克思主义国家治理理论的，就是以列宁、斯大林为代表的俄国共产党人——按照他们的设计，国家是最高地位的存在，它高于社会；并且国家的要义在于无产阶级专政。很显然，在国家治理理论方面，俄国共产党走的是一条与马克思、恩格斯思想高度一致的正统马克思主义道路。

一、俄国共产党人对马克思主义国家治理理论的发展

列宁领导工人阶级推翻沙俄政府并建立苏维埃政权后，就开始着手探索社会主义国家的治理问题。这里要说明清楚的是，当时的俄国是一个资本主义不发达、小农经济占主体的落后国家，在这样的基础上要建设社会主义国家，需要面对的问题自然是不少的。按照列宁的经验和思考，当时的首要问题是实现"居民合作化"："在我国，既然国家政权操在工人阶级手中，既然全部生产资料

又属于这个国家政权,我们要解决的任务的确就只剩下实现居民合作化"①。列宁看到,私人买卖或者说私人利益,是可以被国家所监督、所消融的,通过和农民"做买卖",允许农民在加入合作社、归属于合作社的前提下从事私人交易,那么,就可以使"农民感到简便易行和容易接受的方法过渡到新制度方面",而这就是建成社会主义国家的关键。这是因为,一旦农民参与到合作社当中,就等于说他们为社会主义国家的财政做出了巨大贡献,此即产生社会主义国家的关键——"任何一种社会制度,只有在一定阶级的财政支持下才会产生"②。

从居民合作化的这一构设上,其实不难看到列宁有着让当时的俄国发展商品经济的理念,这一点对当时俄国建设社会主义是极为关键的一个策略。这不仅是对当时的俄国来说,也是对广泛意义上的社会主义国家的建设问题提供了一个极具启发意义的实践。在国内革命时期,列宁领导下的苏维埃政权实行临时战时共产主义政策,这一政策在这一时期是富有成效的。但当革命胜利后,苏维埃政权仍然使用这一政策,在截然有别的历史语境下,农民对战时共产主义的余粮收集制严重不满,反革命分子更是利用农民这一不满情绪,进一步扰乱革命胜利的成果。对此,列宁做出了深刻的反思,提出了社会主义需要勇敢探索、勇敢转变政策的思想,并将经济政策转向了"新经济政策",这包括:以征收粮食税替代余粮收集制;农民按国家规定交纳一定的粮食税,超过税额的余粮完全归个人所有;在国家保持经济命脉的情况下,实行中小企业的非国有化;允许外国资本进入,实行租让和租赁;实行货币改革,取消苏维埃纸币,发行稳定的货币切尔文卢布;等等。这一经济政策的转变至关重要,它挽救了当时俄国岌岌可危的革命胜利果实,并将商品经济建设确立为社会主义建设的一个"中心"阶段。这一经验,对于世界社会主义发展具有普遍启发意义,改革开放初期邓小平对于中国经济发展的思考,就借鉴了列宁的思想经验③。

这一新经济政策,必须建立在"合作社"的组织形式上,但要做到让农民——更加准确地说,社会的全体成员都主动加入合作社,关键在于转变他们的认知,"为了使全体居民人人参加合作社业务,并且不是消极地而是积极地参

---

① 列宁.论合作社[M]//杨春贵等选编.马克思主义著作选编:乙种本.北京:中共中央党校出版社,2001:356.
② 列宁.论合作社[M]//杨春贵等选编.马克思主义著作选编:乙种本.北京:中共中央党校出版社,2001:358.
③ 社会主义发展简史编写组.社会主义发展简史[M].北京:人民出版社,学习出版社,2021:97-98.

加，我们还须完成在一个'文明的'（首先是识字）欧洲人看来并不很多的工作"，而这个工作"就是要使我国居民'文明'到能够懂得人人参加合作社的一切好处，并参加进去"。显然，这样一个工作需要一段颇长的时间，并且这个过程注定不会很顺利，而这，正是建成社会主义国家的一个难点所在。事实确乎如此，就连列宁也说"在最好的情况下，我们度过这个时代也要一二十年"，但这又是一个不可逾越的时代，因为如果不经过这样一个历史时期，使得每个人都认识字，都拥有足够见识，拥有读书看报纸的能力，那么国家就无法实现一种智力上的保障，如当遇到歉收、饥荒等问题时，就没办法保障一定可以对症治之①。

列宁（以及日后的斯大林）领导下的俄国社会主义建设的经验，在于从组织形式上以"合作社"来集合全体社会成员，从经济建设上采取商品经济的发展模式，在文化上让全体社会成员走向科学的启蒙，在领导力量方面加强执政党的人事和理论建设等。这些经验极为重要，它们就是马克思主义国家治理理论的精髓所在，也是当时以及日后世界社会主义建设的"范本"。

之所以这样说，是因为列宁、斯大林的社会主义国家治理理论不仅对于日后中国共产党的社会主义国家建设给予了经验启发，还对日后东欧剧变提供了一个正面的，然而又颇具历史讽喻色彩的参照背景。

二、德国社会民主党的"修正主义"

受到俄国革命的鼓励，德国在差不多同一时间掀起了社会主义工人运动。虽然其势力并不甚大，并且后续的历史影响也并不十分显著，但是在马克思主义国家治理理论方面得到不少具有启发性意义的经验。德国社会民主党的领导考茨基、伯恩斯坦等的"修正主义"的马克思主义国家治理学说，即此方面经验的精粹所在。

"修正主义"的马克思主义国家治理学说的发生，是有着德国自身特殊的社会背景的。我们看到，实行正统马克思主义国家治理学说的国度如俄国和中国，社会经济基础都是落后的农业生产，这与马克思、恩格斯所设想的无产阶级占领生产资料从而统治社会国家的理论，是很为适合的——农民（以及部分工人）在这种社会基础中占据了主体。而像德国这种在一战之前已经初步实现工业化，并且由此商业经济得到飞速发展的国家，要过渡到社会主义国家，或者说在马

---

① 列宁. 论合作社 [M] //杨春贵等选编. 马克思主义著作选编：乙种本. 北京：中共中央党校出版社，2001：358-359.

克思主义国家治理学说方面有自己的开创,很自然就要在马克思、恩格斯思想的基础上做一种调整。如考茨基所说:在阶级之间,并不是完全的铁板一块,中间是可以连通的,这也就是说,当上层阶级的生活水准提升了,就会传递给下层阶级,完了以后下层阶级再产生新的需求,并由此让社会产生变革的动力,"增长缓慢的工资是不敷满足这种要求所需的",这就会产生一个结果,即阶级差异缩小了。与之相伴随的,还有"无产阶级正在迅速赢得政治威信和社会威信",并且上流社会也开始接受社会主义了,"想要获得社会主义者的称号,已不再需要任何特殊的毅力,不再需要与资产阶级社会决裂"①。按照考茨基的意思,就是马克思、恩格斯所说的阶级矛盾是可以通过阶级间经济差异的减少,以及阶级在政治理念差异的消解(达成相对的一致性)来消除的。

这一种声音也为另一位德国社会民主党领导伯恩斯坦所道出。伯恩斯坦说:"社会民主党不想用一个无产阶级社会来代替市民社会,而是想用一种社会主义社会制度来代替资本主义社会制度",在他看来,真正重要的是一种让社会"自由"的治理方法,"社会主义"应当涵盖"自由主义","事实上没有任何自由主义思想不是也属于社会主义的思想内容的"②。在这里,伯恩斯坦事实上是把马克思、恩格斯的"生产力—分工—所有制—市民社会—国家—上层建筑"的国家发生机制的"所有制",即阶级矛盾予以淡化,并将焦点放在"市民社会"一环,在他看来,只要"市民社会"能够治理好,就意味着国家同样可以治理好。

应当说,考茨基和伯恩斯坦的"修正主义"学说不无值得肯定的地方,比如,他们强调阶级矛盾的可调和性,在某个短暂的历史时期是可以成立的,是有效的;又如,其希冀一种平稳过渡的社会主义国家的形成,从宗旨上说也是好的。但从根本的方法论来说,"修正主义"学说却犯有违背马克思主义科学性的嫌疑,因为阶级矛盾从本质上说是不可调和的,阶级矛盾的弱化往往是资产阶级和无产阶级在有意无意间共谋出来的一种社会"幻象"。这无疑与马克思、恩格斯的学说精神相违背。也因此,列宁曾毫不留情地将伯恩斯坦的代表作《社会主义的前提和社会民主党的任务》批判为一本对马克思主义而言"叛卖变节的书"。

---

① 卡尔·考茨基. 考茨基文选 [M]. 北京:人民出版社,2008:117,120.
② 爱德华·伯恩斯坦. 社会主义的前提和社会民主党的任务 [M]. 上海:上海三联书店,1965:196,198.

三、葛兰西与哈贝马斯：公民社会是国家的最高形式

与考茨基、伯恩斯坦颇有旨趣上的相似性的，是葛兰西和哈贝马斯将重点放在公民社会的国家治理理论，他们的理论可以简单概括为：公民社会是国家的最高形式。这一理论，与葛兰西和哈贝马斯对于欧洲历史文化的自觉继承直接相关：这即是说，历史上的欧洲是一种列国处于均势的状态，各个国家都没有形成一种高强度的政府集权态势，即便有也只是在短期内存在，因此，欧洲各国经常呈现出一种"弱政府"以及公民至上的政治风貌。与之相应，继承了马克思主义的葛兰西和哈贝马斯等思想家，很自然地在马克思、恩格斯的基础上，强调公民社会的主体性，此即他们的公民社会是国家的最高形式的理论主张。

对于这一点，葛兰西提出他的公民社会主体理论说："这个市民社会的活动既没有'独裁'，也没有绝对的'义务'，但是在习惯、思想方式和行动方式，道德等方面产生集体影响并能达到客观的结果。"① 很显然，葛兰西在这里是基于一种对发生于17—18世纪的欧洲启蒙运动的思想继承。欧洲在经历过启蒙运动的洗礼之后，在社会的各方各面都展开了"理性崇拜"，按照葛兰西的思路，如果欧洲的国家转向社会主义，那么公民社会的"理性"将会形成一个国家良好运转的局面，从这一意义上说，公民社会就是最高的国家形式。在这里，葛兰西有着非常强烈的"人治"（其对立面是"法治"）的意味，其旨趣与正统马克思主义学说颇为迥异。葛兰西说："由于国家是自行调整的社会，所以他是自主的"，"它不能有法律的界限：公法的主观准则不能成为它的界限，国家不能讲它自己限制自己"，"制定出来的法不能成为国家的界限，因为它随时都可以被国家借口新的社会需要等等而废止"②。在这里，葛兰西的思想有走过头的嫌疑，但他确实道出了当时一战与二战之交的欧洲共产党人的心声。

葛兰西的思想呈现出相对驳杂的风貌，他的这一以公民社会作为国家治理的理论，在时隔数十年后，在哲学家哈贝马斯这里变得更为清晰。哈贝马斯指出，以公众、公众舆论、公众媒介与公众场所为要素的公共领域，是国家治理的核心所在。具体地说，公众是具有利益性、自愿性和规模性的，它是由"人"组成的，因此理所当然就是国家的主体。而公众舆论则是一种具有批判意识的，批评、监督、控制国家权力的东西。公众媒介与公众场所在过去表现为沙龙、剧院、宴会、咖啡馆、街头集会、广场演讲，而在现代社会则表现为报纸、期

---

① 安东尼奥·葛兰西. 狱中札记 [M]. 葆煦, 译. 北京：人民出版社, 1983: 191-192.
② 安东尼奥·葛兰西. 狱中札记 [M]. 葆煦, 译. 北京：人民出版社, 1983: 215.

刊和广播、电视等。在公共领域中,"公众"或者说"公民"的活动是一种理性的、经过启蒙的活动,它主要依靠的是一种"高度文明",比如,在17世纪的法国,"公众"的活动方式主要就是围绕文学艺术进行的,这其实意味着对政治专制的一种有意无意的抗衡,"(公众)首先要求一种社会交往方式;这种社会交往的前提不是社会地位平等,或者说,它根本就不考虑社会地位问题。其中的趋势是一反等级礼仪,提倡举止得体"①。这里哈贝马斯其实是想消解掉国家,以及与现代国家并生的市场经济对于"公众"或者说"公民"的影响力,因为在他看来,这两者的在场对于"公众""公民"的独立性意味着妨碍:"私人构成公众,不仅意味着公共机构失去权力,变得威信扫地,同时也意味着经济依附关系在原则上不容许继续存在;市场规律和国家法律一道被悬搁了起来。"对作为个体的公民而言,一旦市场规律即经济,以及国家法律即政治的效力被悬搁起来,就意味着一种实现完全的主体性的可能。而要实现这一点,主要靠的就是公共领域的存在,意思是说,虽然不是说有了沙龙、咖啡馆以及社交联络,公众的观念就肯定会诞生,但必须是有了它们,公众才能形成某种观念,进而变成一种社会客观的要求②。哈贝马斯的这一思想,乃是西方马克思主义在东欧剧变之后的发展,它代表了一种普遍主义的思想,即站在公民的立场,因而对国家政府的权力有意进行抑制的,公民社会即国家之最高形式的思想。

总结之下,可以发现,以葛兰西、哈贝马斯等为代表的西方马克思主义,聚焦点在于公民社会,按照他们的逻辑,作为"政治"的国家系统,以及作为"经济"的市场系统,都不应该是最高的存在;最高的存在应当是继承西方自启蒙运动以来的公共文化系统,即公民社会。

四、西方马克思主义国家治理理论的总结与启示

通过以上所论,可知马克思主义国家治理理论在西方主要呈现为三种样态,即列宁、斯大林所代表的正统马克思主义的国家在政治、经济、文化和意识形态上全方位引领社会的国家治理理论,考茨基、伯恩斯坦所代表的修正阶级矛盾以及资本主义与社会主义矛盾的"修正主义"学说,以及葛兰西、哈贝马斯所代表的以公民社会为主导、国家权力和市场经济被抑制的思想。应当说,第

---

① 尤尔根·哈贝马斯. 公共领域的结构转型 [M]. 曹卫东,王晓珏,刘北城,等译. 上海:学林出版社,1999:41.
② 尤尔根·哈贝马斯. 公共领域的结构转型 [M]. 曹卫东,王晓珏,刘北城,等译. 上海:学林出版社,1999:41.

一种理论是对马克思、恩格斯国家学说的继承与推进，它是马克思主义的科学发展，时至今日仍有正面的启发意义。后两种理论则反映了欧洲在列国均势和启蒙运动的历史文化背景下，对于马克思主义国家治理理论的推进，是一种本土化的"意愿"，这一意愿有本土文化的合理性，但也因此有着非科学性的弊病，特别是第二种理论。

第三节　马克思主义国家治理理论的中国化

在马克思、恩格斯关于国家的理论中，国家是一个阶级统治另一个阶级的工具，工人阶级必须摧毁旧的国家机器而成为统治者。列宁进一步指出，国家在一定时间内并不会消亡，无产阶级夺取政权后需要实行无产阶级专政，提出了无产阶级专政理论。马克思、恩格斯的国家理论中更多是关于国家的起源、发展、性质等问题，并没有直接涉及国家治理问题。而根据马克思主义国家理论的思路，中国共产党人结合中国革命、建设和发展的实际情况，针对如何建立社会主义国家，怎样发展社会主义国家，提出了许多治理理论，实现了马克思主义国家治理理论的中国化。

一、毛泽东思想对国家治理理论的发展

以毛泽东为代表的中国共产党人在探索国家治理现代化过程中，面临的问题主要体现在无产阶级如何夺取国家政权，如何建立新民主主义社会并逐步过渡到社会主义社会，以及如何治理社会主义国家等问题。这一时期，以毛泽东为代表的中国共产党人根据中国的实际情况，系统地提出了坚持党的领导、新民主主义论、民主集中制、人民民主专政、党的建设等理论，在实践中确立了社会主义基本经济制度，奠定了基本的社会主义国家架构，指明了处理人民内部矛盾的正确方向，创造性地发展了马克思主义国家治理理论，实现马克思主义国家治理理论的中国化、时代化。

（一）坚持党的领导

正如马克思所说："在资本主义社会和共产主义社会之间，有一个从前者变为后者的革命转变时期……这个时期的国家只能是无产阶级的革命专政。"[①] 在

[①] 中共中央马克思恩格斯列宁斯大林著作编译局. 马克思恩格斯文集：第3卷［M］. 北京：人民出版社，2009：198.

从资本主义社会向共产主义社会转变的阶段，建立社会主义国家，并推行社会主义国家治理的前提，无疑应是建立一个无产阶级专政的政权。早在1928年，毛泽东针对如何建立无产阶级政权这一问题，结合中国实际提出了推翻帝国主义、封建主义的民主革命任务。他指出了中国需要完成一场资产阶级的革命，而这场革命又"必须由无产阶级领导才能完成"，在革命的内容上，中国的革命包括"推翻帝国主义及其工具军阀在中国的统治，完成民族革命，并实行土地革命，消灭豪绅阶级对农民的封建的剥削"等内容①。确立和把握无产阶级的领导权，坚持无产阶级的领导，是推翻城市买办阶级和乡村豪绅阶级，推翻反革命统治的关键一步，也是马克思主义国家理论的应有之义。

坚持党的领导，做好领导工作的一个重要方向则是坚持党的群众路线。毛泽东指出："在我党的一切实际工作中，凡属正确的领导，必须是从群众中来，到群众中去。"② 同时，党的领导也要体现人民性，"人民自己必须管理上层建筑，不管理上层建筑是不行的"，而不仅仅是"国家只由一部分人管理，人民在这些人的管理下享受劳动、教育、社会保险等等权利"，否则无产阶级专政就会变成资产阶级专政。坚持党的领导，坚持群众路线，是无产阶级政党保持生机和活力的重要法宝，也是马克思主义的理论要求。

(二) 新民主主义论和民主集中制

1940年，中国革命进入新阶段，面对"中国向何处去"的问题，毛泽东旗帜鲜明地提出了中国共产党关于建设一个中华民族的新社会和新国家的系统的政治主张，即新民主主义理论。《新民主主义论》指出，"不但有新政治、新经济，而且有新文化。这就是说，我们不但要把一个政治上受压迫、经济上受剥削的中国，变为一个政治上自由和经济上繁荣的中国"，"我们要建立一个新中国，建立中华民族的新文化"。③《新民主主义论》系统地论述了民族独立、政治自由、经济繁荣、文化发展的新中国的建立路径，而这样的一个新中国，又是按照马克思的国家理论所构造出来的。正如毛泽东所强调的："一定的文化（当作观念形态的文化）是一定社会的政治和经济的反映，又给予伟大影响和作用于一定社会的政治和经济；而经济是基础，政治则是经济的集中的表现。"毛泽东的新民主主义理论，从中国的历史特点和实际情况出发，对于在无产阶级夺取政权的基础上如何确立好从旧的政治、经济、文化向新的政治、经济、文

---

① 毛泽东. 毛泽东选集：第1卷 [M]. 北京：人民出版社，1966：48.
② 毛泽东. 毛泽东选集：第2卷 [M]. 北京：人民出版社，1966：854.
③ 毛泽东. 毛泽东选集：第2卷 [M]. 北京：人民出版社，1966：624.

化过渡的问题,做出了国家整体架构上的考察和构设。这一新的国家架构使得新民主主义过渡到社会主义成为可能,成为推行社会主义治理的前提,集中地体现了社会主义国家治理本质。

对于新民主主义理论,毛泽东在1945年中共七大的报告《论联合政府》中又做了详细的论述。他指出,"新民主主义的政权组织,应该采取民主集中制,由各级人民代表大会决定大政方针,选举政府。它是民主的,又是集中的"。这一种既民主又集中的政权组织形式,体现出辩证的特点:"在民主基础上的集中,在集中指导下的民主",它既能表现广泛的民主,又能集中处理国事,它使得"各级人民代表大会有高度的权力","使各级政府能集中地处理被各级人民代表大会所委托的一切事务,并保障人民的一切必要的民主活动"。毛泽东系统地论述了在新民主主义阶段需要采用民主集中制,这一种制度既保障了人民的广泛民主,又能以集中的手段行使国家权力,充分体现了马克思主义国家理论的人民性和先进性。民主集中制把充分发扬党内民主和正确实行集中有机结合起来,成为我们党的根本组织原则和领导制度,同时又成为马克思主义政党区别于其他政党的重要标志。

(三) 实行人民民主专政

社会主义国家治理的一个问题是如何确立和维护无产阶级的领导核心,并实现各阶级的联合和社会主义改造。对此,毛泽东提出了人民民主专政理论。1949年,毛泽东发表了《论人民民主专政》,文中指出,现阶段的人民指的是工人阶级、农民阶级、城市小资产阶级和民族资产阶级,其中"主要是工人和农民的联盟,因为这两个阶级占了中国人口的百分之八十到九十",这些阶级在工人阶级和共产党的领导之下团结起来实行民主制度,拥有言论、集会、结社和选举各项权利。而对于帝国主义走狗即地主阶级和官僚资产阶级,以及国民党反动派,则要实行专政。因此,人民民主专政指的就是"对人民内部的民主方面和对反动派的专政方面,互相结合起来"。只有对人民内部实现人民民主,对外部敌对势力实施专政,国家才能成为保护人民的、人民反对压迫阶级的工具。

在实行人民民主专政的基础上,如何正确处理人民内部矛盾的问题显得十分重要。1957年,毛泽东发表了《关于正确处理人民内部矛盾的问题》的讲话,集中探讨了如何解决人民内部矛盾的问题。文中提到处理人民内部矛盾问题有一个公式,即"团结—批评--团结。或者说,惩前毖后,治病救人","我们现在的任务,就是要在整个人民内部继续推广和更好地运用这个方法",因而可以将这个方法推广到"处理党群关系、军民关系、官兵关系以及其他人民内部关系"① 上。

把专政同民主联系在一起，实行人民民主专政，并正确处理人民内部矛盾，这是对无产阶级专政最本质的概括，充分体现了中国特色人民民主的广泛性和真实性特点。中国共产党在广大农村建立的革命根据地的革命政权，就是人民民主专政在新民主主义革命阶段的雏形。在新中国成立以后，《中华人民共和国宪法》规定："中华人民共和国是工人阶级领导的、以工农联盟为基础的人民民主专政的社会主义国家"，人民民主专政制度正式建立起来了。这充分表明：中国的国体是人民民主专政，实质上即无产阶级专政。这也成为社会主义国家治理的一个重要特征。

(四) 重视党的建设

针对无产阶级政党如何正确认识自己、加强自己、团结自己的问题，毛泽东从党的建设层面做出了丰富的论述。1938 年，毛泽东在《中国共产党在民族战争中的地位》中指出："由于我们的国家是一个小生产的家长制占优势的国家，又在全国范围内至今还没有民主生活，这种情况反映到我们党内，就产生了民主生活不足的现象。这种现象，妨碍着全党积极性的充分发挥。"② 毛泽东指出了中国共产党内部既要让党员遵守纪律、服从纪律，又需要善于发挥批评和监督作用，使党内生活民主化，扩大党内民主，发挥党的积极性。这一关于党内民主的理论，大力地加强和改进了党的建设，是党内政治生活积极健康的重要基础，不仅在革命时期，在社会主义建设和发展时期，都是一项保证党的团结统一、保持党的先进性和纯洁性的法宝。

不论是无产阶级革命还是社会主义建设，执政党的作风问题和党的建设问题无疑是重中之重。为了实现党内的团结，维护党的先进性和纯洁性，毛泽东十分重视无产阶级政党的建设问题。在1942 年的《整顿党的作风》中，毛泽东提出了"反对主观主义以整顿学风，反对宗派主义以整顿党风，反对党八股以整顿文风"的整顿方针，以达到"扫除党内宗派主义的残余，以党的利益高于个人和局部的利益为出发点，使党达到完全团结统一的地步"的现实效果。这一思想上、作风上的整顿，对于中国共产党更加深入地学习和运用马克思主义，深刻科学地分析中国问题起到了重要的作用。

党的建设的一个方面是加强党内的团结。1957 年，毛泽东在《党内团结的辩证方法》中阐述了加强党内团结的方法："对犯错误的同志，一只手跟他作斗

---

① 毛泽东. 毛泽东选集：第 5 卷 [M]. 北京：人民出版社，1977：363-402.
② 毛泽东. 毛泽东选集：第 5 卷 [M]. 北京：人民出版社，1977：498.

争，一只手跟他讲团结。斗争的目的是坚持马克思主义原则，这叫原则性，这是一只手。另一只手讲团结。团结的目的是给他一条出路，跟他讲妥协，这叫做灵活性。原则性和灵活性的统一，是马克思列宁主义的原则，这是一种对立面的统一。"党内对于犯错误同志的斗争和团结、原则性和灵活性的辩证统一，体现了马克思主义哲学的科学性和实践性，维护了党的先进性和纯洁性。

坚持党的领导、新民主主义论、民主集中制、人民民主专政、党的建设，都是以毛泽东为代表的中国共产党人在马克思主义的指导下，根据中国革命和建设的具体情况所探索、总结出来的社会主义国家的治理方式和治理理论，这使得中国能在薄弱的经济基础上成功地建立起社会主义国家，实现了中国从几千年封建专制政治向人民民主的伟大飞跃，实现了一穷二白、人口众多的东方大国大步迈进社会主义社会的伟大飞跃，奠定了基本的社会主义国家架构。这些理论成果，是中国共产党领导中国人民团结一致，实现人民真正的联合、建立和维护无产阶级专政的政权、处理中国社会问题、实现社会主义改造、建立社会主义基本制度的重要法宝，是马克思主义国家治理理论中国化的重要理论成果。

二、中国特色社会理论体系对国家治理理论的发展

自党的十一届三中全会以来，中国继续探索社会主义建设的正确道路，将国家治理的重心逐步转向了以经济建设为中心、坚持四项基本原则、建设社会主义市场经济体制，提出转变政府职能、充分发扬人民民主、推进社会主义政治文明建设和依法治国、全面建设小康社会、构建社会主义和谐社会等一系列治理举措。这一时期，我们党坚持马克思主义国家理论与中国实际相结合，深刻揭示了社会主义国家的本质，积累了实现国家善治的丰富经验，进一步丰富和发展了马克思主义国家治理理论。

（一）以经济建设为中心

自改革开放以来，国家治理的重心转向以经济建设为中心。1979年，邓小平在《关于经济工作的几点意见》中明确提出了国家主要工作重心在于经济建设上，即"经济工作是当前最大的政治，经济问题是压倒一切的政治问题。不只是当前，恐怕今后长期的工作重点都要放在经济工作上面"[①]。自此，国家治理的重心开始转移到经济建设上来。1980年，邓小平在《社会主义首先要发展生产力》中再一次强调了生产力发展和社会主义的本质关联："社会主义，首先

---

① 邓小平. 邓小平文选：第2卷 [M]. 北京：人民出版社，1994：194.

就要使生产力发展,这是主要的。只有这样,才能表明社会主义的优越性。社会主义经济政策对不对,归根到底要看生产力是否发展,人民收入是否增加。"① 从中可以看到,改革开放后国家治理的重心转移到了经济工作上,经济问题是当前最大的政治,而经济工作首要的是发展生产力,提高人民生活水平,这样才能体现出社会主义的优越性。

邓小平多次强调发展生产力是社会主义国家治理的应有之义,进一步揭示了社会主义的本质内涵。他说:"搞社会主义,一定要使生产力发达,贫穷不是社会主义。"② 而要发展生产力,则需要使用不同的方法和手段,这主要体现为"实行对外开放政策,搞计划经济和市场经济相结合,进行一系列的体制改革"③,只有这样才能更大限度地解放和发展生产力,加速经济发展。邓小平认为,"走社会主义道路,就是要逐步实现共同富裕","社会主义的本质,是解放生产力,发展生产力,消灭剥削,消除两极分化,最终达到共同富裕"④,以经济建设为中心,其目的在于解放和发展生产力,最终达到共同富裕,符合社会主义国家治理的本质要求。邓小平在马克思主义理论的基础上,对社会主义本质做出了新的概括和阐述,是马克思主义国家治理理论的重大理论创新。

(二) 坚持四项基本原则

1979年,邓小平代表中央在党的理论工作务虚会上发表了《坚持四项基本原则》的重要讲话,提出了实现四个现代化的关键在于坚持四项基本原则。四项基本原则包括了坚持社会主义道路、坚持无产阶级专政、坚持共产党的领导、坚持马列主义、毛泽东思想⑤。其中,坚持四项基本原则的核心是坚持共产党的领导。坚持四项基本原则,是根据我国经济社会发展底子薄、人口多、耕地少、资源贫乏、生产力水平低下等特点,并立足于中国特色社会主义国家性质所提出的,它是全党和全国各族人民团结的共同的政治基础,是进行四个现代化建设的根本的政治保证,也是关系到我们党和国家前途与命运的大事。

四项基本原则是立国之本,是我们党和国家生存发展的基石。四项基本原则的提出,是对党的十一届三中全会路线的进一步阐述,它同以经济建设为中心和改革开放一起,奠定了党在社会主义初级阶段基本路线的基础,"一个中心、两个基本点"的思想开始形成,社会主义的理论内涵进一步得到丰富。

---

① 邓小平. 邓小平文选:第2卷 [M]. 北京:人民出版社,1994:314.
② 邓小平. 邓小平文选:第3卷 [M]. 北京:人民出版社,2001:225.
③ 邓小平. 邓小平文选:第3卷 [M]. 北京:人民出版社,2001:149.
④ 邓小平. 邓小平文选:第3卷 [M]. 北京:人民出版社,2001:373.
⑤ 邓小平. 邓小平文选:第2卷 [M]. 北京:人民出版社,1994:163.

(三) 建立社会主义市场经济体制，转变政府职能

1993年，党的十四届三中全会通过的《关于建立社会主义市场经济体制若干问题的决定》，明确提出建立社会主义市场经济体制是建设有中国特色社会主义理论的重要组成部分，其关键在于如何发挥市场的基础性作用。该决定指出，"建立社会主义市场经济体制，就是要使市场在国家宏观调控下对资源配置起基础性作用"。建立社会主义市场经济体制不仅要培育和发展市场体系，发挥市场机制的作用，同时也要转变政府职能，改革政府机构，制定和执行宏观调控政策，搞好基础设施建设，创造良好的经济发展环境，使国家更好地发挥宏观调控的作用。2003年，党的十六届三中全会通过的《中共中央关于完善社会主义市场经济体制若干问题的决定》，明确指出了要"坚持以人为本，树立全面、协调、可持续的发展观，促进经济社会和人的全面发展"。同时，这也要求政府职能要相应做出转变，要完善国家宏观调控体系，切实把政府经济管理职能转到主要为市场主体服务和创造良好发展环境上来。社会主义市场经济的建立，突破了市场经济和社会主义相互对立的传统观念，实现了社会主义国家治理的理论突破。

在社会主义经济建设中，国家的主要职能从政治逐步转向了经济，管理并调节社会经济活动成为国家活动的主要内容。① 社会主义市场经济体制的确立，从制度构造上将国家的经济职能予以确立，政府的职责是做好宏观调控，加强经济法规和经济运行所必需的其他基础设施建设，使得市场在社会主义国家宏观调控下对资源配置起基础性作用。2008年，党的十七届二中全会《关于深化行政管理体制改革的意见》，进一步将国家的经济管理职能予以规范化、制度化。该意见从政府职能、社会要求、行政机制运作和管理方式等方面，对如何让政府"创造良好发展环境、提供优质公共服务、维护社会公平正义"，如何"实现行政运行机制和政府管理方式向规范有序、公开透明、便民高效的根本转变，建设人民满意的政府"做出了规划。这表明，在经济建设这一中心任务下，政府职能开始向构建经济发展环境、提供社会服务、促进社会公平转变。无论是社会主义市场经济体制的确立，还是行政管理体制改革的深化，都使得政府能够更好地服务于经济建设，更好地体现以人民为中心，更好地促进生产力的发展，从而体现出社会主义国家解放和发展生产力、使上层建筑适应于经济基础、代表人民群众根本利益的本质属性。

---

① 王沪宁. 比较政治分析 [M]. 上海：上海人民出版社，1987：39-43.

（四）充分发扬人民民主

人民当家做主是社会主义民主政治的本质要求和内在属性。发扬人民民主，是社会主义政治现代化的题中要义，邓小平指出，"没有民主就没有社会主义，就没有社会主义的现代化"，党和国家领导制度中要克服官僚主义、权力过于集中的弊病以及家长制作风，就需要发扬人民民主。他说，"政治上，充分发扬人民民主，保证全体人民真正享有通过各种有效形式管理国家、特别是管理基层地方政权和各项企业事业的权力，享有各项公民权利，健全革命法制，正确处理人民内部矛盾，打击一切敌对力量和犯罪活动，调动人民群众的积极性，巩固和发展安定团结、生动活泼的政治局面"，充分发扬人民民主保障了人民当家做主，调动了人民积极性，也保证了团结安定的局面。并且，这种社会主义人民民主"在政治上创造比资本主义国家的民主更高更切实的民主，并且造就比这些国家更多更优秀的人才"①，充分体现了社会主义的优越性。

为了充分发扬人民民主，一方面要加强法治，另一方面要处理好各种关系。加强法治的核心在于"处理好法治和人治的关系，处理好党和政府的关系"②，也就是说，要"使民主制度化、法律化，使这种制度和法律不因领导人的改变而改变，不因领导人的看法和注意力的改变而改变"③。通过政治体制的改革和人民民主的发扬，才能更好地消除官僚主义，调动人民的积极性。江泽民指出，"我们发展社会主义民主，必须始终着眼于把人民群众管理国家事务、管理经济和文化事业、管理社会事务的权利努力落到实处，必须始终着眼于一切为了群众、一切依靠群众，最大限度地调动和发挥人民群众的积极性和创造性"。④ 发扬人民民主能够更好地发扬人民管理国家的政治、经济、文化、社会事务的积极性和创造性，坚持群众路线。这表明，发扬人民民主是社会主义现代化建设，坚持以人为本、执政为民的本质要求，充分体现了马克思主义国家治理理论的人民性、科学性内涵。

（五）推进社会主义政治文明建设和依法治国

2002年，中国共产党第十六次全国代表大会把发展社会主义民主政治，建设社会主义政治文明确定为全面建设小康社会的一个重要目标。江泽民在会上指出："发展社会主义民主政治，建设社会主义政治文明，是全面建设小康社会

---

① 邓小平. 邓小平文选：第2卷［M］. 北京：人民出版社，1994：327-333.
② 邓小平. 邓小平文选：第3卷［M］. 北京：人民出版社，2001：177.
③ 邓小平. 邓小平文选：第2卷［M］. 北京：人民出版社，1994：146.
④ 江泽民. 江泽民文选：第1卷［M］. 北京：人民出版社，2006：642.

的重要目标。必须在坚持四项基本原则的前提下,继续积极稳妥地推进政治体制改革,扩大社会主义民主,健全社会主义法制,建设社会主义法治国家,巩固和发展民主团结、生动活泼、安定和谐的政治局面。"社会主义政治文明建设,与社会主义物质文明、精神文明一起,成为社会主义现代化建设的三大目标。胡锦涛进一步指出,社会主义政治文明是"党领导人民坚持和发展人民民主长期实践的必然结论",而要坚持政治文明建设的正确方向,要做到"坚持党的领导""坚持走中国特色发展道路""坚持和发展我国特色社会主义政治制度特点和优势"。① 可见,建设和推进社会主义政治文明建设,是坚持人民民主、完善和发展社会主义国家治理、体现社会主义优越性的应有之义。

在社会主义政治文明建设中,实行和坚持依法治国,为坚持社会主义民主提供了坚实保障。江泽民指出:"实行和坚持依法治国,就是使国家各项工作逐步走上法治化的轨道,实现国家政治生活、经济生活、社会生活的法制化、规范化;就是广大人民群众在党的领导下,依照宪法和法律的规定,通过各种途径和形式,管理国家事务,管理经济和文化事业,管理社会事务;就是逐步实现社会主义民主的制度化、法律化。"② 在社会主义现代化建设的过程中,依法治国为各项工作的开展提供了制度化、法律化的保障,也为发挥党的领导和人民民主提供了法律依据。从执政党的角度上看,依法治国的实行更意味着执政能力的提高。胡锦涛指出,坚持依法治国,是"加强党的执政能力建设、提高党的领导水平和执政水平、改革和完善党的领导方式和执政方式而提出的一个具有重大政治意义的要求"。③ 这表明,坚持和实行依法治国有利于国家各项工作的开展,有利于坚持人民民主和坚持党的领导、优化党的领导方式和提高执政水平。

(六)全面建设小康社会,构建社会主义和谐社会

"小康社会"是由邓小平在20世纪70年代末80年代初在规划中国经济社会发展蓝图时提出的战略构想。2002年党的十六大进一步确立了到2020年全面建设小康社会的宏伟目标,2007年党的十七大提出了全面建设小康社会奋斗目标的新要求。江泽民指出,"提出全面建设小康社会的目标并加以具体化,是我们党和国家的事业不断向前发展的必然要求"。全民建设小康社会,是一个经济、政治、文化多方面、多维度的发展目标,它不仅与社会主义现代化建设的

---

① 胡锦涛. 胡锦涛文选:第2卷[M]. 北京:人民出版社,2016:28-34.
② 江泽民. 江泽民文选:第1卷[M]. 北京:人民出版社,2006:511.
③ 胡锦涛. 胡锦涛文选:第2卷[M]. 北京:人民出版社,2016:17.

实际相吻合，同我们实现社会全面发展和共同富裕的目标也是吻合的。① 胡锦涛指出，"实现全面建设小康社会宏伟目标，就是要使经济更加发展、民主更加健全、科教更加进步、文化更加繁荣、社会更加和谐、人民生活更加殷实"②，进一步丰富了小康社会的内涵，强调了科学发展的重要性。可见，全面建设小康社会的提出，丰富和完善了社会主义现代化的内涵，体现了社会主义共同富裕的本质属性和以人为本的理念，反映了社会主义国家治理的实践性和人民性。

2006年，党的十六届六中全会审议通过《中共中央关于构建社会主义和谐社会若干重大问题的决定》，申明了构建社会主义和谐社会的重要性和紧迫性，提出了2020年构建社会主义和谐社会的美好目标，对当前和今后一个时期构建社会主义和谐社会做出全面部署。胡锦涛指出了构建社会主义和谐社会的重大意义："社会和谐是中国特色社会主义的本质属性，是国家富强、民族振兴、人民幸福的重要保证。"③ 社会主义和谐社会的构建，是党领导全体人民共同建设，共同享有的社会，它必须以科学发展观为指导，科学发展观所蕴含的科学精神、原则和方法，对构建社会主义和谐社会具有根本的指导意义。构建社会主义和谐社会的提出，标志着国家治理理念的转变，中国特色社会主义在解放和发展生产力的基础上，又体现了保证社会公正、和谐和保证人民幸福的内涵。

自改革开放以来，我国坚持以经济建设为中心，坚持四项基本原则，建立社会主义市场经济体制，转变政府职能，充分发扬人民民主，推进社会主义政治文明建设和依法治国，全面建设小康社会，构建社会主义和谐社会，从中国具体的实际出发，根据社会主义初级阶段的国情，探索出了具有中国特色的社会主义现代化道路，取得了伟大的成就，实现了理论与实践的统一，国家治理逐步走向了法治化、规范化、科学化、民主化、信息化。邓小平理论、"三个代表"重要思想、科学发展观作为这一时期马克思主义中国化的重要理论成果，推进了中华民族从站起来到富起来的伟大飞跃，形成中国特色社会主义理论体系，实现了马克思主义中国化新的飞跃。这一时期的国家治理理论，在坚持社会主义本质的同时，将国家治理的重心确立为解放和发展生产力，建立和完善社会主义市场经济体制，在此基础上调整上层建筑以适应经济基础、发挥人民民主、重视社会民生，充分发扬了马克思主义国家理论的人民性、实践性和开放性。

---

① 江泽民. 江泽民文选：第3卷 [M]. 北京：人民出版社，2006：413-417.
② 胡锦涛. 胡锦涛文选：第2卷 [M]. 北京：人民出版社，2016：104.
③ 胡锦涛. 胡锦涛文选：第2卷 [M]. 北京：人民出版社，2016：625.

三、习近平新时代中国特色社会主义思想对国家治理理论的发展

自党的十八大以来，以习近平同志为主要代表的中国共产党人，坚持把马克思主义基本原理同中国具体实际相结合、同中华优秀传统文化相结合，坚持毛泽东思想、邓小平理论、"三个代表"重要思想、科学发展观，深刻总结并充分运用党成立以来的历史经验，从新的实际出发，创立了习近平新时代中国特色社会主义思想。习近平新时代中国特色社会主义思想实现了马克思主义中国化新的飞跃，坚持和发展了中国特色社会主义，深化了党和国家机构的改革，推进了国家治理体系和治理能力现代化，对中国特色社会主义国家治理做出了经济、政治、文化、社会、生态文明"五位一体"的总体布局和全面推进。

（一）坚持和发展中国特色社会主义，谱写新时代中国特色社会主义新篇章

在新的时代条件下，如何建设社会主义，建设什么样的社会主义，实现什么样的发展，怎样发展等重大理论问题，是关系到党和国家事业成败的问题。中国特色社会主义，植根于中国发展的具体国情。习近平指出，"中国特色社会主义，是科学社会主义理论逻辑和中国社会发展历史逻辑的辩证统一，是根植于中国大地、反映中国人民意愿、适应中国和时代发展进步要求的科学社会主义"①，正是这一从实际出发、实事求是的科学的道路、制度、理论体系指导我们取得了伟大的成就。实践证明，中国特色社会主义是党和人民长期实践取得的根本成就，坚持和发展中国特色社会主义，是新时代中国特色社会主义国家治理的应有要求，是新时代党和人民团结奋进的旗帜。

在新时代坚持和发展中国特色社会主义，需要坚持正确的理论指引。习近平新时代中国特色社会主义思想作为中国特色社会主义理论体系的重要组成部分，科学地回答了新时代坚持和发展什么样的中国特色社会主义，怎样坚持和发展中国特色社会主义的问题。其中，中国在社会主义国家治理中形成的重要经验、重要成就、重要理论尤为重要。习近平指出，在新的历史条件下夺取新时代中国特色社会主义新胜利，必须牢牢把握60多年来我国社会主义建设的基本要求，这些基本要求"是最本质的东西，是体现共产党执政规律、社会主义建设规律、人类社会发展规律的东西，表明我们党对中国特色社会主义规律的认识达到了新水平"②。只有坚持和发展中国特色社会主义，才能谱写中国

---

① 习近平．习近平谈治国理政：第1卷［M］．北京：外文出版社，2018：21．
② 习近平．习近平谈治国理政：第2卷［M］．北京：外文出版社，2017：12-13．

特色社会主义国家治理的新篇章。

中国特色社会主义是在中国特色社会主义国家治理实践中探索出来的社会主义国家治理规律、人类社会发展规律。作为新时代国家建设和发展的指导思想，习近平新时代中国特色社会主义思想是当代中国马克思主义、21世纪马克思主义，是中华文化和中国精神的时代精华，实现了马克思主义中国化新的飞跃，也是马克思主义国家治理理论的新的理论突破。

（二）坚持和加强党的全面领导，深化党和国家机构改革

坚持党的领导，是中国特色社会主义最本质的特征。进入新时代，坚持和加强党的全面领导，是发挥中国特色社会主义制度优势的重要举措。要坚持和加强党的全面领导，则要不断增强"四个意识"、坚定"四个自信"、做到"两个维护"。在此之中，党的领导是社会主义建设事业的领导核心。习近平指出，"党中央权威和集中统一领导，最关键的是政治领导"，而政治上是否站得稳、靠得住，最重要的就是牢固树立"四个意识"，自觉在思想上政治上行动上同党中央保持高度一致，党员干部的政治意识和政治能力显得尤为重要。党员干部要提高"把握方向、把握大势、把握全局的能力"和"保持政治定力、驾驭政治局面、防范政治风险的能力"，"要严格遵守政治纪律和政治规矩"①。只有坚持和加强党的全面领导，切实维护好党中央权威和集中统一领导，才能缔造一个"思想上高度认同，政治上坚决维护，组织上自觉服从，行动上紧紧跟随"的政党。中国共产党是中国特色社会主义事业的领导核心，从坚持和加强党的全面领导着眼，加强党的建设，是保证社会主义现代化事业发展的重要前提。

加强党的全面领导，也是深化党和国家机构改革的重要原则。在坚持党中央权威和集中统一领导的同时，也要深化党和国家机构改革。深化党和国家机构改革要处理好党政关系，处理好统和分的关系，处理好局部与全局、当局和长远的关系，坚持党的领导下的分工，发挥和优化政府与市场的各自分工，强化组织协调能力，确保中央重大决策部署落到实处，切实解决人民最关心最直接最现实的利益问题，加强重点领域民生工作，正确理解与把握发挥中央和地方两个积极性。② 可见，坚持和加强党的全面领导，全面深化党和国家机构改革，推进了党的政治建设，树立了以人民为中心的发展思想，为经济社会发展提供了更大的驱动力。

---

① 习近平. 习近平谈治国理政：第3卷 [M]. 北京：外文出版社，2020：83-84.
② 习近平. 习近平谈治国理政：第3卷 [M]. 北京：外文出版社，2020：165-176.

(三) 贯彻新发展理念，构建新发展格局

2021年5月1日，《求是》杂志发表了习近平《把握新发展阶段，贯彻新发展理念，构建新发展格局》一文，着重探讨了我国进入新发展阶段的战略部署。文中提到，新发展阶段是我国社会主义发展进程中的一个重要阶段，这一阶段是全面建设社会主义现代化国家、向第二个百年奋斗目标进军的阶段。在新发展阶段要贯彻新发展理念，新发展理念体现了在新时代由追求经济增长速度到追求经济增长质量的转变，明确了我国处于经济增长换档期的定位。并且，针对新时期所出现的结构调整、发展不平衡不充分等问题，结合新时期建设美丽中国的发展需求，提出了推进供给侧结构性改革、解决发展不平衡不充分问题、推动高质量发展、建设现代化经济体系、构建新发展格局、统筹发展和安全等发展主题。

习近平指出，在新发展阶段贯彻新发展理念，就是要构建以国内大循环为主体、国内国际双循环相互促进的新发展格局。根据我国发展阶段、环境、条件变化，加快构建新发展格局，就是要在各种可以预见和难以预见的狂风暴雨、惊涛骇浪中，增强我们的生存力、竞争力、发展力、持续力，确保中华民族伟大复兴进程不被迟滞甚至中断。正如习近平所指出的，"进入新发展阶段明确了我国发展的历史方位，贯彻新发展理念明确了我国现代化建设的指导原则，构建新发展格局明确了我国经济现代化的路径选择"。① 贯彻新发展理念，构建新发展格局，标志着我国国家治理方式的不断完善，标志着经济从高速发展阶段转向高质量发展阶段，这是在新的历史条件下，党带领人民明确历史方位，明确经济社会发展方向，向着全面建设社会主义现代化国家迈进的重要举措。

(四) 建设美丽中国，走向社会主义生态文明新时代

随着经济社会的不断发展，中国特色社会主义总体布局从"两个文明"到"三位一体""四位一体"，再到今天的"五位一体"，其中，建设美丽中国，大力推进生态文明建设，标志着我国发展理念和发展方式的重大变革。在新时代，人民对于美好生活的期望要求我国在环境治理和生态文明建设上做出新的调整。对此，生态文明建设也需要一系列的政策调整。在全国生态环境保护大会上，习近平总书记提出了新时代推进生态文明建设的六项重要原则。这包括了坚持人与自然和谐共生，绿水青山就是金山银山，良好生态环境是最普惠的民生福祉，山水林田湖草是生命共同体，用最严格制度最严密法治保护生态环境，共

---

① 习近平．习近平谈治国理政：第4卷[M]．北京：外文出版社，2022：178．

谋全球生态文明建设。① 生态环境治理已然成为新时代国家治理的重要组成部分。考虑到新时代中国社会主要矛盾已经转化为人民日益增长的美好生活需要和不平衡不充分的发展之间的矛盾，美丽中国和生态文明建设既是人民对于美好生活的切实需要，也是立足于新发展阶段，处理好经济发展和生态环境保护关系的重要内容。

生态文明建设也要求我国的经济发展方式、生活方式做出相应的改变。习近平指出，"要从根本上解决生态环境问题，必须贯彻创新、协调、绿色、开放、共享的新发展理念，加快形成节约资源和保护环境的空间格局、产业结构、生产方式、生活方式"。② 这一将生态文明建设融入经济建设、政治建设、文化建设、社会建设的治理思路，从全局出发来治理生态，表明中国特色社会主义国家治理进入了一个新阶段，走向了一种全方位的、多层次的、可持续的治理。

（五）决胜全面建成小康社会，提高保障和改善民生水平

中国特色社会主义进入新时代，人民生活水平显著提高，我国社会的主要矛盾已经转化为人民日益增长的美好生活需要和不平衡不充分的发展之间的矛盾，并且伴随着小康社会的加快建设，人民对美好生活的向往更加强烈。在这一时期，人民对于美好生活的需要呈现出多样化、多层次的特点，包括了经济、教育、职业、医疗卫生、住房、社会保障、生态环境、精神文化生活等方面。③ 在这一历史条件下，决胜全面建成小康社会，提高保障和改善民生水平，是当前党和国家的首要任务。2021 年，经过全党全国各族人民持续奋斗，我国实现了第一个百年奋斗目标，在中华大地上全面建成了小康社会，历史性地解决了绝对贫困问题，谱写人类反贫困历史新篇章。

全面建成小康社会是中华民族伟大复兴征程上的重要里程碑。小康社会的全面建成，创造了我国减贫史上最好成绩，谱写了人类反贫困历史新篇章。习近平指出，全面建设小康社会的关键在于坚持党的领导，强化组织保证，坚持精准方略，提高脱贫实效，坚持加大投入，强化资金支持，坚持社会动员，凝聚各方力量，坚持从严要求，促进真抓实干，坚持群众主体，激发内生动力。④ 小康社会的全面建成，极大地丰富了社会主义国家的治理经验，彰显了共同富裕是社会主义的本质要求，是中国式现代化的重要特征，体现了社会主义

---

① 习近平. 习近平谈治国理政：第 3 卷［M］. 北京：外文出版社，2020：359-365.
② 习近平. 推动我国生态文明建设迈上新台阶［J］. 当代党员，2019（4）：4-10.
③ 习近平. 高举中国特色社会主义伟大旗帜　为决胜全面小康社会实现中国梦而奋斗［N］. 人民日报，2017-07-28.
④ 习近平. 习近平谈治国理政：第 3 卷［M］. 北京：外文出版社，2020：148-152.

强调党的领导、走群众路线、集中力量办大事的制度优越性。

（六）立足"两个一百年"奋斗目标，实现中华民族伟大复兴的中国梦

实现中华民族伟大复兴，是近代以来中华民族最伟大的梦想。这一梦想深深植根于中国共产党和中国人民的发展目标之中。党的十八大提出了"两个一百年"的奋斗目标：在中国共产党成立一百年时，实现国内生产总值和城乡居民人均收入比2010年翻一番，全面建成小康社会；到中华人民共和国成立一百年时，建成富强民主文明和谐的社会主义现代化国家。这一"两个一百年"奋斗目标的提出，成为中华民族伟大复兴的重要里程碑，也是自中国共产党成立以来中国社会主义建设和发展事业的总体规划与前进目标，是社会主义国家治理的引领力量。在实现第一个百年奋斗目标之际，也就是在中国共产党成立100周年时，习近平总书记庄严宣告我们实现了第一个百年奋斗目标，在中华大地上全面建成了小康社会，历史性地解决了绝对贫困问题。一百年来，中国共产党带领中国人民所做的一切奋斗、牺牲和创造，归根结底是为了实现中华民族伟大复兴。在第一个一百年奋斗目标实现之后，党继续带领人民在实现第一个一百年目标的新起点上，向着第二个一百年目标奋进，向着实现中华民族伟大复兴奋勇前进。

习近平指出，实现中华民族伟大复兴的中国梦，"必须走中国道路，必须弘扬中国精神，必须凝聚中国力量"①，必须从中国的实际出发，发扬以爱国主义为核心的民族精神，以改革创新为核心的时代精神，凝聚中国各族人民大团结的力量，坚持走中国特色社会主义现代化的道路。为了实现这一伟大梦想，我们必须"进行伟大斗争、建设伟大工程、推进伟大事业"。因此，我们要牢牢把握我国发展的阶段性特征，牢牢把握人民群众对美好生活的需求，把"两个一百年"的奋斗目标贯通起来，坚持和发展中国特色社会主义。中华民族伟大复兴的目标，是立足于中华民族的历史、现在和未来，立足于中华民族的整体利益提出来的，体现出了社会主义国家治理从历史出发，理论联系实际的特征，是马克思主义国家治理理论科学性的体现。

（七）完善发展中国特色社会主义制度，推进国家治理体系和治理能力现代化

进入新时代，国家治理的一个重要特点即对于中国特色社会主义制度的完善，以及对于治理体系现代化的推进。党的十八届三中全会强调，全面深化改

---

① 习近平．习近平谈治国理政：第2卷［M］．北京：外文出版社，2017：39-40．

革的总目标是完善和发展中国特色社会主义制度,推进国家治理体系和治理能力现代化。对此,习近平指出,中国特色社会主义制度和国家治理体系具有多方面的显著优势,具有丰富的实践成果。随着中国特色社会主义进入新时代,必然要求中国特色社会主义制度和国家治理体系更加完善、不断发展。① 这对于中国特色社会主义制度和国家治理体系的完善发展,既是社会主义的实践成果,又是社会主义国家治理的理论推进。

2019年,党的十九届四中全会审议通过了对国家治理体系和治理能力的现代化做出全面部署、推进国家治理体系和治理能力现代化的决定。该决定从党的领导制度、执政方式、经济和文化制度、民主政治、法治体系、行政体制、生态文明制度体系等多个方面提出了完善和发展的要求。这表明,中国特色社会主义国家治理体系和治理能力现代化的推进,进一步坚定了中国特色社会主义制度自信,国家治理体系也得到了严密科学的、体系化的完善,走向了一种全方位、多层次、宽领域、可持续、科学化、体系化、现代化的国家治理,显示出治理体系与时俱进的发展,拓展了发展中国家走向现代化治理的途径,贡献了社会主义国家治理的中国智慧和中国方案。

(八) 马克思主义国家治理理论中国化的理论成就

从毛泽东对于国家治理理论的发展,到邓小平理论、"三个代表"重要思想、科学发展观对于国家治理理论的发展,再到习近平新时代中国特色社会主义思想对于国家治理理论的发展,马克思主义国家治理理论经历了发展到完善的过程。在这一过程中,马克思主义国家治理理论发展出了如民主集中制、人民民主专政、四项基本原则、社会主义市场经济体制、社会主义初级阶段、全面建设小康社会、社会主义和谐社会、"两个一百年"奋斗目标、社会主义生态文明等重要实践经验和理论成就,推进了中国特色社会主义国家治理的体系化、现代化和科学化,呈现出全方位、多层次、宽领域、可持续的治理特征。马克思主义国家治理理论中国化的理论成就,体现为以下三个方面。

一是始终坚持无产阶级政党的领导,牢牢把握社会主义的本质属性。中国特色社会主义国家是人民当家做主的国家,中国共产党领导是中国特色社会主义最本质的特征。没有无产阶级政党的领导,中国特色社会主义事业就将失去其本质特征。正如马克思在《哥达纲领批判》中所说的:"自由就在于把国家由

---

① 习近平. 习近平谈治国理政:第3卷 [M]. 北京:外文出版社,2020:118-130.

一个站在社会之上的机关变成完全服从这个社会的机关"①。中国共产党是中国工人阶级的先锋队,同时是中国人民和中华民族的先锋队,是中国特色社会主义事业的领导核心,代表中国先进生产力的发展要求,代表中国先进文化的前进方向,代表中国最广大人民的根本利益。因而,只有始终坚持党的领导,坚持党对一切工作的领导,把党建设得更加坚强有力,才能真真切切地展现社会主义制度的优越性。

二是始终立足于中国国情,坚持一切从实际出发,坚持理论联系实际。中国共产党是以马克思主义为理论指导的政党,一切从实际出发是马克思主义活的灵魂。中国共产党是高度重视理论建设和理论指导的党,强调理论必须同实践相统一。而这就要求中国共产党牢牢把握社会主义初级阶段这个最大国情,牢牢立足社会主义初级阶段这个最大实际,更准确地把握我国社会主义初级阶段不断变化的特点,坚持党的基本路线,在继续推动经济发展的同时,更好解决我国社会出现的各种问题,更好实现各项事业全面发展,更好发展中国特色社会主义事业,更好推动人的全面发展、社会全面进步。

三是坚持走群众路线,坚持以人民为中心。人民性是马克思主义最鲜明的品格,也是马克思主义执政党的本质特征。在社会主义国家,人民是国家的主人,国家的一切权力属于人民,马克思指出,"正如同不是宗教创造人,而是人创造宗教一样,不是国家制度创造人民,而是人民创造国家制度"。② 马克思始终把人民看作国家治理的核心,把民主制看作一切国家形式的真理。中国共产党始终坚持以人民为中心,坚持走群众路线,始终保持党同人民群众的血肉联系,始终把人民立场作为根本立场,进一步凸显了人民性这一马克思主义最鲜明的品格。

中国共产党和中国人民以马克思主义为指导,始终坚持党的领导,坚持从中国实际情况出发,坚持以人民为中心,开创了马克思主义中国化的理论成果,极大地丰富了马克思主义国家治理理论,拓展了社会主义国家治理经验,充分体现了马克思主义理论的科学性、革命性、发展性、实践性和人民性。

---

① 中共中央马克思恩格斯列宁斯大林著作编译局. 马克思恩格斯选集:第3卷 [M]. 北京:人民出版社,2012:20.
② 中共中央马克思恩格斯列宁斯大林著作编译局. 马克思恩格斯全集:第3卷 [M]. 北京:人民出版社,2002:40.

第三章

中华优秀传统文化蕴含的国家治理智慧

中华优秀传统文化源远流长,是中华儿女自强不息、不断奋斗和持续发展的精神支柱,是实现中华民族伟大复兴的强大动力。中华优秀传统文化蕴含着丰富的国家治理思想,为我国实现国家治理的现代化奠定了深厚的基础。

第一节 中华优秀传统文化国家治理思想的主要内容

"治理"是指与传统的统治模式相区别的一种新的管理模式,与现代行政管理改革思潮密切相关。作为一种新的管理模式,"治理"有别于"以往政府机构对国家和社会公共事务进行垄断、强制性管理的统治模式,而是从统治行政转向服务行政。它是使相互冲突的或不同的利益得以调和并且采取联合行动的持续的过程"[1]。现代国家治理理论和中国传统治理思想的社会背景与内涵当然不可同日而语,但某些主张有一定的契合性,中国传统文化可为现代国家治理提供丰富的治理智慧。

司马迁在《论六家要旨》中言:"《易大传》:'天下一致而百虑,同归而殊途。'夫阴阳、儒、墨、名、法、道德,此务为治者也。"[2] 可见,中国古代各家学派路数虽然不同,但最终都是为了同一个目的——治理国家,即"务为治者也"。而在各家学派中,影响最深的是儒家和道家,其包含丰富的国家治理思想。因此,我们要深入挖掘中华优秀传统文化中关于国家治理思想的合理成分,并进行创造性转化和创新性发展,为现代国家治理理论提供有益思想因子。

---

[1] 俞可平. 治理与善治·引论 [M]. 北京:社会科学文献出版社,2000:3.
[2] 司马迁. 史记 [M]. 北京:中华书局,1959:3288-3289.

一、国家治理的前提：民为邦本

民本思想对中国古代的国家治理及政治实践产生了十分深远的影响，是指导施政的重要依据和判断政治好坏的重要标准。深入梳理民本思想的历史内涵并探讨其现代价值，既有理论的意义，又有实践的意义。民本思想在古代主要表现为"民为邦本""民水君舟"的认识和对得民之道、用民之法的实践。

民本思想最早的表述出现在《尚书·五子之歌》，其云："民惟邦本，本固邦宁。"① 这意味着，人民是一个国家的根基，是一个国家存亡兴衰的关键，体现了对人民力量和价值的重视。所谓："天聪明，自我民聪明。天明畏，自我民明威"②，"天视自我民视，天听自我民听"③，"民之所欲，天必从之"④。作为中国古代治理者的天子不得胡乱作为，必须体察民意以实现天意。这样一来，天只是作为一抽象的、神圣的最高价值存在，而民才是真正实体。天子最大的义务名为"秉承天命"，实即"秉承民命"。正如徐复观所言："中国政治思想中，虽亦讲神、讲国、讲君，但神、国、君都是政治中的虚位，而民才是实体。"⑤ 在君和民的关系上，孟子直言："民为贵，社稷次之，君为轻"⑥，荀子亦云："君者，舟也；庶人者，水也；水则载舟，水则覆舟。"⑦ 古代思想家皆深刻认识到民心向背是国家的根本，所谓"夫民者，万世之本也""闻之于政也，民无不为本也。国以为本，君以为本，吏以为本。故国以民为安危，君以民为威侮，吏以民为贵贱。此之谓民无不为本也"⑧。

"民为邦本"的思想落实为具体实践即得民之道和用民之法，这首先表现在养民、富民、利民。从孔子的"因民之利而利之"⑨，到孟子的"是故明君制民之产，必使养足以事父母，俯足以畜妻子，乐岁终身饱，凶年免于死亡；然后

---

① 十三经注疏：上册 [M]．阮元，校刻．北京：中华书局，1980：156．
② 孔安国．尚书正义 [M]．孔颖达正义，黄怀信整理．上海：上海古籍出版社，2007：153．
③ 孔安国．尚书正义 [M]．孔颖达正义，黄怀信整理．上海：上海古籍出版社，2007：412．
④ 孔安国．尚书正义 [M]．孔颖达正义，黄怀信整理．上海：上海古籍出版社，2007：406．
⑤ 徐复观．学术与政治之间：甲集 [M]．上海：华东师范大学出版社，2009：45．
⑥ 十三经注疏：下册 [M]．阮元，校刻．北京：中华书局，1980：2774．
⑦ 王先谦．荀子集解 [M]．北京：中华书局，1988：152-153．
⑧ 贾谊．新书校注 [M]．阎振益，钟夏，校注．北京：中华书局，2000：341-338．
⑨ 十三经注疏：下册 [M]．阮元，校刻．北京：中华书局，1980：2535．

驱而之善，故民之从之也轻"①，再到荀子的"不富无以养民情，不教无以理民性。故家五亩宅，百亩田，务其业而勿夺其时，所以富之也"②，这些都是儒家从维护人民最基本的物质生活条件出发提出的具体治理措施，并把"养民""富民""利民"看成是君主对民众的义务。道家和儒家一样，认为君主可通过省刑减税等"无为"措施，避免劳民伤财，让民众适当休养生息，进而从经济上保障人民最基本的生存权。《老子》第七十五章云："民之饥，以其上食税之多，是以饥。民之难治，以其上之有为，是以难治。"③ 可见，无论是儒家还是道家，都强调"养民""富民""利民"是人民生存和国家繁荣兴盛的基础。

"民为邦本"其次表现在教民、爱民、安民。儒家强调在"养民""富民"的基础上，还要重视对民众的道德教化，进而让民众变得礼义有序，社会达到和谐稳定。孔子虽没明确谈"民为邦本"四个字，但十分重视人民在国家治理中的作用。他提倡"为政以德"的治国之道，强调对民应"道之以德，齐之以礼"，而非"道之以政，齐之以刑"。④ 同时，在《论语·子路》中亦记载孔子要求统治者对百姓"庶之"（使民以时）、"富之"（因民之所利而利之）、"教之"（道之以德），从而达到"修己以安百姓"的治国目的。由此可知，孔子更为倡导以道德教化的仁爱精神来治理国家，反对强制暴力的手段，所谓"子为政，焉用杀？子欲善而民善矣"⑤。因此，对于治理国家的君主而言，首先自己要守道向善、仁爱百姓，才能推行道德教化，提高人民的道德水准，通过上行下效与同心同德才能使得国家兴旺发达。在孟子看来，作为"民之父母"的君主，必须实施"善教"与"善政"才能得民心，所谓"善政不如善教之得民也。善政，民畏之；善教，民爱之。善政得民财，善教得民心"⑥。在孟子看来，君主如果没有尽到"教民""爱民"的职责，人民甚至有正当反抗和革命的权利，即"贼仁者谓之贼，贼义者谓之残，残贼之人谓之一夫，闻诛一夫纣矣，未闻弑君也"⑦。这是把道德原则作为社会秩序建构合法性的依据，把合乎民心作为政治合法性的根源，人民的权利在这里具有优先性和重要性。孟子认为，君主如果违背人民的利益与权利行事，那么人民视君主为仇寇是正当的。

---

① 十三经注疏：下册 [M]. 阮元，校刻. 北京：中华书局，1980：2671.
② 王先谦. 荀子集解 [M]. 北京：中华书局，1988：498.
③ 老子道德经注校释 [M]. 王弼注，楼宇烈校释. 北京：中华书局，2008：184.
④ 程树德. 论语集释 [M]. 程俊英，蒋见元，点校. 北京：中华书局，1990：68.
⑤ 十三经注疏：下册 [M]. 阮元，校刻. 北京：中华书局，1980：2504.
⑥ 十三经注疏：下册 [M]. 阮元，校刻. 北京：中华书局，1980：2765.
⑦ 十三经注疏：下册 [M]. 阮元，校刻. 北京：中华书局，1980：2675.

荀子亦云:"是以臣或弑其君,下或杀其上,粥其城,倍其节,而不死其事者,无它故焉,人主自取之"①,"天之生民,非为君也。天之立君,以为民也"②。荀子这种"暴君征诛"的思想说明君主是应人民的需要而存在的,人民的需要除了物质层面的基本生存权利外,还有精神层面的教育等权利。因此,君主的最大职责是通过"节用裕民""爱民教民"等具体治理措施来确保人民的基本需要。若君主不以人民基本利益为出发点来治国理政,就会自取灭亡。

中国传统文化中的民本思想肯定了人民在国家治理中的巨大价值与作用,并认为人民是一个国家生存与发展的根本和基础,这在一定程度上有利于民生的改善与社会的和谐稳定。然而,中国古代的民本思想是"家天下"的产物,是作为统治者进行统治的工具而存在,缺乏对民之个体价值的真正重视。中国古代民本思想要与现代"公天下"背景下的"人本"或"民主"思想相对接,必须清除"官本"与"君本"的理念,实现民的工具价值向理性价值转变,保证个体正当权利,坚持人民的主体地位。

二、国家治理的原则:以德为先

"为政以德"是儒家治理国家的基本信条与原则。孔子言:"为政以德,譬如北辰居其所而众星共之。"③ 孔子认为,治理者要注重道德,并以之作为自己修身的原则和治国的方针,就能使百姓像众星环绕并拱卫着北极星一样,拥护和爱戴治理者。可见,儒家是十分重视治理者本身的道德修养,认为治理者要仁民爱物、以身作则及正己正人,且必须具备与其职位相匹配的素质。这样,民众才能上行下效,进而达到善治。故孔子强调:"其身正,不令而行;其身不正,虽令不从。"④ 在儒家看来,治理者的一言一行都有示范性的意义,是下面各级官吏和普通百姓的表率。因此,治理者要"在其位谋其政",提高自身道德修养和素质,为政以德,才能把国家治理好。

从某种意义上来说,儒家把修身、齐家、治国、平天下看成是一体的。《尚书》曾记载皋陶和大禹在舜面前提出过君主治国理政的三个基本原则。一曰"修身"("慎厥身,修思永"),即治理者严格要求自我,努力提高道德修养;二曰"官人"("知人则哲,能官人"),即治理者善于发现各人德才,知人善

---

① 王先谦. 荀子集解 [M]. 北京:中华书局,1988:183.
② 王先谦. 荀子集解 [M]. 北京:中华书局,1988:504.
③ 程树德. 论语集释 [M]. 程俊英,蒋见元,点校. 北京:中华书局,1990:61.
④ 程树德. 论语集释 [M]. 程俊英,蒋见元,点校. 北京:中华书局,1990:901.

任,根据各人德才来量官授职及考核任用,使用和管理好各级官吏;三曰"安民"("安民则惠,黎民怀之"),即治理者要给人民恩惠,使百姓丰衣足食、明礼守序,过上安定和谐的生活。可见,儒家将身国同治看成是治理的理想状态,甚至把修身看成是更根本的,然后由内圣开出外王,达到天下善治。故《中庸》言:"故为政在人,取人以身,修身以道,修道以仁","知所以修身,则知所以治人;知所以治人,则知所以治天下国家矣"①。《大学》亦云:"身修而后家齐,家齐而后国治,国治而后天下平。自天子以至于庶人,壹是皆以修身为本。"② 可见,儒家强调以人立政,人存政举,认为治理国家是以人为中心的,关键在于得民心,而得民心又需要为政者修养德行、以身作则,即通过践行仁义礼智圣、恭宽信敏惠等道德原则来实现。因此,儒家认为品德是衡量一个治理者是否合格的根本标志。

儒家主张的治理者必须具备一定的道德修养及德政的思想,对现代国家治理也有一定的启示。德鲁克在1985年为《有效的管理者》一书再版作序时指出:"一般的管理学著作谈的都是如何管理别人,本书的目标则是如何有效地管理自己。一个有能力管好别人的人不一定是一个好的管理者,而只有那些有能力管好自己的人才能成为好的管理者。事实上,人们不可能指望那些不能有效地管理自己的管理者去管好他们的组织和机构。从很大意义上说,管理是树立榜样。"③ 在儒家"身国同治"的国家治理体系中,恰恰是强调治理者要先修炼好自身,树立好榜样,才能"正己正人"与"平治天下",这与德鲁克的思想不谋而合,更与现代管理理论所说的"象征性管理"领导方式有契合之处。

三、国家治理的方法:明分使群

先秦儒家诸子在对国家治理理论的探讨中,十分强调社会组织分工的重要性,这主要体现在"群分"思想上。

《左传》云:"君子劳心,小人劳力,先王之制也。"④ 这里的君子、小人不是从道德层面的高低来划分的,君子指的是治理者,小人指的是被治理者。孟子继承了这种"劳心劳力"的分工主张,《滕文公》有云:"有大人之事,有小人之事……故曰:或劳心,或劳力。劳心者治人,劳力者治于人;治于人者食

---

① 朱熹. 四书章句集注 [M]. 北京:中华书局,1983:28-29.
② 朱熹. 四书章句集注 [M]. 北京:中华书局,1983:4.
③ 彼得·德鲁克. 有效的管理者 [M]. 吴军,译. 北京:求实出版社,1985:5.
④ 《十三经注疏》整理委员会. 春秋左传正义 [M]. 北京:北京大学出版社,1999:874.

人，治人者食于人：天下之通义也。"① 意思是说，有官吏的工作，有老百姓的工作，不同人根据自己擅长所在进行职能分工，有的人进行脑力劳动，有的人进行体力劳动；脑力劳动者治理别人，体力劳动者接受别人治理；被治理者养活治理者，治理者靠被治理者养活，这是天下同行的共同原则。劳动分工为何必要呢？孟子进行了详细论证。《孟子》中记载，作为农家学派的代表人许行主张"君民并耕"，其学生陈相就向孟子转述了老师许行的观点，孟子就反问："许行吃的饭都是自己种的吗？穿的衣都是自己织的吗？煮饭用的锅都是自己做的吗？"陈相回答："都不是，是用自己的东西交换得来的，因为人不可能一边耕种一边又干其他活。"因此，孟子指出："既然主张'君民并耕'的许行都不能做到一边耕种一边干其他活，更何况是国家治理者呢？治国者尧舜既领导百姓进行生产，又开展老百姓的文化教育工作；既为天下选拔贤能操劳国事，又处处关心民众疾苦，那还能亲自耕田吗？治国者大禹将所有精力都用在治洪上，更是没有多余时间去耕种。"孟子论述了古代治国者不得耕、不暇耕、不必耕的道理，反驳了许行及陈相的"君民并耕"说，论证了官民分工的必要性。在此基础上，孟子进一步说明劳动成果交换的必要性。他说："且一人之身而百工之所为备，如必自为而后用之，是率天下而路也"②，"子不通功易事，以羡补不足"③。孟子认为，任何一个人生存都需要各种生活品，不可能事事亲力亲为，任何物品都自己去制作才使用，这样的话会疲于奔命。唯有互通有无，相互之间交换劳动产品才能互利共赢。而治理者（劳心者）和被治理者（劳力者）也存在"通功易事"的关系，治理者以其务治的成果从被治理者手里换取必要生活物资，这是完全合理正当且必要的。

荀子在孟子"劳心劳力"的基础上，进一步从国家治理和社会秩序的稳定来探讨治理者与被治理者分工的必要。在荀子看来，人之所以与动物不同，在于人能"群"，而要防穷止乱，就必须有"分"，要使社会组织分工合理，就要有"义"。荀子言："故百技所成，所以养一人也。而能不能兼技，人不能兼官，离居不相待则穷，群而无分则争。穷者患也，争者祸也，救患除祸，则莫若明分使群矣。"④ 一个人的生存，需要各行各业的产品来供养；但一个人又不能兼通各技，兼管各务，这就需要进行合理分工。在荀子看来，合理分工是人生存

---

① 焦循. 孟子正义 [M]. 沈文倬，点校. 北京：中华书局，1987：372-373.
② 焦循. 孟子正义 [M]. 沈文倬，点校. 北京：中华书局，1987：372.
③ 焦循. 孟子正义 [M]. 沈文倬，点校. 北京：中华书局，1987：428.
④ 王先谦. 荀子集解 [M]. 北京：中华书局，1988：176.

发展的前提基础与保证，更是一个国家治理有效、社会和谐有序的基本组织原则。故荀子言："治国者，分已定，则主相、臣下、百吏各谨其所闻，不务听其所不闻；各谨其所见，不务视其所不见。所闻所见诚以齐矣，则虽幽闲隐辟，百姓莫敢不敬分安制以化其上，是治国之征也。"① 在国家治理中，职分权责划分明确，从君主到百官各尽其责、各任其能，用统一的原则处理政务，这样即使偏远地区的百姓也会遵从国家法制，各尽自己职分，最终达到人人各任其事、各尽其能、各安其位、各得其所，这正是国家得到有效良好治理的征象及整个社会进入和谐有序的理想状态。因此，君主这一国家治理者正是社会组织大分工及维护社会秩序良好运行的关键，而君主的职责就是根据各人所长来给予适当职位，并通过社会组织分工来治理国家。

儒家"劳心劳力"及"明分使群"的思想对于现代国家治理有一定方法论层面的启示意义，它充分认识到社会组织的合理分工对于国家治理的必要性，正如恩格斯所说："当人的劳动的效率还非常低，除了必要的生活资料只能提供微小的剩余的时候，生产力的提高、交换的扩大、国家和法律的发展、艺术和科学的创立，都只有通过更大的分工才有可能，这种分工的基础是，从事单纯体力劳动的群众同管理劳动、经营商业和掌管国事以及后来从事艺术和科学的少数特权分子之间的大分工。"② 恩格斯这里所说的大分工也包括治理者和被治理者之间的分工，治理阶层的形成正是社会大分工的产物，对人类社会的发展有着重要的作用。当然，儒家"劳心劳力"及"明分使群"的社会分工学说也有其时代的局限性，治理者和被治理者、劳心者和劳力者的划分与阶级剥削的形成始终是有关联的，尽管儒家本身未必能以阶级观点意识到这一点。故恩格斯言："分工的规律是阶级划分的基础。"③

四、国家治理的过程：身国同治

"修身"与"治国"是中华优秀传统文化国家治理思想的重要课题。儒家创始人孔子言："苟正其身矣，于从政乎何有？不能正其身，如正人何？"④ 在孔子看来，修身是最根本的，只有端正自己，才能使他人端正，所以假如从政

---

① 王先谦. 荀子集解 [M]. 北京：中华书局，1988：223.
② 中共中央马克思恩格斯列宁斯大林著作编译局. 马克思恩格斯选集：第3卷 [M]. 北京：人民出版社，1972：221.
③ 中共中央马克思恩格斯列宁斯大林著作编译局. 马克思恩格斯选集：第3卷 [M]. 北京：人民出版社，1972：321.
④ 程树德. 论语集释 [M]. 程俊英，蒋见元，点校. 北京：中华书局，1990：911.

者要治理好他人必须先具备好的道德素养。这种把修身与治国联系起来的治理过程，我们可以称为"身国同治"。孟子进一步发挥道："人有恒言，皆曰天下国家。天下之本在国，国之本在家，家之本在身"，"君子之守，修其身而平天下"①。在《大学》中更是系统论述了修身、齐家、治国、平天下的一体化。其云："身修而后家齐，家齐而后国治，国治而后天下平。自天子以至于庶人，壹是皆以修身为本。"② 可见，"修身"是齐家、治国、平天下之"本"，只有修养好自身，才能知道怎样治理别人，"治己"是治人、治国、治天下的根本，齐家、治国、平天下是"修身"不断向外推扩的必然结果，修身与治国是互为表里、互相促进的。在儒家看来，治理者应该以个人的道德修养为基础，由管理好自己扩展到管理好他人及国家。因此，儒家的治理哲学本质是道德哲学，儒家关于"身国同治"的治理过程与"家国同构"③的观念息息相关。

道家认为，治身与治国是相连相通的。《老子》第五十四章云："修之于身，其德乃真；修之于家，其德乃余；修之于乡，其德乃长；修之于国，其德乃丰；修之于天下，其德乃普。故以身观身，以家观家，以乡观乡，以国观国，以天下观天下。"④ 王弼注曰："察己以知之，不求于外也。所谓不出户以知天下者也。"这种身—家—乡—国—天下的推广思维蕴含着修身与治国都是遵循自然之道的清静无为、慈爱宽容、去私立公、节俭寡欲等法则，修身的道德功夫可同样用于治国，和谐有序是治理者在修身与治国两方面所追求的共同价值目标。可以说，道家"身国同治"的治理过程实现了个人生命活动与国家政治事务的联结，即将治理者的养生延命这一人的基本欲求与以德治国安民统一起来，强调养生必须俭啬、养神、守德，纵欲无道则必然损身伤神；而明了此理则有助于治理者自觉持守俭约，防止劳民伤财。"这既强化了为政者践履以道治国的自觉性，又固化了中国士人关注政治、参政议政、经世致用的学术传统，而且进一步推衍出了道家生德相养的道德培育理论，形成了促进治理者接受其治国主张、实现道德内化的驱动力，为行政主体持守政治道德要求提供坚实的心理基础。"⑤

---

① 焦循. 孟子正义 [M]. 沈文倬，点校. 北京：中华书局，1987：493，1011.
② 朱熹. 四书章句集注 [M]. 北京：中华书局，1983：4.
③ 中国古代社会政治结构的重要特征：家是国的缩影和基础，国是家的放大，故家国一体、忠孝一体、修身治国一体。
④ 王弼. 老子道德经注校释 [M]. 北京：中华书局，2008：143-144.
⑤ 吕锡琛. 善政的追寻：道家治道及其践行研究 [M]. 北京：人民出版社，2014：37-41.

由此可见，儒道两家均将"身国同治"看成是为政者治国理政的一体化过程。可以说，这种内圣外王之学是中华优秀传统文化国家治理思想中的共同价值趋向，即治理者只有自身修养好，才能具备道德的正义性与政权的合法性，将此推之于政治领域则国治民安。因此，"身国同治"的思想对治理者的施政起到了有效的监督和约束作用，为治理者加强自我道德修养及推行有道政治起到了促进作用。但落实到具体的治理活动中，"身国同治"又不是为政者笼统地将自己所践行的具体道德规范或修身之道推而广之的简单过程，因为民性各异。故如何在治理活动过程中因人而异、因性而为，这需要为政者有人智慧才能恰当地进行操作。

五、国家治理的目标：贵和安人

"和"是中华文化的基本精神及重要特质，也是中国古代国家治理追求的最终目标。早在西周末年，太史史伯就以和同之辩来说明"存和去同"在国家治理中的重要性。《国语》载史伯言："夫和实生物，同则不继。以他平他谓之和，故能丰长而物归之，若以同裨同，尽乃弃矣。故先王以土与金木水火杂，以成百物。"① 这里，史伯以金、木、水、火、土多种元素才能构成百物的事实来说明"和实生物，同则不继"的道理，"同"是相同、雷同，"和"是和合、调和，这意味着在国家治理问题上，他主张存和去同，这样国家才能得到和谐持续的生存与发展，如果取同去和，国家则会僵化而走向衰败。史伯用国家的兴亡来说明和同的差异，认为"和"是一个国家治理追求的最高境界。春秋末期的晏婴则以君臣关系来进一步推进和同之辩。《左传·昭公二十年》记载了晏婴和梁丘据的对话。

公曰："唯据与我和夫！"晏子对曰："据亦同也，焉得为和？"公曰："和与同异乎？"对曰："异。和如羹焉，水、火、醯、醢、盐、梅，以烹鱼肉……君臣亦然。"②

这段话的大意是说，晏婴不认为梁丘据对君上的阿谀奉承是"和"，而认为真正的"和"就像是厨艺一样，好的厨艺及美味的烹饪恰恰是由不同的质料相互依存、相互作用和转化的。君臣关系也是如此，要做到"可"中有"否"、"否"中有"可"，而非表面的一团和气。可见，"和"恰恰是承认多样性基础

---

① 徐元诰. 国语集解 [M]. 北京：中华书局，2002：470.
② 左传·昭公二十年 [M]. 郭丹，程小青，李彬源，译注. 北京：中华书局，2011：1902.

上的平衡统一，而"同"则是排斥差异性的绝对相同。

儒家创始人孔子言："君子和而不同，小人同而不和"①，"礼之用，和为贵"②。在孔子看来，君子是可以包容不同并加以平衡统一的，小人则追求绝对的相同而不允许有差异，礼的作用正是为维持不同人、事、物之间的和谐平衡。可见，"和而不同"是在承认差异基础上不同事物或元素间的动态统一。

"和而不同"的思想在中国社会和文化发展的进程中有着重大的历史作用与影响力。在几千年的历史发展过程中，不同民族之间的融合构就中华之泱泱大国、儒释道之三教融合构成丰富多样的中华文化，以及近代以来中西文化的不断交融实现中国传统文化的现代化，都是"和而不同"思想的贯彻与体现。

"和"亦包含社会和谐、人民安定的意思，"贵和安人"是中华优秀传统文化国家治理思想中追求的最高目标。这种理想境界就是孔子所说的"修己以敬、修己以安人、修己以安百姓"③，"老者安之，朋友信之，少者怀之"④；孟子所言"老吾老，以及人之老；幼吾幼，以及人之幼"⑤；《礼记·礼运》所云"使老有所终，壮有所用，幼有所长，矜寡孤独废疾者皆有所养"⑥。中国古代思想家历来倡导的"贵和安人"这一国家治理目标体现了中华文化注重和合的传统，蕴含着中华民族对和谐美好社会孜孜不倦的追求。

综合而言，"贵和安人"思想是构成中国文化精神的重要内容之一，亦是中国精神的重要理论来源之一，可为当今社会快速发展中出现的人与自然的冲突、人与社会的冲突、人与人的冲突、人的心灵的冲突、各文明之间的冲突等问题的解决起到重要的作用。中华文化传统在人与自然的关系上，主张"效法自然"（《老子·第二十五章》），"与天地合其德，与日月合其明"（《易传·乾卦·文言》），与自然和谐相处，从而"可以赞天地之化育，则可以与天地参矣"（《中庸》）；在社会成员之间，主张"老吾老，以及人之老；幼吾幼，以及人之幼""兼爱非攻""泛爱众"，力行和睦相亲、和衷共济，和气致祥；家庭内部，要求人们做到"入则孝、出则悌"（《论语·学而》），家和万事兴；国家治理上，"上下和睦"（《左传·成公十六年》），君臣之间和谐共处，"君使臣以礼，臣事君以忠"（《论语·八佾》），从而能"政通人和，百废俱兴"（《岳

---

① 朱熹.四书章句集注［M］.北京：中华书局，1983：147.
② 朱熹.四书章句集注［M］.北京：中华书局，1983：51.
③ 朱熹.四书章句集注［M］.北京：中华书局，1983：159.
④ 朱熹.四书章句集注［M］.北京：中华书局，1983：82.
⑤ 朱熹.四书章句集注［M］.北京：中华书局，1983：209.
⑥ 礼记译解［M］.王文锦，译解.北京：中华书局，2001：287.

阳楼记》）；在自身修养上，告诫人们"德莫大于和"（《春秋繁露·循天之道》），通过"正心""诚意"，时刻"持中""守中"，涵养君子中庸之道，达到内心的和谐。民族与民族之间、国与国之间，主张"和而不同"，把仁爱之心推广开来，提倡"四海之内皆兄弟"（《论语·颜渊》），彼此和谐共处，"协和万邦"（《尚书·尧典》）。本次新冠疫情的全球性暴发，更是需要我们重新去思考"贵和尚中"思想中包含的人与自然、人与人、国家与国家之间和谐、平衡的理念给我们带来的启示。中华民族在处理冲突及化解问题上，始终贯穿着"贵和安人"的精神，表现出了民族的智慧。

"贵和安人"作为中华优秀传统文化国家治理思想所追求的终极目标，在历史发展的过程中固然起到重要的作用，但在中国古代专制政治中并没有得到很好贯彻，封建王朝大一统的观念极大地阻碍了古圣先贤这一大同理想的实现。此外，我们还需警惕打着"贵和"旗号重协同轻竞争的形式主义、机械调均折中的教条主义等，这就需要我们对"贵和安人"思想的局限性做理性的反思。

第二节 中华优秀传统文化国家治理思想的基本特点

中华优秀传统文化中"民为邦本""以德为先""明分使群""身国同治""贵和安人"的国家治理思想体现出天人合一的形上基础、义利合一的价值追求、知行合一的认识取向、常变合一的方法立场、王霸合一的施政理念等特征。

一、天人合一

关于国家治理的依据何在、规范何从、权威何出、规律何寻、行为何据，中国传统文化在"天人合一"的基础上回答了上述问题。"天人合一"具体表现为天人同源、天人同类、天人同序、天人同构、天人同德、天人相通、天人感应等命题。概而言之，中国传统文化中"天人合一"的思想为执政者治理国家奠定了形上基础。

在中国古代，"天"（天道）是对整个自然界或自然规律的统称，"人"（人道）是对整个人类或人类社会规律的统称。中国古代思想家皆认为"天"（天道）与"人"（人道）有一种内在联系，无论是从源头、结构还是特征、秩序等方面，两者都是相同、相通、相类或相互作用的。而"天"与"人"的这种关联性主要是通过君主（国家治理者）这一中间媒介来实现的。因此，君主在治国理政的过程中需要遵循"天"（天道）与"人"（人道），"天人合一"则成为君主治国理政的内在合法性及合理性依据，亦是一个国家能否实现善政及长治久安的形上前提。

儒家创始人孔子言："唯天为大，唯尧则之。"① 在孔子看来，"天"是最高最大的，是人类社会规范的本原，国家治理者要像尧这样效法天的法则，才能治理好国家。那孔子的"天"到底是指什么呢？孔子曾道："天何言哉？四时行焉，百物生焉，天何言哉？"② 天生育化行万物是自然而然的。可见，此处孔子的"天"是指"自然之天"。又云："天生德于予，桓魋其如予何？"天有好生之德，我秉持了天赐予我的这份德行，没有人可以去除，因为这是天生的。这里的"天"指"义理之天"或"道德之天"。《论语·尧曰》亦言："尧曰：'咨，尔舜！天之历数在尔躬，允执其中。四海困穷。天禄永终。'"③ 尧把位禅让给舜，认为这是天的历数决定的。此处的"天"又指"命运之天"或"主宰之天"。无论何种意义的"天"，孔子认为"天"都必须是"人"效仿的对象，尤其对国家治理而言，"自然之天"代表自然客观规律，治理者必须遵循这一规律，制定出合乎自然的社会规范，否则就会受到自然规律的惩罚；"义理之天"代表天有生育万物的德行，天之性德乃人伦道德之根源，人的道德是禀受天的道德形成的，所以人必须回归自己天性，讲究修身尽性，这就要求治理者必须身行德政，教化百姓而与天合德，才能成为民之父母；"主宰之天"代表天有主观意志，能够赏善罚恶，直接能为人类社会立法，而国家治理者就是接受上天命运安排及选定来治理人间社会秩序的。因此，人类社会的治理法则、秩序与规范都是"则天"的产物，是国家治理者效法天之道而制定的。"天人合一"为国家治理者如何实现有效及良好的治理提供了形上论证。

孟子重点继承和发展了孔子"义理之天"或"道德之天"的一面，主张"存其心，养其性，所以事天也"④ 的"事天说"，认为国家治理者要获得治理资格及实现良性政治必须加强自身道德修养，以行仁政德治，彰显天性之德，进而同上天保持一致。荀子则发挥了孔子"自然之天"的一面，提倡"天行有常，不为尧存，不为桀亡。应之以治则吉，应之以乱则凶"⑤ 的"应天说"，认为天地的运行是自然而然的，不因人的意志而改变。故国家治理者应在遵循自然规律的基础上发挥主观能动性，制定社会秩序、规则来治理好国家。汉代大

---

① 程树德. 论语集释 [M]. 程俊英，蒋见元，点校. 北京：中华书局，1990：549.
② 程树德. 论语集释 [M]. 程俊英，蒋见元，点校. 北京：中华书局，1990：1227.
③ 程树德. 论语集释 [M]. 程俊英，蒋见元，点校. 北京：中华书局，1990：1345.
④ 焦循. 孟子正义 [M]. 沈文倬，点校. 北京：中华书局，1987：878.
⑤ 王先谦. 荀子集解 [M]. 北京：中华书局，1988：306-307.

儒董仲舒重点阐发了孔子"主宰之天"的一面，通过"为人者天""天副人数"及"同类相动"建构起"天人相与""天人感应"的理论体系。董仲舒将人世的阴阳、四时看成是"天之志"，将五行看成是"天之序"，甚至把人的身体结构与秩序看成是与天地之数相符的。他说："为人者天也……人之形体，化天数而成；人之血气，化天志而仁；人之德行，化天理而义；人之好恶，化天之暖清；人之喜怒，化天之寒暑；人之受命，化天之四时"①；"天有阴阳，人亦有阴阳"②。在董仲舒看来，天是人的创造者和主宰者，天人相类、相通、相符且相动，人尤其是国家治理者应虔诚地敬事上天，才能得到天地赐福，反之则会受到惩罚。董仲舒在《天人三策·第一策》中言："观天人相与之际，甚可畏也。国家将有失道之败，而天乃先出灾害以谴告之，不知自省，又出怪异以警惧之；尚不知变，而伤败乃至。"③董仲舒"天人感应"的理论体系虽有浓厚的神秘色彩，但对君主这一国家治理者起到了监督和制约的作用，这意味着君主必须"承天意，以成民之性为任者也"④，实施王道教化的伟大使命，否则就会遭到天的厌弃而丧失王权的合法性依据。

无论是孔子的"则天"、孟子的"事天"、荀子的"应天"还是董仲舒的"与天"，本质上都强调人，尤其是人君之主的为政者应该按照自然规律来治国理政，从而达到"天人合一"的最佳治理状态，即人道与天道的和谐一致。因此，"天人合一"构成为政者治理国家的形上依据。

二、义利合一

"义利合一"作为中国传统治国理政的价值观，在中国古代社会对为政者及普通百姓都有着重要影响。作为中国传统文化主流的儒学，历来强调"义利合一"的观点，所谓"君子爱财，取之有道"，其"一方面承认对于物质利益的追求乃人之常情，另一方面又强调这一追求必须符合社会公认的道德标准"⑤。在儒家看来，在具体的国家治理活动中，"义"主要是对治理者提出的根本道德要求，"利"则是基于被治理者维持生存与发展的基本物质需要。因此，治理就是"义以生利，利以平民"的过程。

孔子言："富与贵，是人之所欲也；不以其道得之，不处也。贫与贱，是人

---

① 钟肇鹏.春秋繁露校释（校补本）：下册［M］.石家庄：河北人民出版社，2005：702.
② 钟肇鹏.春秋繁露校释（校补本）：下册［M］.石家庄：河北人民出版社，2005：814.
③ 班固.汉书·董仲舒传［M］.颜师古，注.北京：中华书局，1962：2498.
④ 钟肇鹏.春秋繁露校释（校补本）：下册［M］.石家庄：河北人民出版社，2005：673.
⑤ 黎红雷.儒家管理哲学［M］.广州：中山大学出版社，2020：102.

之所恶也；不以其道得之，不去也。"① 在人世求功名利禄是人人所想要的，但如果不是用正当手段取得，君子是不要的；贫困低贱是人人所厌恶的，但如果不是用正当手段去除，君子是不愿的。这里，正当的手段就是"义"，在孔子看来，物质利益的得失应该以"义"为衡量标准，而作为治理者的君子更需要以"义"为行为准则。因此，孔子又说："君子喻于义，小人喻于利"②，"见利思义，见危授命，久要不忘平生之言，亦可以为成人矣"③。这里，君子和小人并不是按照道德高低来进行区分，而是从不同社会角色的角度进行的客观描述。君子代表社会的治理者，小人代表社会的被治理者。中国古代社会的治理者本就有俸禄加身，因而更需要具备与之职位相称的素养和道德品质。而作为被治理者的普通百姓为了自身的生存与生活，则更关心基本的物质利益需要。因此，治理者的职责就是满足被治理者的基本物质需求，才能对他们进行必要的精神指导。在这里，治理者的"义"就是满足被治理者的"利"，被治理者的"利"则要有"义"的指导。可见，孔子是倡导"以义制利""见利思义""义利合一"的，这在国家治理活动中又具体体现为"义以生利"。《左传·成公二年》载孔子言："礼以行义，义以生利，利以平民，政之大节也。"④ 治理者的职责就是按照礼义行事，只有这样才能创造物质价值，求得天下之公利（最大的利），满足普通百姓的基本需要，这是为政的准则依据。故"义以生利"又蕴含着"义即是利"的意思。

孟子继承与发展了孔子"义利合一"的观点，其云："非其道，则一箪食不可受于人；如其道，则舜受尧之天下，不以为泰。"⑤ 孟子认为，如果不符合道义标准，那么别人给予你少量食物，你也不能接受；如果符合道义，就算别人给你整个天下，你也可以安之若素地接受，就像尧把国家禅让给舜一样。可见，孟子也是以道义为准来看待利的。荀子亦明确言："义与利者，人之所两有也。虽尧舜不能去民之欲利，然而能使其欲利不克其好义也"⑥，"以义制事，则知所利矣"⑦。"利"代表人们基本的物质需要，"义"代表人们的精神追求，两者是不可分割及相互制约的关系。到南宋时期的陈亮、叶适亦强调要"义利并

---

① 程树德. 论语集释 [M]. 程俊英, 蒋见元, 点校. 北京：中华书局, 1990：232-233.
② 程树德. 论语集释 [M]. 程俊英, 蒋见元, 点校. 北京：中华书局, 1990：267.
③ 程树德. 论语集释 [M]. 程俊英, 蒋见元, 点校. 北京：中华书局, 1990：972.
④ 十三经注疏：下册 [M]. 阮元, 校刻. 北京：中华书局, 2009：4111.
⑤ 焦循. 孟子正义 [M]. 北京：中华书局, 1987：427.
⑥ 王先谦. 荀子集解 [M]. 北京：中华书局, 1988：502.
⑦ 王先谦. 荀子集解 [M]. 北京：中华书局, 1988：452.

重"。陈亮在《又甲辰秋书》中批判了前儒存在"重义废利"的倾向，并指出治理国家应"义利双行，王霸并用"。正如叶适在《习学记言序目》中道："'仁人正义不谋利，明道不计功'，此语初看极好，细看全疏阔。古人以利与人而不自居其功，故道义光明。后世儒者行仲舒之论，既无功利，则道义者乃无用之虚语尔；然举者不能胜，行者不能至，而反以为诟于天下矣。"① 在叶适看来，治理者不去盘剥百姓，以百姓的利为利，就是最大的道义。治理者如果不去计较百姓公利，道义就是一句空话。"谋利而不自私其利，计功而不自居其功"是叶适对为政者治理国家践行"义利合一"价值原则的精确概括。

在儒家看来，"义利合一"可以说是治国的基本原则。义乃立人之本，利乃生人之用，两者不可分割，不能偏废其一。正如颜元在《四书正误》中所言："正其谊以谋其利，明其道而计其功。"② 这种义利统一的观点为我们今天治国理政提供了重要的指导意义与借鉴启示。

三、知行合一

儒家十分重视知与行的统一，且把知行合一作为对治国者的一项基本要求。孔子言："听其言而观其行"③，"先行其言而后从之"④，"君子欲讷于言而敏于行"⑤。这就意味着，在孔子看来，作为治理者的君子，不但要自己说到做到、少说多做，还要在治理他人时懂得观察行为，不能以言知人，因为行为比言论更重要。故孔子云："视其所以，观其所由，察其所安。人焉廋哉？"⑥ 观察一个人的行为是为了从方法、动机等多方面了解他，做到言行相符，唯有这样才不会出现偏颇，从而使治理者真正做到正确识人、用人。孔子认为，言行一致是君子，尤其是治国者必备的道德素养。

荀子将孔子这种言行一致的修身观进一步发展为治理国家时选贤任能的标准。荀子言："人主之患，不在乎不言用贤，而在乎不诚必用贤。夫言用贤者口也，却贤者行也，口行相反而欲贤者之至，不肖者之退也，不亦难乎！"⑦ 荀子认为，作为治国者光说不做或以言用人是不对的，必须拿出用人的实际行动或

---

① 叶适. 习学记言序目 [M]. 北京：中华书局，1977：324.
② 颜元. 颜元集 [M]. 北京：中华书局，1987：163.
③ 程树德. 论语集释 [M]. 程俊英，蒋见元，点校. 北京：中华书局，1990：313.
④ 程树德. 论语集释 [M]. 程俊英，蒋见元，点校. 北京：中华书局，1990：97.
⑤ 程树德. 论语集释 [M]. 程俊英，蒋见元，点校. 北京：中华书局，1990：278.
⑥ 程树德. 论语集释 [M]. 程俊英，蒋见元，点校. 北京：中华书局，1990：92.
⑦ 王先谦. 荀子集解 [M]. 北京：中华书局，1988：261.

考察人才的言行一致标准才能选出贤能之士，进而达到善治的结果。因此，荀子进一步指出："是故知不务多，务审其所知；言不务多，务审其所谓；行不务多，务审其所由。"① 知识不在于多，而在于审视其所认识的事物是否正确；言论不在于多，而在于审察其所言的话语是否符合实际情况；行动不在于多，而在于审察其所做的事情是否做好及恰到好处。治国者唯有把"所知""所谓""所由"三者都审察清楚了，把知、言、行三者都统一起来了，才能真正选贤任能，发挥人才的各自优势，实实在在地给国家带来福祉。故荀子言："口能言之，身能行之，国宝也。口不能言，身能行之，国器也。口能言之，身不能行，国用也。口言善，身行恶，国妖也。治国者敬其宝，爱其器，任其用，除其妖。"② 言出必行是人才的最高层次，可以担当治国大任，对一个国家而言是最宝贵的；不会说但会行动是稍次一点的人才，可以从事某一具体方面的事务，对一个国家而言就像可以专门使用的器物一样；能说不会做又是稍次一点的人才，也可以发挥他们的口才能力，对一个国家而言也有一定作用；口里说好话但实际上干坏事的是最差的一等，这种嘴上一套背后又一套的人对一个国家而言是妖魔鬼怪，只能给国家带来灾难。所以，治国者必须加以谨慎区别，要敬重言行一致的人才，要爱护不会说但会做的人才，要利用好擅长说不会做的人才，要消除嘴上说善背地里却行恶的名实不副之人。

在认识论上，荀子用知行合一的观点来批判当时社会存在的以名乱名、以名乱实、以实乱名等名实不副及是非混乱的现象，正如荀子说："假今之世，饰邪说，文奸言，以枭乱天下，矞宇嵬琐，使天下混然不知是非治乱之所存者有人矣。"③ 为了"齐言行，一统类"④，荀子主张用像孔子这样有德无位的圣人的主张作为统一思想的基础，用像尧舜这样有德有势的治国者来实现政治的统一。因此，荀子的名实观本质上是为即将到来的大一统社会提供理论基础。

荀子的知行观被其学生韩非所继承与发展，韩非将名实与知行合一的观点运用在选人、用人及考核人才的标准上，侧重言行的功利性。韩非认为，治国的君主授予的官职是"名"，任职的人的业绩是"实"，治国者以办事的实际效果来审核一个人的言论是否正确，所谓"循名实而定是非，因参验而审言辞"⑤，判断事情要审核形名，考核人才要依据实际的功用，"言小功大"或

---

① 王先谦. 荀子集解 [M]. 北京：中华书局，1988：539-540.
② 王先谦. 荀子集解 [M]. 北京：中华书局，1988：498.
③ 王先谦. 荀子集解 [M]. 北京：中华书局，1988：89-91.
④ 王先谦. 荀子集解 [M]. 北京：中华书局，1988：95.
⑤ 王先慎. 韩非子集解 [M]. 钟哲，点校. 北京：中华书局，2003：100.

"言大功小"都是言行不合的表现。可见,韩非是以结果的有效性来作为衡量言论正确性的标准,且认为要有相应的业绩(实)才能配得上相应的官职名分(名),这是韩非从治国者选人、用人及考核人才的方法论上来谈名实合一与知行合一,这种思想为秦统一六国奠定了理论基础,但也存在对价值观念有效性忽略的弊端,秦二世的败亡就暴露了法家这种工具理性的局限性。

综合而言,中国传统文化把言行一致看成是治国者的修身准则,又将其看成是治国者如何选人、用人及考察、考核人的标准。言行合一、知行合一、知治合一成为中华优秀传统文化中为政者治国理政的认识论取向。

四、常变合一

常变合一是中国古代国家治理的历史观与方法论。在国家治理活动中,"常"指治国的基本原则,"变"指在具体情况下因地制宜、因时制宜、因人制宜的灵活变通治理技巧。

《玉篇》云:"常,恒也。"《正韵》又云:"常,久也。"因此,"常"意味着恒常、不变与永久。《说文》言:"变,更也。"可见,"变"为改变、权变、易常之意。"常"与"变"作为一对相反的哲学范畴,正如荀子所说:"夫道者,体常而尽变,一隅不足以举之。"① 在中国古代思想家的著作中,有时又将"常变"概念等同于"经权"概念。汉代韩婴就指出:"常谓之经,变谓之权。"② 以儒家为主导的中国传统文化更是强调将"常"与"变"、"经"与"权"看成是辩证统一的关系。孔子云:"可与共学,未可以适道;可以适道,未可与立;可与立,未可与权。"③《春秋公羊传》指出:"权者何?权者反于经,然后有善者也。权之所设,舍死亡无所设。行权有道,自贬损以行权,不害人以行权。"④ 明代学者高拱亦言:"经也者,立本者也,犹之衡也;权也者,趋时者也,犹之锤也。经以权为用,权非用于经,无所用之者也。"⑤ 这些都道明了"常"与"经"是治国者必须遵循的治理之道,在此基础上可以根据时势不同适当地进行"权变"。这就意味着"变"与"权"必须以"常"和"经"为基础,两者是相互联系、相互作用、相互影响、不可分割的辩证统一关系,权合乎经、经权不离、经本权用、权即是经都是两者统一关系的具体体现。

---

① 王先谦. 荀子集解 [M]. 北京:中华书局,1988:393.
② 王先慎. 韩非子集解 [M]. 钟哲,点校. 北京:中华书局,2003:490.
③ 程树德. 论语集释 [M]. 程俊英,蒋见元,点校. 北京:中华书局,1990:626.
④ 十三经注疏:下册 [M]. 阮元,校刻. 北京:中华书局,2009:4820.
⑤ 高拱. 问辨录 [M]. 郑州:中州古籍出版社,1998:153.

在儒家的思想中，究竟什么是治国之经或治国的常道呢？《论语》载孔子弟子曾子对孔子治国之道的概括："士不可以不弘毅，任重而道远。仁以为己任，不亦重乎？死而后已，不亦远乎？"①，"夫子之道，忠恕而已"②。可见，孔子是将仁义、忠恕看成是治国的常道。正如孔子云："为政以德，譬如北辰居其所而众星共之"③，"子为政，焉用杀？子欲善而民善矣"④。孔子认为，实行仁爱德政、守道向善就是治国者必须遵循的基本原则。儒家的这种治国之道不仅体现在《大学》"格物、致知、诚意、正心、修身、齐家、治国、平天下"⑤的八目中，还体现在《中庸》"修身也，尊贤也，亲亲也，敬大臣也，体群臣也，子庶民也，来百工也，柔远人也，怀诸侯也"⑥的九经里，认为格物、致知、诚意、正心的修身之道是齐家、治国、平天下的前提基础，由九经之本的修身必能逐步推扩至亲师取友的尊贤、家庭层面的亲亲、朝廷层面的敬大臣及体群臣、国家层面的子庶民及来百工、天下层面的柔远人及怀诸侯，这就将治国者的道德修养（内圣）与治理活动（外王）融为一体，使认识论与实践论达到统一。

那治国者又要如何适当地进行"权"或"变"呢？孔子说："天下有道则见，无道则隐。"⑦ 孟子亦言："天下有道，以道殉身；天下无道，以身殉道；未闻以道殉乎人者也。"⑧ 在儒家看来，无论是有道还是无道，作为君子都应坚守仁义道德，这是不能改变的常道；但个人的得失进退则可以根据时势的变化进行权衡。身处治世，君子出来做官推行自己的仁义德政；身处乱世，则修养自身以做到甘于清贫自得其乐。正如《易经》所说："时止则止，时行则行，动静不失其时，其道光明。"⑨ 荀子也提出："故君子时诎则诎，时伸则伸也。"⑩ 这就要求治国者具备根据时势变化制定出相应对策的能力。孟子将孔子誉为"圣之时者"，认为孔子的行为原则是"可以速而速，可以久而久，可以处而处，可以仕而仕"⑪。可见，孔子对于"出仕"与"行道"是做到了通权达变，根据

---

① 程树德. 论语集释［M］. 程俊英，蒋见元，点校. 北京：中华书局，1990：527.
② 程树德. 论语集释［M］. 程俊英，蒋见元，点校. 北京：中华书局，1990：263.
③ 程树德. 论语集释［M］. 程俊英，蒋见元，点校. 北京：中华书局，1990：61.
④ 程树德. 论语集释［M］. 程俊英，蒋见元，点校. 北京：中华书局，1990：866.
⑤ 朱熹. 四书章句集注［M］. 北京：中华书局，1983：3-4.
⑥ 朱熹. 四书章句集注［M］. 北京：中华书局，1983：29-30.
⑦ 程树德. 论语集释［M］. 程俊英，蒋见元，点校. 北京：中华书局，1990：540.
⑧ 焦循. 孟子正义［M］. 沈文倬，点校. 北京：中华书局，1987：946.
⑨ 周易译注［M］. 黄寿祺，张善文，译注. 上海：上海古籍出版社，2001：431.
⑩ 王先谦. 荀子集解［M］. 北京：中华书局，1988：113.
⑪ 焦循. 孟子正义［M］. 沈文倬，点校. 北京：中华书局，1987：672.

不同时势变化采取不同的方法。这一点还体现在儒家的历史观中。《论语》载孔子言:"殷因于夏礼,所损益可知也;周因于殷礼,所损益可知也。其或继周者,虽百世,可知也。"在孔子看来,商朝的礼仪制度是源自夏朝,礼仪制度根据时势变化所增减的内容是大家熟知的;周朝的礼仪制度又是源于商朝的,礼仪制度增减或更换的内容亦是大家熟知的。以后继承周朝礼仪制度的,就是百世之后的情况我们也是可以预知的。这里,"因"代表"经"与"常",是儒家认为治国者始终要坚持的仁义礼智之道;"损益"代表"权"与"变",是儒家主张治国者要根据时势的变化对礼仪制度等进行不同的改革。正如《后汉书》载崔寔言:"故圣人执权,遭时定制,步骤之差,各有云设。"因此,在儒家看来,治国者进行权变必须在仁义德政的基础上适其时、取其中、得其宜、合其道,根据时势情形(包括时间、地点、人物、条件等)的不同而有所侧重变化。

由此可知,儒家将仁义德政看成是治国之经或治国之道(常),是治国者必须遵循且不能改变的基本原则;把时势看成是治理活动过程中因时制宜、因地制宜、因人制宜而采取不同具体方法的依据,这是所谓的"用经之权"(变)。在儒家看来,经是常道,权是变道。权不离经,经不离权,变道离不开常道,常道中又有变道,经与权、常与变是相辅相成、互通合一的辩证关系。这种秉持常道(经)以求适变(权)及以"不变"应"万变"的常变合一、经权合一思想体现了丰富的治国智慧,台湾学者曾仕强和刘君政把其称为"经权管理"。他们认为,中国的管理或治理是以经权思想为核心精神,一方面强调管理者或治理者要能把握基本原则,所谓"权不离经""权合于经";另一方面强调管理者或治理者在把握基本原则的基础上,能够根据时势的变动不居而灵活地做出决策调整,所谓"执经达权",最终实现常与变、经与权的统一。

五、王霸合一

王道和霸道的关系问题始终是中国古代思想家探讨理想社会模式及国家治理目标的重要内容。从治国的方略上讲,主张以仁义礼智来治理国家的政治模式就是王道;而主张以刑名法术治理国家的政治模式就是霸道。王道与霸道的关系在中国古代思想史上呈现出由对立向统一转变的过程,为我们今天礼法合治的现代化国家治理体系的形成奠定了思想基础。

孔子虽以实现仁政、王道的社会理想及国家治理目标为毕生追求,但他也没有明确反对霸道。他说:"道之以政,齐之以刑,民免而无耻。道之以德,齐之以礼，有耻且格。"① 又说："管仲相桓公，霸诸侯，一匡天下，民到如今受其赐；微管仲，吾其被发左衽矣。"② 在这里，孔子虽推崇德政礼治，以仁义至上；但也认为管仲的霸业是有利于统一天下及有功于华夏的，可见他并没有排斥霸道。

孟子继承了孔子仁道的政治主张，反对严刑峻法，展现出"尊王黜霸"的倾向。《孟子·梁惠王上》记载道："齐宣王问曰：'齐桓、晋文之事，可得闻乎？'孟子对曰：'仲尼之徒无道桓文之事者，是以后世无传焉，臣未之闻也。无以，则王乎？'曰：'德何如则可以王矣？'曰：'保民而王，莫之能御也。'"③ 齐宣王和晋文公都是"春秋五霸"之一，齐宣王向孟子问"桓文之事"就是想和孟子探讨如何让齐称霸天下的办法，孟子则认为霸道是不能长久的，唯有"保民而王"的德政和王道才能达到天下归心的目的。故孟子言："以力服人者，非心服也，力不赡也；以德服人者，中心悦而诚服也。"④ 在孟子看来，"以力服人"的霸道会造成治国者与老百姓之间关系的紧张，势必不能长久；唯有"以德服人"的王道才能达成治国者与老百姓之间关系的和谐，使老百姓心悦诚服地归顺，进而从根本上实现国家的长治久安。

荀子对王道和霸道有比较客观理性的认识，提出了礼法并重、王霸合一的政治主张。荀子认为，王道和霸道并不是对立的，两者不可分割、相辅相成，在国家治理中都是必不可少的。荀子言："治之经，礼与刑"⑤，"人君者隆礼尊贤而王，重法爱民而霸"⑥。荀子一方面强调内在礼义道德在人们行为规范和社会和谐中起到的基础性作用，另一方面肯定外在法律制度在国家治理中的必要性，这种礼法并举、王霸并用、德刑兼备的政治主张与荀子所处的战国末期社会格局发展的趋势息息相关，为即将到来的大一统社会奠定了思想基础。可以说，荀子是一个既怀抱理想又有现实关怀的思想家，其刚柔并济、王霸合一的政治主张和治国理念深刻地影响了后世思想家及政治家群体，奠定了中国古代国家治理的基本模式，对我们今天国家治理体系的现代化具有重要的借鉴意义。

---

① 程树德. 论语集释 [M]. 程俊英，蒋见元，点校. 北京：中华书局，1990：68.
② 程树德. 论语集释 [M]. 程俊英，蒋见元，点校. 北京：中华书局，1990：989.
③ 焦循. 孟子正义 [M]. 沈文倬，点校. 北京：中华书局，1987：74-75.
④ 焦循. 孟子正义 [M]. 沈文倬，点校. 北京：中华书局，1987：221.
⑤ 王先谦. 荀子集解 [M]. 北京：中华书局，1988：461.
⑥ 王先谦. 荀子集解 [M]. 北京：中华书局，1988：291.

第三节　中华优秀传统文化国家治理思想的现代价值

一个国家的治理体系和治理能力与这个国家的历史传承及文化传统密切相关。"在漫长的历史进程中，中华民族创造了独树一帜的灿烂文化，积累了丰富的治国理政经验，其中既包括升平之世社会发展进步的成功经验，也有衰乱之世社会动荡的深刻教训。我国古代主张民为邦本、政得其民，礼法合治、德主刑辅，为政之要莫先于得人、治国先治吏，为政以德、正己修身，居安思危、改易更化，等等，这些都能给人们以重要启示。治理国家和社会，今天遇到的很多事情都可以在历史上找到影子，历史发生过的很多事情也都可以作为今天的镜鉴。中国的今天是从中国的昨天和前天发展而来的。要治理好今天的中国，需要对我国历史和传统文化有深入了解，也需要对我国古代治国理政的探索和智慧进行积极总结。"① 习近平总书记重视汲取中华优秀传统文化的思想精髓来治理国家，并强调要"深入挖掘和阐发中华优秀传统文化讲仁爱、重民本、守诚信、崇正义、尚和合、求大同的时代价值"②，以此推进我国治理体系和治理能力的现代化。

一、"道法自然"的生态文明建设

"天人合一"作为中国古代为政者治理国家的形上依据，其蕴含着人与自然和谐共生的生态化思维方式，为我们今天生态文明建设奠定了理论基础。习近平总书记说："我们应该遵循天人合一、道法自然的理念，寻求永续发展之路。"③ 在环境不断恶化的今天，人类应共筑生态命运共同体来应对共同的全球气候变暖、大气水土污染、沙漠化荒漠化等生态危机。而中国传统治国思想中天人合一、道法自然的理念可为人类长久发展提供有效启示。

"道法自然"作为"天人合一"思想的题中应有之义，源自《老子》第二十五章，其云："故道大，天大，地大，王亦大。域中有四大，而王居其一焉。人法地，地法天，天法道，道法自然。"④ 道家以"道"为万物的本源和存在的

---

① 习近平. 在中共中央政治局第十八次集体学习时的讲话 [N]. 人民日报，2014-10-13.
② 习近平. 在中共中央政治局第十三次集体学习时的讲话 [N]. 人民日报，2014-02-24.
③ 习近平. 共同构建人类命运共同体 [J]. 求是，2021（1）：1.
④ 老子道德经注校释 [M]. 王弼注，楼宇烈校释. 北京：中华书局，2008：64.

依据，将"自然"（自然而然）看成是"道"的本性。因此，这句话的意思是："人"以"地"为法则，"地"以"天"为法则，"天"以"道"为法则，"道"以"自然"为法则。简单来说就是，"天、地、人、道"域中"四大"因共同遵循这一"自然"法则而构成相互作用、相互融摄的关联性整体，"道法自然"即"人法自然"。这就意味着，在"道法自然"的视域中，人必须效法"道"的"自然而然"来行动，用整体系统的思维来看待和处理"天、地、人、道"域中"四大"之间的关系。故人和自然亦是有机整体，人尊重和保护自然就是保护我们自身。庄子继承和发展了老子的这种思想，并云"以道观之，物无贵贱"①，"天地与我并生，万物与我为一"②。在庄子这里，人与天地万物都为"道"所统摄，自然化育。因此，人与天地万物是平等共生的，且构成多元和谐的关联整体。由此可见，道家的"道法自然"包含着"人与自然和谐共生"的理念，是我们今天生态文明建设的重要思想来源。

"生态兴则文明兴，生态衰则文明衰。"③ 习近平总书记汲取了道家"道法自然"整体系统的生态化思维方式，创造性地提出"人与自然是生命共同体"的生态思想，以"道"视域的整体、系统、开放的思维方式来看待和处理人与自然的关系。④ 习近平总书记说："山水林田湖草是一个生命共同体。人的命脉在田，田的命脉在水，水的命脉在山，山的命脉在土，土的命脉在树。如果种树的只管种树、治水的只管治水、护田的只管护田，很容易顾此失彼，最终造成生态的系统性破坏。必须按照生态系统的整体性、系统性及其内在规律，统筹考虑自然生态各要素"⑤，"人因自然而生，人与自然是一种共生关系，对自然的伤害最终会伤及人类自身。只有尊重自然规律，才能有效防止在开发利用自然上走弯路"⑥。在习近平总书记看来，人是自然界的一部分，与自然万物同处于一个整体生态系统中，共同遵循自然之"道"的规律法则，人与自然不是主客二分的对立关系，而是辩证统一的和谐共生关系。这里，习近平总书记将人与自然均放在自然之"道"的整体视域中看待，"道法自然"就是"人法自

---

① 郭庆藩. 庄子集释 [M]. 王孝鱼, 点校. 北京：中华书局, 2012：576.
② 郭庆藩. 庄子集释 [M]. 王孝鱼, 点校. 北京：中华书局, 2012：85.
③ 习近平. 习近平关于全面建成小康社会论述摘编 [M]. 北京：中央文献出版社, 2016：164.
④ 罗彩. 习近平生态文明思想对道家生态哲学的吸纳与转化 [J]. 毛泽东研究, 2021 (5)：46-48.
⑤ 中共中央宣传部. 习近平新时代中国特色社会主义思想三十讲 [M]. 北京：学习出版社, 2018：248.
⑥ 习近平. 习近平谈治国理政：第2卷 [M]. 北京：外文出版社, 2017：394.

然",人应该正视自然之"道"的法则,以整体性、系统性、开放性的思维方式看到人与自然是相互影响、相互作用、不可分割的关系。人若违背自然规律而对大自然进行伤害最终只会伤及自身。我们要像保护眼睛一样保护生态环境,像对待生命一样对待生态环境。① 这种对人与自然关系整体系统性地看待,本质上是对道家"道法自然"生态化思维方式的继承发展,亦构成习近平生态文明思想的内容,为我们生态文明建设指引了方向。

综合而言,习近平总书记"人与自然是生命共同体"的生态文明思想重在强调用道家"道法自然"思想蕴含的系统、整体、开放的思维方式来解决人与自然的矛盾关系,进而解决全球因人与自然关系紧张引发的生态危机。这是对人类中心主义或自然中心主义二元对立思维方式的超越,更是对中国传统道家思想中"道法自然"生态化思维方式的继承与发展。

二、"以民为本"的人民至上原则

中国自古就有民本思想的传统。民本思想最早的表述出现在《尚书·五子之歌》,其云:"民惟邦本,本固邦宁。"② 此后,儒家的代表人物孟子更是直言:"民为贵,社稷次之,君为轻。"③ 汉初的贾谊在其《新书·大政上》中亦提出:"夫民者,万世之本。"④ 可见,中国古代思想家都深刻认识到,人民是一个国家的根基,是一个国家存亡兴衰的关键。中国共产党人创造性地继承了中国古代"民惟邦本"的思想,摒弃了传统民本思想中"君本""官本"的理念,实现了从"家天下"到"公天下""民"的工具价值向理性价值的转变,保证了个体的正当权利,体现了人民的主体地位。正如习近平总书记指出:"人心向背、力量对比是决定党和人民事业成败的关键,是最大的政治,是我们党制胜的最大法宝。"⑤ 因此,"我们党要永远保持同人民群众的血肉联系,永远践行以人民为中心的发展思想,坚持人民至上的原则,不断实现好、维护好、发展好最广大人民的根本利益"⑥。中国共产党这种"人民至上"的初心使命本质上是根源于中国传统治国思想中的民本意识。

---

① 罗彩. 习近平生态文明思想对道家生态哲学的吸纳与转化 [J]. 毛泽东研究, 2021 (5): 48-50.
② 十三经注疏:上册 [M]. 阮元,校刻. 北京:中华书局,1980:156.
③ 十三经注疏:上册 [M]. 阮元,校刻. 北京:中华书局,1980:2774.
④ 贾谊. 新书校注 [M]. 阎振益,钟夏,校注. 北京:中华书局,2000:341.
⑤ 习近平. 人心向背、力量对比是最大的政治 [EB/OL]. 人民网,2015-06-07.
⑥ 习近平. 中国共产党第十九届中央委员会第六次全体会议公报 [J]. 求是,2021 (22):1.

马克思主义是人民的理论，人民性是马克思主义最鲜明的特征。马克思说，"历史活动是群众的活动"，其创立的初心使命就是为人民实现自身解放及全人类的解放提供思想指引。习近平总书记在《纪念马克思诞辰 200 周年大会上的讲话》指出："马克思主义之所以具有跨越国度和时代的影响力，就是因为它根植人民之中，站在人民的立场探求人类自由解放的道路，指明了依靠人民推动历史前进的人间正道。"① 中国共产党在马克思主义人民理论的指导下，创新性地将中国传统治国思想中"民惟邦本"的理念发展为富有时代性、科学性的"人民至上"的理念，可谓是创造了马克思主义中国化的新境界。中国共产党始终学习和践行马克思主义关于坚守人民立场的思想，创造性地继承中国传统治国思想中"民惟邦本"的理念更是体现了其不忘初心、牢记使命的自觉担当。②

三、"礼法合治"的国家治理理念

习近平总书记在中共中央政治局第十八次集体学习时指出"礼法合治、德主刑辅"等中国传统治国理政思想能为今天我国治理体系及治理能力的现代化提供有益文化资源。这意味着中国共产党在新形势下对于国家治理的新探索。

礼法是中国古代社会的主要行为规范，亦构成中国传统法律思想的价值支撑，深刻影响着中国人的观念习惯及整个中国社会的发展进程。今天我们要建设法治的现代化国家，是想寻求一条更适合中国人的法律之路，解决法治建设过程中价值信仰的问题，而这要求必须尊重中国自古以来礼法合治的传统，挖掘礼法文化在当代中国的真正价值，为中国当代法治建设所用，进而推动中国治理体系及治理能力的现代化。

"礼"与"法"作为中国传统法律文化的"两翼"，两者的融合呈现出"援礼入律"和"依礼行律"两种趋势，而"礼法合治"则是礼法融合的结果与实践。这既使得"礼"成为"法"的道德基础，即道德法律化；又使得"礼"成为"法"的道德向度，即法律道德化。在礼法融合的过程中，"礼"提升了权威性与约束性，"法"亦有了重要的现实价值依据。

"礼法合治"是中国古代社会治理的基本理念与模式。儒家创始人孔子倡导"以礼治国"，认为只有道德教化才能让百姓从内心真正归顺治理者，而刑罚只能让百姓短暂地从表面顺从。故孔子言："道之以政，齐之以刑，民免而无耻。

---

① 习近平. 在纪念马克思诞辰 200 周年大会上的讲话 [EB/OL]. 人民网，2018-05-05.
② 罗彩. 习近平总书记"两个结合"的中华文化底蕴 [N]. 羊城晚报（理论版），2021-12-13（A5）.

道之以德，齐之以礼，有耻有格。"① 在孔子看来，为政者实行"礼治"是得民心的根本，而前提是为政者要以身作则，自己要注重德行修身，做出表率，才能成为民众效仿的对象，最后上下同德同心，达到天下大治。孟子继承了孔子仁政德治的思想，主张"以不忍人之心，行不忍人之政，治天下可运之掌上"②。可见，孔孟都是以礼治德政为主。荀子在孔孟倡导"礼治"的基础上，为了顺应当时社会即将到来的大一统趋势，批判性地吸收了法家"法治"的思想，提出"隆礼重法"的主张。荀子言："治之经，礼与刑"③，"至道大形，隆礼至法则国有常"④。在荀子看来，"礼"与"法"是治理国家两种不可或缺的手段，治理国家如果单纯依靠君主或民众的道德自觉与德行是不够的，应该把"法治"这种治国手段引入"礼治"中，既要强调内在自我约束，又要重视外在规范，这样才能达到社会大治的目的。荀子主张为政者在治理国家过程中要实行"礼法并举"及"以法拓礼"，礼的作用在于道德教化，法的作用在于强制性的规范，两者并不是对立关系，而是相辅相成的关系。

荀子认为，"礼"与"法"是通过三种方式相结合来治理国家的。首先，"礼"对"法"的制定有精神指导作用。荀子言："程者，物之准也；礼者，节之准也"⑤，"非礼，是无法也"⑥。度量衡是物体测量的标准，而"礼"则是"法"制定的依据与精神。当案情没有成文法可依循时，要以法律的"统类"——礼义，作为断案的依据，所谓"有法者以法行，无法者以类举"⑦。其次，"礼"与"法"在治理中侧重的对象不同。荀子言："由士以上则必以礼乐节之，众庶百姓则必以法数制之。"⑧ 荀子以德与才来划定等级，在他看来，"士"以上的人具有较强的道德意识，占据社会的少数，可以"礼乐节之"；而庶民百姓由于生存需要，并没有自觉的道德意识，占据社会的多数，因此要给他们划定一条行为底线，即强制性的"法数"来治理。最后，"礼"与"法"是维护社会稳定的"两柄"，在治理国家过程中相互补充。荀子云："隆礼尊贤而王，重法爱民而霸。"⑨ 荀子"礼法并举"的主张一方面拓展了法家"法"的

---

① 程树德. 论语集释 [M]. 程俊英，蒋见元，点校. 北京：中华书局，1990：68.
② 焦循. 孟子正义 [M]. 沈文倬，点校. 北京：中华书局，1987：232.
③ 王先谦. 荀子集解 [M]. 北京：中华书局，1988：461.
④ 王先谦. 荀子集解 [M]. 北京：中华书局，1988：238.
⑤ 王先谦. 荀子集解 [M]. 北京：中华书局，1988：262.
⑥ 王先谦. 荀子集解 [M]. 北京：中华书局，1988：34.
⑦ 王先谦. 荀子集解 [M]. 北京：中华书局，1988：151.
⑧ 王先谦. 荀子集解 [M]. 北京：中华书局，1988：178.
⑨ 王先谦. 荀子集解 [M]. 北京：中华书局，1988：291.

内涵，赋予了"法"以精神价值；另一方面使儒家的"礼治"更富有现实性与生命力。此外，荀子"礼法合治"的主张奠定了此后中国古代国家治理的基本模式。故谭嗣同说："两千年来之学，荀学也。"

"礼法合治"构成中国传统法律文化最重要的特征，对中国传统社会秩序起到稳定的作用，对中国人的思维方式及观念习惯等产生了深刻影响。因此，我们今天建设现代化的法治国家是不可能彻底抛开中国古代社会礼法合治这一传统的，而是要善于汲取中国礼法文化中有益的成分，去除不合理的成分。如礼法合治造成的道德与法律的过分重叠损害了法律的确定性和道德的一元性；礼法文化中"人治""等级"的思想与现代化制度难以契合等，都是需要我们清除的。此外，我们要在中国法治现代化的背景中解读礼法文化，挖掘礼法文化的现代价值，用礼法文化具体回答当代中国社会法律实践中面临的难题，如"合理道德可以为司法判决提供解决纠纷的依据，道德良知已经构成现代道德法则的重要内容，亲情伦理已经成为当代法文化的理念"①。因此，中国传统"礼法合治"的国家治国思想中有益的成分依然能为当下我国建设现代化法治国家提供价值支撑与文化资源。

四、"天下大同"的人类命运共同体构建

目前，人类正处于百年未有之大变局时期。在全球化的趋势下，机遇和风险相伴而生，挑战层出不穷，各国联系日益紧密、相互依存，全球命运与共。在这一背景下，以习近平同志为主要代表的中国共产党人以历史的自觉与时代的担当提出"构建人类命运共同体"的主张，并将其作为我国外交工作的基本理念，始终用行动践行着这一价值目标。今天，我国倡导"构建人类命运共同体"这种胸怀天下的中国担当与中国精神是以中国传统治国思想中"天下大同"的理念为基础的。

"大同"思想最先出自儒家经典《礼记·礼运》，其记载孔子曰："大道之行也，天下为公，选贤与能，讲信修睦。故人不独亲其亲，不独子其子。使老有所终，壮有所用，幼有所长，矜寡孤独废疾者皆有所养。"② 在这里，"大同"的特点是"天下为公"，其虽有原始社会的投影，却是古代思想家对美好社会图景的描绘。到了近代，康有为在《大同书》中阐发他的"三世进化"（据乱世—升平世—太平世）历史观，并进一步提出了他的大同理想。在康有为看来，

---

① 李宗桂. 中国优秀传统文化的现代价值[M]. 北京：人民出版社，2019：380.
② 礼记译解[M]. 王文锦，译解. 北京：中华书局，2001：287.

经济上的生产资料公有制、政治上的民主共和、文化上的平等公正以及人民物质精神上的满足是实现大同社会的标志。但康有为的"三世进化"历史观是通过托古改制来表达的，他认为这是孔子规定的历史进化模式，没有把这个过程看成是社会历史进化的客观规律，亦没有看到人民群众在历史发展中的决定性作用，脱离了当时的人民大众。因此，康有为的"天下大同"政治理想最终沦为了空想。之后，孙中山以民族、民权、民生的三民主义作为施政纲领及实现大同社会理想的低级阶段，旨在让人民当家做主，使人民享有管理国家和社会大事的权利，实现"天下为公"，这些都是对中国古代"大同"思想的批判性继承与吸收。但由于时代的局限性，孙中山的大同理想亦未实现。

中国传统治国理政中"天下大同"的思想表达了中国人民自古以来对美好社会的向往与孜孜不倦的追求，其具体体现在孔子"老者安之，朋友信之，少者怀之"及孟子"老吾老，以及人之老；幼吾幼，以及人之幼"的仁政王道中，又体现在《中庸》"致中和，天地位焉，万物育焉"的和合境界中，还体现在《国语》"和实生物，同则不继"的包容精神中。整体而言，中国传统治国理政中"天下大同"的思想蕴含着和谐、公平、公正、平等的理念，其成为我们今天构建"人类命运共同体"的内在思想资源与文化基因。

习近平总书记多次强调，我们要推动人类命运共同体的构建，弘扬和平、发展、公平、正义、民主、自由的全人类共同价值，实现共赢共享。所谓"大家好才是真的好""世界好，中国才能好；中国好，世界才更好"，中国共产党始终以世界眼光关注人类前途命运，以"大道之行，天下为公""各美其美，美人之美，美美与共，天下大同"的理想信念引领着世界潮流，以为中国人民谋幸福、中华民族谋复兴、全人类谋进步、全世界谋大同的价值目标推动着历史发展。从中国传统文化的"天下大同"到今天的"人类命运共同体"，都表达了中国人民对和谐、公平、公正、民主、自由理想世界的不懈追求，这与马克思主义始终以实现全人类的解放及共产主义为最终目标是一致的。习近平总书记的"人类命运共同体"理念是对中国传统治国理政中"天下大同"思想蕴含的多元和谐、平等共生、公平公正精神的继承与弘扬，是对马克思主义的"共产主义"理想做出的中国化诠释，其大大地丰富了中国化马克思主义的精神内涵，为全球现代化治理体系的形成及世界的和平发展提供了中国方案，贡献了中国智慧与中国力量。①

---

① 罗彩．习近平总书记"两个结合"的中华文化底蕴［N］．羊城晚报（理论版），2021-12-13（A5）．

第四章

国外国家治理理论

20世纪90年代，治理理论在西方的政治学和经济学领域兴起，逐步发展并延伸至管理学、社会学、行为学等领域。"治理"是在"统治"基础上的进一步演变，意味着治理主体从全新的视角、利用全新的方式来管理共同事务，治理理论则是关于研究多元主体如何共同发挥作用，构建一致性或取得基本认同，来实现某项共同目标的理论体系。公共治理作为治理的重要部分，是指在公共事务领域中，地位平等、相互依赖的治理主体通过合作的策略活动实现治理目标，结合西方政府治理实践形成的公共治理理论，是对当代政府治理困境的创新性解决。

第一节 西方治理理论概述

一、治理理论发展背景

在西方资本主义发展的几百年里，政府与市场之间关系的争论推动了治理理论的诞生和发展。一方面资本主义经济大危机显示出自由主义失效和市场失灵，促使政府对市场进行干预；另一方面政府全面干预带来的负面效果也日益显现，政府失灵成为又一值得关注的问题。在这种背景下，全球化催生各种新型社会问题不断涌现，旨在协调政府与市场关系的治理理论迅速兴起，并且在公共选择理论、新自由主义思潮等理论背景的影响下，它更强调多元主体的合作与参与。其核心思想包括：多中心治理，强调平等与合作；崇尚责任，强调公共利益；注重公众的需求和公民参与；主张有效率的治理等。

西方政府改革的经济背景如下。

（1）19世纪中后期，在机器化大生产代替手工劳动的资本主义发展阶段，西方国家普遍推崇的是亚当·斯密的自由主义经济理论。各企业独自经营，自由竞争，没有统一的权威对生产及其生产资料进行配置和调控。自由竞争带来生产力的高速发展，但是社会生产的无组织性也埋下贫富差距拉大、阶级矛盾尖锐等隐患。在此时期，政府的主要职能是：保卫国家领土完整，维护国家主权，防止社会利益被侵害，保护私人财产和市场秩序，政府宛若一个"守夜人"①。

然而社会化生产与资本主义私人占有之间的矛盾逐渐暴露，资产阶级和无产阶级分化日益严重。由于生产缺少统一和宏观规划，整个社会生产无限制扩大，购买力却日益缩小，出现严重的生产过剩，经济危机由此全面爆发，整个社会陷入混乱之中。亚当·斯密的自由主义经济理论中仅靠市场机制自发调节，实现社会资源的配置遭遇了现实挑战，即现实意义中市场是有缺陷的，存在垄断、道德风险、生产无政府状态等问题，市场提供公共服务和公共产品的能力是有限的。市场不但不能完全承担起资源的有效配置，更不能实现社会财富的合理分配，保证公平。"市场失灵"显现出市场的缺陷，使得政府干预被推上历史舞台，凯恩斯主义的出现象征着政府开始对经济和社会事务进行全面干预。

（2）1929—1933年西方资本主义经济危机的爆发，凯恩斯主义成为解决市场失灵的一种出路。政府开始积极采取政策干预市场，在初期有效地解决经济危机的负面后果，缓解了社会矛盾。罗斯福新政用事实有力地证明了政府干预的有效性。但是，随着时间的推移，政府全面干预产生的负面性效应不断积累，直至20世纪60—70年代，众多社会问题又一次爆发。凯恩斯主义过于强调政府职能，但是现实意义上的政府是由众多作为"经济人"的官员组成，其追逐个人利益最大化的本性难以避免，结果就是政府职能部门的无节制扩张、寻租行为、贪污腐败等，政府宛如一个超级保姆，对各种社会事务大包大揽，其管理效能却不能完全适应社会需求，导致出现服务差、效率低、财政危机等"政府失灵"问题。

（3）20世纪70年代之后，两次石油危机导致西方国家经济陷入停滞，为了保证经济平稳运行，各国纷纷推出了大规模的减税计划，直接导致政府收入的减少。从社会发展来看，社会环境和社会结构发生了急剧变化，以中产阶级为社会主体的橄榄型社会结构初步形成；从政策领域来看，诸如环境保护、科技发展等新的公共政策领域引起公众前所未有的关注；从国际形势来看，亚洲国家尤其是日本经济社会的高速发展对欧美国家形成巨大压力。

以上变化意味着，西方政府在财政收入持续减少的同时政府职能却在不断

---

① 亚当·斯密. 国民财富的性质和原因的研究[M]. 北京：商务印书馆，1972：254.

扩张，这种扩张既表现在新的管理领域，如环保、有组织的科技开发等；又表现在新的服务职能上，如制订指导性经济计划、建立经济和市场信息高速通道、帮助企业提高国际竞争力。一方面，经济不稳定使政府收入减少，由于中产阶级成为社会主体，依靠传统的通过增加税收的方式来解决财政危机，面临广泛的政治反对；另一方面，社会保障支出大幅上升，政府陷入入不敷出的困境。简而言之，政府职能和职责在扩张，但政府财政收入却在逐年减少，财政危机不可避免，随之而来的是更严重的管理危机、信任危机和合法性危机。

在这种情况下，从20世纪末起，西方国家政府开始大刀阔斧的改革。改革的内在动力出于政府困境，外在动力则得益于工商企业等私人部门管理革新的经验借鉴和示范效益。这次改革的普遍性、广泛性、全面性前所未有，并且跨越了各国意识形态上的差异，在改革的总方向上趋于一致。西方公共管理的前沿理论，正是伴随着这次改革而兴起和产生的。

各国政府针对政府失灵开始寻求新的解决出路，其努力包括消减政府职能，进行政府再造，尝试从企业管理中吸取优势，主张将企业家精神和市场机制引入政府管理，构建企业型政府，由此西方治理理论应运而生，学者们开创了全新的角度调整政府与市场的关系，在"政府"和"市场"二元观点中加入"社会"这一新的单元，开启了一个新的管理模式，提倡政府、市场和社会等多元主体共同治理，强调回应、互动、协作、公开、法治等核心思想，许多国家和政府开始尝试用治理理论来解决政府和市场的失效。

二、西方前沿治理理论概述

"公共治理"（Public Governance）与"治理"概念经常交叉使用，但两者并不完全等同。相比而言，"公共治理"更强调主体及其责任的公共性，主要研究的是公共事务领域中，治理主体之间的相互关系、合作策略来实现共同的治理目标。其学科定位于公共行政学，因此更重视政府发挥的元治理作用，其目标在于实现公共利益最大化。

20世纪70年代，新公共管理运动的兴起在公共管理领域掀起了新公共管理的热潮。直至20世纪末，新公共管理运动在推进政府改革转向市场化、分权化和民营化的同时，也使得政府陷入管理困境。因此，西方各国政府和学者为规避改革带来的弊端，开始探寻新的公共治理路径，形成了西方公共治理五大前沿理论：

新公共服务理论是以美国学者赖特（Light）、登哈特（Denhardt）夫妇为代表，强调公共事务的服务对象不应该是"顾客"而是"公民"，新公共管理忽视了政府捍卫民主与社会公正的政治职责。

网络（化）治理理论是以美国学者斯蒂芬·戈德史密斯（Stephen Goldsmith）和威廉·D. 埃格斯（William D. Eggers）为代表，主张构建非政府部门和政府部门之间的合作关系，批判新公共管理在面对多元、异质的管理主体时的失效。

整体性治理理论是以英国学者佩里·希克斯（Perry Hicks）等为代表，以实现公民需求为目标，通过数字信息手段，对治理的各层级、功能与机构之间关系和资源流动进行整体性协调及整合，从而批判新公共管理的分权化和民营化导致的公共治理分裂化与碎片化。

数字治理理论是以英国学者帕却克·邓利维（Patrick Dunleavy）等为代表，同样强调整体主义倾向，批判分权化导致的政府职权分离与分散。

公共价值管理理论是以美国学者马克·穆尔（Mark H. Moore）等为代表，主张公共管理的目标在于实现和创造公共价值，协调民主与效率的关系，批判新公共管理对规范性价值的忽视。

第二节　以市场为中心的治理学派

一、理论思想概述

以市场为中心的治理思想首先来源于经济学领域。20世纪70年代之后，公共选择学将微观经济学理论拓展和运用于公共事务管理领域。公共选择学派假定，在"理性人"假设下，政府官员及公共部门的工作人员同样有着追求自身利益最大化的自私天性，其行为模式会类似市场交易个体，由于垄断了决策过程中的信息资源并享受着相对稳定的职业保障，行政官僚可能相比立法者拥有更大的公共权力，并以此扩张官僚组织，结果可能导致牺牲公共利益来追求个人或部门利益的最大化。

其次来源于对企业内部管理结构的研究。新制度主义学派开创了独特的研究范式来解释私营部门中，不同管理层级之间冲突的模式及成因。新制度主义学派研究得出，企业管理中普遍存在的管理目标不一致和信息不对称，是造成股东与其代理人、管理者和被管理者之间责权混乱的主要因素。在此基础上，他们划分组织中的交易行为并以此作为基本分析单元，比较和衡量不同治理环境中各类制度结构的比较优势。可以说，该学派概念化了公共和私人部门的制度结构，将企业治理理论和方法推及至公共领域。

以市场为中心治理理论的贡献及局限性：治理理论的市场视角把"经纪人"假设作为分析治理问题的出发点，强调其应作为治理理论建构的起点，并强调在复杂条件下提高治理水平的技术工具的重要性。但是其也有着明显的缺陷：该治理视角只是把治理问题简单地还原为公司治理和商业交易活动，很大程度上模糊了政治学与经济学的理论边界，也因此忽视了政治制度和公共机构的独特性与社会责任；它将权力结构简化为市场意义上的资源分配，从而难以充分解释政治环境中权力的运作机制。

二、公共选择理论

公共选择理论又称作"公共选择"（public choice），它既是当代西方经济学的一个重要分支，同时又涉及现代政治学和行政学的研究领域；既运用了经济学的假设、逻辑和方法，又从政治学、行政学的角度出发，分析现实生活中的政治个体（选民与政治家）的具体行为特征，因此又被称为"新政治经济学"或"政治学的经济学"（economics of politics）。简言之，公共选择理论是以微观经济学的基本假设（尤其是理性人假设）、原理和方法作为分析工具，来研究与描绘政治市场上的主体行为和运行机制。

（一）代表人物及主要学派

公共选择理论产生于20世纪40年代末，由英国北威尔士大学的经济学教授邓肯·布莱克（Duncan Black, 1908—1991年）提出。他于1948年发表的《论集体决策原理》奠定了公共选择理论的基础，被尊称为"公共选择理论之父"。另一位著名的领袖人物是美国经济学家詹姆斯·布坎南（J. M. Buchanan, 1919—），他因在公共选择理论领域中的建树而获得1986年度诺贝尔经济学奖。公共选择理论的学术中心是设在美国弗吉尼亚州的乔治·梅森（George Mason）大学的"公共选择研究中心"，其代表人物有布坎南和塔洛克。

西方经济学家认为，公共选择既属于实证范畴，它讨论了"是什么"或"条件下会怎样"的问题；又具有相对应的规范范畴内容，讨论"应该是什么"即"社会选择"（social choice）的问题，属于伦理学的一个重要课题。根据主要理论观点和研究方法的区别，可以把公共选择理论研究划分为三个学派，即罗切斯特学派、芝加哥学派和弗吉尼亚学派。

（二）主要内容

公共选择理论认为，人类社会可以分成两个市场：经济市场和政治市场。

经济市场的行为主体是消费者和供给者,消费者通过货币选票购买给自己带来最大效用的供给品;政治市场的行为主体是选民和政治家,选民通过实际选票来选择最能满足自己利益的政治家、政策措施和法律法案。前者是经济决策行为,后者是政治决策过程,是个人在社会中主要进行的两类活动。

在西方经济学领域中,主要研究对象是市场中的价格机制对供求的影响,以及经济主体的经济决策,把政治决策视为经济行为的外生因素,意味着西方经济学对个人在经济市场和政治市场上的行为做出完全不同的假设:在经济市场上,个人是"经济人",完全为追求个人利益最大化以做出经济决策;在政治市场上,个人的目标与动机则是完全利他的。公共选择学派认为,个人在经济市场与政治市场中的动机和行为是相同的,个人不可能按完全不同的行为模式进行活动,这在逻辑上存在矛盾。

可见,公共选择学派将个人在市场和政治环境中的行为放入一个统一的分析框架或理论模型中进行研究,用经济学的假设统一分析人的各种行为决策,"从而拆除传统的西方经济学在经济学和政治学这两个学科之间竖起的隔墙,创立使二者融为一体的新政治经济学体系"。① 基于以上基本假设,公共选择理论将"公共选择"作为研究对象,"公共选择"指人们通过民主的政治过程决定公共物品与服务的供求,通过非市场机制把个人决策转化为集体决策的一种过程。

公共选择具有政治本质,作为一种政治过程,理应经过立宪与立法、司法和行政三个过程:在立宪与立法阶段,公共选择在于制定根本性法律和现行规则对个人行为与集体活动进行约束;在司法和行政的执行阶段,公共选择在于依据立法阶段制定的各项法规,通过各项具体的实施政策并加以执行,通常认为这个阶段是公共选择最困难也最重要的阶段。

(三) 理论来源

有学者认为,公共选择理论来自首席维克塞尔的公共财政学。在公共选择理论中,绝大部分内容是研究财政,尤其重视凯恩斯主义财政政策带来的巨额财政赤字。布坎南从维克塞尔《财政理论研究》中得到启发,其许多财政学观点都来于此。

1. 维克塞尔主张经济学不应只是被动地提供政策建议,还应关注经济运行的政策结构

布坎南等认为凯恩斯主义这种通过政府干预弥补市场失灵的主张是错误的,

---

① 方福前. 当代西方公共选择理论及其三个学派 [J]. 教学与研究, 1997 (10): 32.

经济学也必须研究政治问题。"因此，与其说西方国家经济困境是由于经济制度的失败，那还不如说是政治制度的失败所导致的。"

2. 利用经济学方法分析政治过程，将"经济人"假设运用于分析政治决策过程中

维克塞尔认为，社会中个人的（满足程度）通过效用来衡量，因此政府官员也总是从增加个人效用的角度出发制定政策，不会完全地站在增进公共利益的立场考虑问题。布坎南认为，凯恩斯主义刺激经济的政策实施后，财政支出并不会完全用以实现增加政府购买和刺激就业的目的，很大一部分用以寻租活动和官员腐败之中。因此，他坚决反对福利经济学的理论及其相关假设，认为这些理论是不切实际的，主张经济自由和彻底废除福利国家。

3. 利用交换原则分析政治决策过程

维克塞尔认为，人们在面对一项政治决策时理应与制定经济决策时相同，会根据成本—收益原则进行抉择。"布坎南把选票比喻成货币，认为选民用选票'购买'到有利于自己的政策，官员们正是利用对多数人都有利的政策来换取更多的选票，选票是连接选民与官员关系的纽带。"①

（四）西方行政改革的具体政策与实践：公共服务市场化

基于公共选择理论的公共服务市场化在西方国家行政改革过程中占有重要地位，许多国家在具体实践中都选择了这条改革路径。

1. 英国：竞争求质量运动（梅杰政府改革）

英国竞争求质量运动是以 20 世纪 70 年代以来撒切尔改革为基础的，当时新自由主义（Neoliberalism）作为英国现代资产阶级政治思想的主要派别，主张维护资产阶级个人自由和制度，调解社会矛盾，反对国家对于国内经济的干预，是一种经济自由主义的复苏形式，在国际的经济政策上扮演着越来越重要的角色。其改革措施包括：实行国有企业私有化、社会福利制度改革、教育改革、政府公共服务体制改革等。这次改革有效遏制并扭转了英国通货膨胀趋势；减缓财政赤字，提高政府效率；引领了当代政府公共服务体制变革的浪潮。然而受撒切尔改革的影响，大量的劳动力被精简，失业率居高不下，社会贫富差距拉大，同时其"下节计划"所创造的"半自治的代理机构"来负责政府运行的管理职能，使得政府管理太多，机构庞大，监督力度不够。

在此背景下，由于政府过度追求经济和效率，大量地精简机构和裁撤人员使得政府行政运作面临着新的困境，公共服务质量每况愈下。保守党政府意识

---

① 宋延清，王选华. 公共选择理论文献综述 [J]. 商业时代，2009（35）：15.

到改革的关键是引入竞争机制以提高公共服务质量。因此，新一轮的公共服务改革拉开了序幕。

梅杰政府对英国公共服务的改革继承了撒切尔改革的基本方针，其改革措施在重心上从化解政府财政危机、促进经济复苏转到提高公共服务的质量和水平上，推行的公民宪章运动和竞争求质量运动也基本实现了既定目标。1991年梅杰政府发动了公民宪章运动，四个月后发表了《竞争求质量》白皮书，它与公民宪章运动和下一步行动方案一起，构成了20世纪90年代英国行政改革的总框架。在竞争求质量运动中，"市场检验"是竞争求质量白皮书中新提出和相当重要的方式。

在明确了必须由政府来提供某种无法实现私有化的公共物品后，才能进行市场检验。市场检验具体包括确认公共物品提供的范围和性质、建立服务水平和质量标准、竞争招标和选择、协商和确定具体细节、监测和评价等步骤，主要针对公共部门的文秘和技术工作。总体而言，市场检验不是一个具体的操作方法而是一个检验原则，即通过市场检验来实现资金的最大化，避免公共物品提供的低效率，是对公私竞争原则的进一步确认和制度化。从1991年到1993年底，英国共有389项工作任务经历了市场检验。通过市场检验所进行的这种公私之间的竞争的确收到了提高公共服务效率、降低成本的效果。英国政府宣布："通过市场检验，相关工作的平均成本降低了25%，每年资金节省达1.16亿英镑。"[①]

2. 日本：桥本行政改革

二战后日本历届内阁的主要政策之一就是行政改革。于20世纪40年代、60年代和80年代，日本政府先后成功实施了三次重大行政改革，缩减行政规模、提高政府效率，但仍存在诸多问题。桥本内阁成立后，面对日本政府被曝光的一系列受贿丑闻，桥本首相表现出极强的改革决心，制订了一系列行政改革计划，民营化改革就是其中重要的组成部分。

桥本行政改革为削减政府职能，提高政府管理效率，开始实行民营化，即变革中央政府的行政职能范围，实现"由官向民的转移"，最终达到国家职能合理化，公共物品提供效率化，建构面向21世纪的行政管理体制。这项改革的基础是随着经济社会的发展，民营企业和非公共部门的经营管理水平较之前有很大提高，已经能够很好地承担过去无法担起的公共服务与物品供给责任，就要

---

① 周志忍. 当代国外行政改革比较研究 [M]. 北京：国家行政学院出版社，1999：134-144.

对政府活动进行重新评估和划分,将部分活动转移给民营企业,不但能使效率得到提高,行政机构和人员得到精简,而且使一般国民享受到更加廉价和高质量的公共服务。

正是基于这种思路,桥本内阁按照市场原理和个人负责的原则,将某些公共物品的提供实现民营化。日本在20世纪80年代就进行过以"Big Three"为代表的民营化改革。日本电信电话公司(NTTPC)和日本烟草专卖公司(JTSPC)1985年实现民营化,日本国有铁道公司(JNR)1987年实行民营化。[1] 其中,以日本国有铁道公司的民营化最具代表意义,因为它对解决日本当时的行政、财政困境大有助益,并推动了日后日本民营化行政改革的思路和进程。

三、新制度主义

制度分析是一种社会科学研究方法,最早可以追溯到亚当·斯密、约翰·斯图亚特·穆勒等古典政治经济学家。到了20世纪70—80年代,西方学者"重新发现"了制度分析对解释现实问题的重要作用,形成了新制度主义分析范式,标志着制度分析在西方的复兴。

(一)新制度主义及主要学派

在过去,制度曾一直是政治学的主要研究对象。然而到了20世纪50—60年代,传统政治学受到科学主义和反理性思潮的影响开始向现代政治学转变,行为主义理论逐渐成为主流,制度分析逐渐被主流政治学研究视角边缘化。

行为主义的研究对象以政治行为和行为互动代替了传统的政策与制度,主张对研究对象量化和实证分析,其出发点在于个体的真正偏好只有通过一定的行为才能具体地表现出来,集体现象是个体行为的聚集。行为主义的这种观点存在很大的局限性,其一味地强调价值中立和研究手段的科学化,使政治科学远离了现实政治生活,从而导致在现实中,行为主义的方法无法解释现实世界的某些变化,比如,20世纪60—70年代的美国民权运动、学生运动和越南战争等一系列政治事件与政治现象,引起越来越多的政治学家的反思和批判。

1984年,马奇和奥尔森发表了《新制度主义:政治生活中的组织因素》一文,他们指出行为主义产生的影响,而组织作为政治生活的基本因素被忽略了。实际上,法律、规则、惯例和意义建构等要素才是政治学的核心特征,制度在

---

[1] 周志忍.当代国外行政改革比较研究[M].北京:国家行政学院出版社,1999:285-294.

政治生活中有着举足轻重的地位；另外，个体表现的偏好与真正的偏好是有所差距的，集体决策不是个体偏好聚集的结果，而是决策规则影响的产物，因此集体决策无法还原为个体偏好。他们提出应该用"新制度主义"观点来研究政治问题，重新复兴制度分析的作用。

新制度主义指出，制度分析的逻辑起点是制度，且制度一旦形成，在一定时期内是稳定的，但制度也会随着社会变化而变化，描述这种变化的概念是制度变迁。制度变迁指的是制度的替代、转换与交易过程，其实质是一种效率更高的制度对另一种制度的替代过程，动因是在现有的制度安排的限制下，潜在的外部利润无法实现；而要获取外部利润，必须进行制度变迁以实现外部利润内在化。

由此，新制度主义分析重新成为主流的理论范式，受到诸多学者的关注并进行创新运用，形成新制度主义的诸多流派，公认的主要三大流派是：历史制度主义、理性选择制度主义和社会学制度主义。

（二）新制度主义的基本假设

1. "经济人"假设

制度分析肯定"经济人"假设的合理性，强调个体都是理性的，以实现自身利益最大化为目标；个人都根据偏好选择最有利于自己的方式活动；但是更强调其实现理性最大化的约束条件，即研究"经济人"集体效用与目标函数所处的制度环境和结构，探寻何种制度结构能够实现集体目标函数最大化。

2. 有限理性假设

"有限理性"观点最早由行为主义学者赫伯特·西蒙提出，指现实中个人的认知能力是有限和有意识的，西蒙认为现实生活中作为管理者或决策者的人是介于完全理性与非理性之间的"有限理性"的人。"有限理性"意味着人类科学知识存量和推理的能力有限，理解能力或思维中存在系统性的扭曲，因此人们获取和处理信息的能力也是有限的，必须付出一定代价。制度分析强调人们只有认识到自身理性的有限性，主观模型与真实世界存在差距，才会主动建构各种合理制度来减少这种差距带来的危害。

3. 机会主义假设

机会主义指个人谨慎地运用有关交易对象特殊的信息以及自身偏好与意愿，对自我利益展开追求①。即使不是所有个体都会采取机会主义行事，但是在某些

---

① 黄新华，于正伟. 新制度主义的制度分析范式：一个归纳性述评［J］. 财经问题研究，2010（3）：17-19.

情况下个体会选择这种方式获得最大利益。在经济和政治市场中，机会主义的存在会导致道德风险和逆向选择问题。

新制度主义的理论工具包括交易成本理论、国家理论、产权理论和意识形态理论等①。

（1）交易成本理论。交易成本的观点最早由科斯于1937年在《企业的性质》中提出，指的是人类社会中所有为促成交易发生而形成的成本，比如，搜寻成本、信息成本、议价成本、决策成本、监督成本等。他在1960年《社会成本问题》中进一步明确了该思想，认为在存在交易成本的情况下，"合法权利的初始界定会对经济制度运行的效率产生影响"。在此基础上，经济学家阿罗将交易成本定义为使用经济制度的成本，因此制度和规则就是为降低这种成本而出现的。

（2）国家理论。国家理论认为，统治者作为这个最大组织的最大权力者，也是一个追求最大利益的"经济人"，为实现自身或者所属集体的最大利益，国家必须制定产权制度保护各方资源所有权，降低交易成本使社会总产量最大化。

这样一个国家组织必须具有以下三个特征：一是有保护选民、维护公正的制度，通过税收维持社会公平和国家运转，国家与选民之间是一种交换关系；二是将个人分为不同群体并设置合理的产权结构，维护统治群体利益；三是面临着其他国家或本国潜在统治者的竞争，这种竞争压力构成对统治者行为的有效约束。

（3）产权理论。产权指的是物的存在以及关于它们的使用所引起的人们之间相互认可的行为关系，不是简单的人与物之间的关系，而是一种社会契约，实质是一种排他性的权力。作为基础性的制度安排，一个国家所制定的产权结构会影响该国的资源配置效率。

（4）意识形态理论。制度分析认为，意识形态反映了人们对劳动分工、收入分配和现行社会制度是否公平正义的道德判断。它首先要能够解释现行的产权结构和交换条件是如何运行的；其次必须是灵活的，能够得到新的团体的忠诚拥护，或者作为外在条件变化的结果而得到旧的团体的忠诚拥护；最后最为关键的是，一个成功的主要意识形态必须克服"搭便车"问题，促使群体或个人不按简单的成本—收益、享乐主义和个人主义，而是自觉遵守制度规则来行事。

---

① 黄新华，于正伟. 新制度主义的制度分析范式：一个归纳性述评［J］. 财经问题研究，2010（3）：18-19.

(三) 实践运用——当前我国制度反腐

"塔西佗陷阱",得名于古罗马著名历史学家普布里乌斯·克奈里乌斯·塔西佗,是西方政治学中的一条著名定律,主要来自塔西佗对罗马一位皇帝的评价:"一旦皇帝成了人们憎恨的对象,他做的好事和坏事就同样会引起人们对他的厌恶。"中国学者将其引申为一种非常危险的社会现象:在国家治理中,一旦陷入这个陷阱——政府部门或公共组织失去公信力,无论做好事还是做坏事,都会被民众认为是在说假话和做坏事;说得越多、做得越多,公信力就会丧失得越彻底,最终可能导致恶劣的结果。

习近平总书记在兰考县委常委扩大会议上,形象地分析了"塔西佗理论",深刻阐释了公权力、公信力和民心的关系。当每一件损害政府形象的事件发生,事实上都在削弱民众对政府的信任,"有权任性"就会成为民众对政府机关的印象和评价。因此,如何维护公信力是政府机关和公共部门需要长期重视的重要问题,而衡量政府公信力的关键指标是政府的清廉程度。我国历史上进行了多次反腐的努力:从运动式反腐到权力反腐,再到近年来的制度反腐。而制度作为政治共同体维持运转的基本规则,作为一种强制性的行为规范具有一定的权威性和稳定性,同时实践证明,制度反腐也是预防和惩治腐败行为最有效的方式。"以制度方式反腐,既能克服运动反腐中'反腐主体群众化、反腐手段暴力化、反腐领域扩大化'问题,又能避免权力反腐中'权力任性'的冲动。"[①]"腐败现象的产生主要根源于制度缺陷,即市场经济转型期的制度缺陷。"[②] 因此,如何解决腐败问题应该放在制度框架内来进行研究和考量。

四、以市场为中心治理理论在中国的实践:社会经济改革的有效工具

1992年党的十四大提出由计划经济体制转向市场经济体制,也标志着以市场为导向的经济体制改革逐步展开。到了20世纪末,我国宣告基本建立起了社会主义市场经济体制,给中国经济和社会注入活力,同时也给中国旧的管理体制带来了极大的挑战。从20世纪90年代起,我国政府开始了一系列行政体制改革,中心在于政府职能的转变,具体实践包括以下三个方面。

(一) 审慎调整政府治理范围,重新合理配置公共权力

合理调整政府、市场和社会之间的关系是治理理论的核心,其前提在于明

[①] 黄新华,于正伟. 新制度主义的制度分析范式:一个归纳性述评 [J]. 财经问题研究,2010 (3):18-19.

[②] 胡鞍钢,康晓光. 以制度创新根治腐败 [J]. 改革与理论,1994 (3):3.

确划分国家和社会、市场的权力，公共权力与私人权力。因此，政府职能转变首先应转变其"职权"，在此基础上调整其"功能"。在中国行政改革思路中，政府首先改变了过去"大包大揽"的做法，在承认社会、企业、个人享有平等权利的基础上，合理地划分权力范围，将部分市场可以承担的功能归还于市场和社会，充分发挥它们的能动作用，形成一种全新的共建共治共享的治理格局。

在实践中，中国政府行政体制改革从一开始就采取了"权力下放"这一举措，通过下放权力，赋予地方政府和较低层级行政部门更大的自主权，使得地方政府拥有较以往更大的经济管理权限、财政收支权限、人事管理权限，以便充分实现其自治能力。如今经过20多年的改革，中央政府的职责主要限于制定影响国民经济的重大决策，如发行货币、确定基准利率、调节汇率和各种税率等；地方政府则根据国家法律法规和宏观政策制定地方性的政策与法规，通过地方预算和税收调节当地经济运行情况，提供公共服务诸如教育、医疗、卫生和社会保障等。

（二）由微观转向宏观，改变政府管治方式

过去计划经济建设经验说明，无限制的权力延伸和无休止的政府干预，会对经济和社会良性发展造成极大阻碍。因此，中国政府职能转变的重要内容，主要包括：由微观干预性向宏观调控型的管治方式转变，由直接命令式向说服式的管治方式转变，由主动—被动型方式向互动性的管治方式转变，由行政性向契约性的管治方式转变，由控制型向协商型的管治方式转变。可见，现在政府已转向通过构建健全的市场经济体制和宏观调控体系，间接引导社会经济的发展，而不是像过去直接进行管理；政府的主要职能在于"统筹规划、掌握政策、信息引导、组织协调、提供服务、检查监督"[①]。

（三）通过合作和服务，激发社会创造力

治理理论一个重要理念是提高政府的服务能力。"为人民服务""做人民的公仆"是中国政府和政府工作人员一贯秉持的理念。有学者认为，政府的管治能力、汲取能力与服务能力是互相促进的，政府通过提供优质公共服务促进社会效益的增加，政府能够从社会汲取的养分就能增多，管治能力也能相应增强。

治理理论强调多中心治理中的协商和合作，一来政府不再是唯一的治理主体，而是政府、社会、市场、社区多元化、多层次的行动主体通力合作，实现共同的治理目标。在多年的改革过程中，中国日益重视调动市场和社会的力量，比如，在政府的鼓励和引导下，各种企业赞助各种类型的运动会；社会向公共

---

① 戴长征.中国政府的治理理论与实践[J].中国行政管理，2002（2）：24.

设施建设和受灾的地区捐款捐物；民间组织积极兴办各种社会福利和救济事业，兴办了"希望工程""阳光工程""扶贫工程"等；公民和社区也在基层治理中发挥了不可替代的作用。可见，随着改革的推进，一个从上到下、从中央政府到地方政府再到个体公民的新型的有效治理网络正逐步形成。

第三节 以网络为中心的治理学派

一、理论思想概述

以网络为中心的治理思想广泛运用于政策研究领域。这种思想主张依靠国家和社会内多元主体的互动来实现公共政策的制定与执行，意味着国家及政府必须嵌入某种网络化的政策环境中与其他治理主体协商和合作来完成共同目标，有学者将其定义为"新型治理"（new governance）或"现代治理"（modern governance），认为其主要特征是"自我组织的组织间网络"的形成。治理也因此成为一个系统层次的概念，指的是"由多元参与者进行协同决策时的特定结构和过程"①。

这一思想主要来源于政策网络的研究发展。从20世纪70年代以来，英国地方政府治理模式经历了"翻天覆地"的变化，过去地方政府在执行当地经济和社会政策时还是会受制于中央政府公共财政资金的支配，因此城市政治变革应该重新评估地方政府的角色和地位，以及一些具体的市民组织在政策议程中发挥的越来越重要的作用。基于此，学者们主张使用"治理"这一概念来描述地方政府、市民组织、公民个人共同参与提供公共服务和物品的新形式，其主要特点是"从地方政府到各种社区组织对公共政策的全面参与"②。

可见，网络治理强调了多元主体针对特定政策领域进行治理，相比单一主体治理而言具有优越性，"这些治理主体的存在本身模糊了传统上公共、私人和第三部门之间的界限，从而构建出一个以多样化的服务中心和方式为特征的多中心格局"。因此在具体治理实践中，政府可以首先通过立法或财政手段来构建

---

① IAN BACHE, MATTHEW FLINDERS. Multi-level Governance [M]. Oxford: Oxford University Press, 2004: 14.
② A. G. BOVAIRD, ELKE LFFLER, SALVADOR PARRADO-DIEZ. Multi-level Governance: Decentralising Power in Europe [M]. Cheltenham: Edward Elgar, 2005: 56.

参与者之间的网格结构和约束规则,并且可以通过劝说等手段影响其他参与者的行为,最终实现影响政策产出的目的。

二、网络治理

(一)理论发展背景

1. 新公共管理到整体政府

自20世纪80年代起的英国撒切尔改革将竞争机制引入行政领域,提高行政效率的同时也造成了机构间合作与协调的忽视、"碎片化"的制度结构,从而导致"碎片化"的公共服务,在总体上反而抑制了公共服务效率的提高,使得西方政府改革再次陷入困境。

为应对这种"碎片化"困境,在反思传统官僚制政府和新公共管理模式弊端的基础上,整体政府是在20世纪90年代中后期开始的第二轮政府改革运动中的新举措:1997年英国首相布莱尔在《公民服务会议》首次提出"整体政府"的理念,1999年英国政府在《现代化政府》白皮书中,总结前两年工作经验并制定了施行"整体政府"改革的10年规划,从政策制定、公共服务与物品供给、技术运用、人员管理等方面明确了具体的实施方案。随后澳大利亚、新西兰等国家先后进行了"整体政府"改革实践,加拿大、美国等国家也进行了类似的探索,"整体政府"模式已然成为20世纪末西方政府改革的新趋势。它以反对部门主义、各自为政等弊端,解决环境问题、犯罪问题和社会排斥等跨部门问题为目的,通过不同层级政府和内部部门之间纵向与横向的协同工作,实现协同一致提供公共服务的政府改革理论,有学者总结其基本特征:"公平正义的公共服务目标、联合的公共服务方法、协调的公共服务政策,核心特征是合作的跨界性。"[①]

2. 从治理到网络治理

治理理论兴起之后引起越来越多学者的研究兴趣,使得其本身内部充满了各种各样的问题,如各种术语的矛盾、不同理念和解释的冲突、缺少明确的分析框架、缺乏具体的操作章程等,构成了治理理论"理论丛林"的乱象。

在这种情况下,网络治理因其建构组织框架和操作性的简易性,以及在各个领域尤其是企业管理领域运用的适应性,随着公共管理研究和科学技术的高速发展,网络治理理论逐渐被学界接受,成为当前公共管理领域研究的热点

---

① 张市荣,曾维和. 当代西方"整体政府"公共服务模式及其借鉴[J]. 中国行政管理,2008(7):108-109.

问题。

(二) 主要内容

网络治理又称"网络化治理",最早由美国印第安纳波利斯市前市长斯蒂芬·戈德史密斯和威廉·D. 埃格斯提出,他们认为,网络治理理论是世界上改变公共管理部门形态的发展趋势的一个合流,这四种具有影响力的趋势包括:"1. 私人公司和非营利机构从事公共事务的第三方政府模式; 2. 从顾客—公民的角度考虑,采取横向"协同"、减少纵向层级提供更加整体化的公共服务; 3. 依靠数字化网络技术减少多元主体之间的合作成本,推进网络化组织模式的发展; 4. 增加公共服务选择权、多元化的服务需求和多用户的服务管理,客观上也要求建立一个利于互动和网络化运行的服务模式。"[①]

国内学界,学者陈振明最先对公共部门的网络治理进行了概念界定,他认为:"网络治理是为了实现与增进公共利益,政府部门和非政府部门(私营部门、第三部门或公民个人)等众多公共行动主体彼此合作,在相互依存的环境中分享公共权力,共同管理公共事务的过程。"[②] 公共领域的网络治理强调构建一个明确的整合机制,从而"保证三方实现优势互补而避免劣势叠加,利益分配和调整机制的建立也能够保证合作的长期性和稳定性,最终保证合作的有效性"[③]。

网络治理的基本理念可以归纳为以下四个方面。

1. 分权导向,从一元治理到多元化主体共同治理

网络治理明确提出政府、市场和社会互动与合作的框架,以及合作过程中的信任与沟通机制。在网络治理理论的行动逻辑中,政府不再是传统"统治"观中管理国家事务和行政的唯一权力中心,而是充当着"指挥者""引路人"的角色,特别是在合法条件下暴力机关的使用、重要公共资源的配置和公民基本权利、社会公平正义的维护等方面,允许其他非政府组织、私人组织、公民个人等与政府部门合作共同承担管理社会事务和提供公共服务的职责。

2. 社会导向,重构政府与社会之间的关系

有学者认为:"网络治理的过程就是寻求建立新型国家与社会关系的过程,

---

① 斯蒂芬·戈德史密斯,威廉·D. 埃格斯. 网络化治理:公共部门的新形态 [M]. 北京:北京大学出版社,2008:5.

② 陈振明. 公共管理学:一种不同于传统行政学的研究途径 [M]. 北京:中国人民大学出版社,2003:86.

③ 姚引良,刘波,汪应洛. 地方政府网络治理与和谐社会构建的理论探讨 [J]. 中国行政管理,2009 (6):91-94.

是重新定位政府统治与公民作用关系的过程。"① 因此，网络治理要求政府逐渐放松社会管制，将权力下放给基层、社区、公民，通过增强公民社会参与意识，培育和发展公民组织来管理社会基层事务。在整个微观层面上的社会管理和公共服务过程中，政府权责不断被分散和弱化，是网络治理背景下国家与社会之间关系重构和调整的具体体现。

3. 服务导向，构建服务型政府

治理要求政府从统治行政走向服务行政，从过去重管制轻服务转向以顾客为导向，将社会公众作为服务中心，借鉴私人企业先进的管理方法，重视如何提高政府提供公共服务和物品的能力。可见，建立"服务型政府"已经成为中外政府改革的潮流和趋势。

4. 市场导向，调整政府与市场的关系

治理理论的一个基本观点在于：政府可以弥补市场失灵，那么市场也能一定程度上弥补政府失灵。在具体政府改革实践中，网络治理强调将市场竞争机制引入政府行政过程，一方面在官员中培育类似"企业家精神"的信念；另一方面可以尝试采用合同外包、代理等市场方法提供公共物品与服务，在政府组织中建立节约成本和激励行政效率的机制。

按照政府在治理网络中的作用，可以划分为政府主导型、政府参与型和自组织网络（政府是网络之外的独立监督者）三种类型，见表1。

表1 地方政府网络治理分类对比

项目	政府主导型	政府参与型	自组织网络
政府参与程度	高	低	基本不参与
形成路径	制度型变迁（政府发起为主）	混合型路径	诱致型变迁（其他组织自发）
基本特征	政府为网络核心主体	政府为网络一般主体	政府为网络外主体
政府发挥作用	组织、协调、控制	协助、参与	规范、服务
治理基础	政府权威	契约关系	信任关系
治理机制	行政命令、协调	互动、利益整合	信任、利益共同体

资料来源：姚引良，刘波，汪应洛. 网络治理理论在地方政府公共管理实践中的运用及其对行政体制改革的启示 [J]. 人文杂志，2010（1）：81.

---

① 彭兰. 自组织与网络治理理论视角下的互联网治理 [J]. 社会科学战线，2017（4）：168-175.

(三)地方政府网络治理实践：以陕西省宝鸡市建设大型公共设施项目为例

宝鸡市渭河综合治理——建设渭河绿地公园是一个典型的由地方政府主导、社会多方参与的网络治理模式实践。渭河由宝鸡市内穿城而过，由于其北方季节性河流的特点，除雨季外，大部分时间水量很小，渭河城内堤防设计为百年一遇标准，可过洪水7000立方米/秒，但在农灌引水和少雨季节，有时流量不足10立方米/秒。因而常年沙石裸露，加之采沙与倾倒垃圾，渭河成为宝鸡市内藏污纳垢之地。①

渭河综合治理的目标是在有限的预算范围内，确保泄洪安全的基础上，利用渭河滩涂绿化城市，建设一个适宜老百姓休闲娱乐的城市公园，提升城市美化程度。然而宝鸡市政府的财政收入有限，建设任务与政府财政能力之间存在较大的差距，截至2010年渭河滩涂已建成11千米长、250米宽的公园绿地，总投入约3亿元。

为解决资金不足的问题，宝鸡市政府决定由城建局牵头，动员社会力量参与公共建设，形成一个由政府为主体领导下的社会各界力量广泛参与的地方治理网络。"以全长3公里的一期工程为例，预算投资5000多万元，结果政府仅实际投入2000万元左右，由于中央项目的支持，地方政府实际投入不足500万元。结果建成了60多万顷的绿地公园和5个具有地方文化特色的市民活动广场与配套的健身设施。如此大的一期工程，仅有7个管理人员，其他的养护任务、清洁任务都利用公园经营收益，由网络其他主体雇用临时工完成"②，这既减轻了政府的财政支出，又能保证项目质量和一定的经济收益。渭河综合治理成功的主要原因有两个方面。一是多方主体有着共同的治理目标。渭河综合治理能够改善环境、惠及全民，因此社会各界都能从建设中收获公共效益。二是地方治理网络的完善和成功。在建设过程中，宝鸡市政府领导和协调工作的成功，能够保证各方的资源投入与合作态度的积极性，相互之间的信任感以及沟通协商的顺畅度。

三、政策网络

政策网络概念起源于20世纪50—60年代的美国"铁三角"模型，这个

---

① 姚引良，刘波，汪应洛. 网络治理理论在地方政府公共管理实践中的运用及其对行政体制改革的启示［J］. 人文杂志，2010（1）：83.
② 姚引良，刘波，汪应洛. 网络治理理论在地方政府公共管理实践中的运用及其对行政体制改革的启示［J］. 人文杂志，2010（1）：83.

"铁三角"是由行政管理机构、立法机关和利益集团构成。经过欧洲学者多年的研究和在美国的回流性发展，自90年代以来，其已成为公共管理领域的重要模式和研究方法。政策网络是"将网络理论引入公共政策领域，分析政策过程中政策主体相互关系的一种解释途径和研究方法"[1]，它与治理理论结合后形成的政策网络治理学派，也成为一种公共治理的新框架和新模式。

（一）主要学派

西方政治政策学界对政策网络的研究纷繁复杂，不同流派之间、流派内部之间都存在着相当不同的观点。目前，对政策网络的研究主要分为以英美学者为主的利益协调学派，以德国和荷兰等欧洲学者为主的治理学派。

利益协调学派的代表学者本森（Benson J. k.）认为："由于组织和结构的资源相互依赖而使行政与利益结构形成网络，它们为了确保共同的政策偏好被满足，而将某些需求和组织排除于政策议程之外"[2]，从府际关系的角度出发来对政策网络进行界定和解释，即政策网络作为一个一般性术语能够描述国家与各利益集团之间的各种关系形式，反映各利益集团在某一政策领域中的相对权力地位。

治理学派则更多将政策网络看作一种治理模式，其代表学者科尼斯（Patrick Kenis）和斯内德（Volker Schneider）认为："现代社会功能的高度分化使私人部门控制了许多重要的资源，从而在政策形成与执行时扮演不可或缺的角色。他们认为公共政策的制定相当程度地依赖参与者之间非等级和非科层式的互动关系。"[3] 在这个意义上，政策网络可以看作一群能够自主行动并且拥有共同目标的行动者组成的网络关系，是能够在政治资源分散于公共部门和各界社会力量的当代背景下整合政治力量的一种机制或治理模式。

根据治理学派的观点，政策网络本质上是一种基于协调之上的公共部门与私营部门之间相互合作、相互作用而形成的治理模式或治理结构，其参与主体包括了政府、市场以及各种介于前两者之间的社会力量，由于资源和行动的相互依赖性，形成共同的价值观和政策目标。由此，可以总结出政策网络治理的四个主要特征：一是参与主体之间相互依赖；二是参与成员之间持续的利益协商和资源交换；三是有明确的互动规则或机制对其成员进行约束，使各成员之

---

[1] 孙柏瑛，李卓青. 政策网络治理：公共治理的新途径 [J]. 中国行政管理，2008（5）：106.
[2] 任勇. 政策网络：流派、类型与价值 [J]. 行政论坛，2007（2）：41-42.
[3] MARSH, DAVID（ed）. Comparing Policy Networks [M]. Philadelphia, Pa: Open University Press, 1998: 7-9.

间能够保持信任;四是在国家干预之外能够实现一定程度的社会自治。

(二) 政策网络的内涵

随着信息一体化和知识全球化,人类社会将面临波及范围更广的、日趋复杂的公共问题,跨领域、跨地区甚至跨国界的合作不可避免。政策网络就是在这样的背景下应运而生,作为一个强大的分析工具被运用于政治学和行政学领域,用以分析政府机构和其他非政府社会组织之间复杂的关系。

对政策网络的界定,治理理论的代表人物罗茨(R. A. W. Rhodes)认为:"政策网络是通过资源依赖而形成的一种组织彼此相联的集群和联合体。"①

在国际公共管理研究学会主席科林奇(Erik-hans Klijn)的观点中,政策网络具有三种显著特征。(1) 网络主体的相互依赖。政策网络主体必须相互依赖来实现目标,但这种依赖性不是静态的,会随时间和彼此之间的互动而变化。(2) 政策网络是一个过程。多个具有一定资源和各种利益目标的主体构成的政策网络,意味着任何一个主体都不适合独立完成或凌驾于其他主体之上进行主导。政策网络就是这些主体利用各自的资源,为实现各自利益和目标而不断寻求合作与互动的动态过程。(3) 政策网络受到制度约束。政策网络中的主体因为相互依赖、相互合作而形成不同的行动制度与规则,这些制度和规则也会反过来制约它们之间的活动,保证它们之间的互动得以持续、资源分配合理稳定,也会随着它们之间互动关系变化而发生变化。②

国内学者关于政策网络基本概念的界定主要可以概括为以下三个代表性的观点。

1. 分析工具说

持该观点的学者认为政策网络是一种公共政策分析的工具:首先,政策网络作为政策分析的一种强大的治理工具,能够提供兼有解释性和建构性的框架③;其次,政策网络在政策分析过程中,不仅可以用于解释和分析,还能进一步研究更深层次的关系,有效借助社会资本、正式制度、文化网络、价值理念等相关理论来强化对政策过程的解释力。④

---

① R. A. W. RHODES. Understanding Governance: Policy Network, Governance, Reflexivity and Accountability [M]. London: Open University Press, 1997: 36-37.
② ERIK-HANS KLIJN. Analyzing and Managing Policy Processes in Complex Networks: A Theoretical Examination of the Concept Policy Network and Its Problems [J]. Administration & Society, 1996 (28): 90-119.
③ 谭羚雁,娄成武. 保障性住房政策过程的中央与地方政府关系:政策网络理论的分析与应用 [J]. 公共管理学报,2012 (9): 52-63.
④ 冯贵霞. 大气污染防治政策变迁与解释框架构建:基于政策网络的视角 [J]. 中国行政管理,2014 (9): 16-20.

2. 主体互动说

持该观点的学者更偏重于从政策网络中各主体相互互动的关系出发，分析网络内部各主体互动行为对政策网络产生的影响：政策网络是对政策过程中国家和社会之间互动模式的统称，也强调了政策网络理论中非正式关系在政策过程中具有的突出作用①；政策网络还是网络中核心资源拥有者通过制度设计、结构改良、资源与权力的分享，运用协商、参与、沟通、信赖等，来影响和调整网络中各主体之间的关系，以强化主体之间的合作。②

3. 资源依赖说

持该观点的学者强调政策网络中的各个主体是因为资源的紧密依赖而形成相互之间的紧密关系：政策网络侧重分析政府与其他主体间的相互依赖的关联，不仅涵盖了包括政府主体在内由于资源依赖而互相联结、由于资源依赖结构而构成区别其他主体在政策设计与执行的过程中互相之间构建的网络，也涵盖了立足于其他主体权威、资金、正当性、信息、人员、设备等需求所构建的利益共同体。③

在我国基本国情的背景下，本书认为，政策网络是一种政府机构与其他社会利益相关者之间建构起来的制度化的互动模式，以便针对各种政策议题开展对话和协商，保证各个利益相关者的政策偏好或政策诉求得到重视和合理满足，以增加共同的社会利益。

由此可见作为一种新的治理模式，政策网络无论在工具属性还是价值属性方面都有着独特的贡献：（1）能够将包括公共部门、公共组织及私人部门等在内的分散与碎片化的信息和资源整合起来，以解决日益复杂的社会公共问题；（2）政策网络确保存在一个公开透明的渠道，保证公民制度化、规范化参与政策议题过程的有效途径；（3）建立在达成共识、相互信任以及持续互动基础上的政策网络，可以有效减轻合作过程中的博弈成本和交易成本，降低不确定性风险，实现互利共赢，更加适应于当今全球化和世界人类命运共同体趋势。正如科林奇等人总结的："在一个日益复杂和动态的环境中，政府单独治理的科层协调已经非常困难；由于市场失灵，解决管制也变得非常有限；治理便只有在

---

① 胡伟，石凯. 理解公共政策："政策网络"的途径 [J]. 上海交通大学学报（哲学社会科学版），2006（4）：17-24.
② 时少华，梁佳蕊. 政策网络视角下历史文化街区保护的参与网络治理研究：以北京国子监历史文化街区为例 [J]. 北京联合大学学报（人文社会科学版），2018（4）：47-53.
③ 王春福. 政策网络与公共政策效力的实现机制 [J]. 管理世界，2016（9）：137-138.

政策网络中才显得比较可行。"①

（三）政策网络运转机制

政策网络中相互依赖与相互作用的主体通过保证合作和集体活动的一套有效机制，实现共同的治理结果。

1. 信任机制

政策网络能够得以形成并稳定运转，关键在于网络主体之间存在相互信任。一套确保不同利益主体之间能够有效解决彼此分歧，减少共同活动阻碍，约束各行动者自觉遵守网络规则的机制，是建立信任的关键因素。

2. 协商机制

政策网络中存在大量多元主体和非正式结构，需要有一套明确、稳定的协商制度或机制来调整和约束网络主体之间的行为，实现多元主体间的良性互动和公共议题的解决。

3. 学习机制

政策网络中的多元主体可以通过沟通和学习，正确地认识并解决彼此差异，构建相对一致的知识和价值观体系，保证政策和执行的一致性与同步性。另外，也有学者指出："作为整体的政策网络，也要通过不断地总结经验、吸取教训，提高治理行为的效果和效益。"②

（四）政策网络在中国的研究与实践

政策网络在中国的研究与实践发展可以归纳为以下两个部分。

1. 政策网络的理论基础研究

政策网络的理论基础研究主要集中于西方政策网络相关概念和理论研究的总结与概述：田华文通过对比几组国内学界政策网络的高频率使用概念，并对其基本来源、核心内涵、相关使用者以及经典文献进行了系统梳理与辩解③；范世炜则分析了西方政策网络理论缘起、核心观点、基本架构及作用方式，有助于促进对于政策网络的精髓思想与分析机理的把握，更好地应用于中国政策的

---

① YIN YIFEN. Network Governance: A New Framework of Public Administration [J]. Journal of Public Management, 2007 (1): 89-94.
② 孙柏瑛，李卓青. 政策网络治理：公共治理的新途径 [J]. 中国行政管理, 2008 (5): 106-109.
③ 田华文. 从政策网络到网络化治理：一组概念辨析 [J]. 北京行政学院学报, 2017 (2): 49-56.

研究。①

2. 政策网络的实践运用研究

政策网络在国家治理中的实践运用研究具体可以分为两个层面。在国家层面，具有代表性的研究成果有东盟政策机制中的政策网络②；政策网络视阈下的欧盟对外决策分析③；中美水资源管理政策网络的比较分析。④ 在地方层面上，主要是以微观案例视角展开研究，并且占据了政策网络研究中的较大比例：田华文和魏淑艳借助于怒江水电开发项目的单案例研究方法，分析了政策网络在中国的适用性等，其通过政策网络的形成与发展、网络结构、网络互动及结果三个层面来测度西方政策网络在我国的适用状况⑤；高祖林以苏州养老院作为案例，基于政策网络视域深入研究了社会化养老服务体系建设。⑥

第四节　以国家为中心的治理学派

一、理论思想概述

治理的路径可以分为以国家为中心和以社会为中心两个方面。国家中心论者（state-centric）认为，对"统治"而言，国家拥有全面且至高无上的统治权力，因而在"治理"中，政府依然是伙伴关系和权力网络的中心，政府将社会中其他利益者吸纳到公共事务管理中，并利用政府权力对其行动起到主导和规制作用，换句话说，政府仍然是公共利益的主要代表者。社会中心论者（society-centric）认为，"治理"中政府的地位应当与其他社会利益者相同，共同目标的实现更多依靠的是治理网络中各行动者的自主协商和相互合作，政府

---

① 范世炜．试析西方政策网络理论的三种研究视角［J］．政治学研究，2013（4）：87-100.
② 陈锡禹．东盟政策机制中的政策网络［J］．云南民族大学学报（哲学社会科学版），2006（4）：18-22.
③ 王宏禹．政策网络与欧盟对外决策分析［J］．欧洲研究，2009（1）：140-150.
④ 龚虹波．"水资源合作伙伴关系"和"最严格水资源管理制度"：中美水资源管理政策网络的比较分析［J］．公共管理学报，2015（4）：143-152.
⑤ 田华文，魏淑艳．中国政策网络适用性考量：基于怒江水电开发项目的案例研究［J］．甘肃行政学院学报，2014（2）：4-13.
⑥ 高祖林．政策网络视域下社会化养老服务体系建设研究：以苏州市虚拟养老院为例［J］．江海学刊，2013（3）：201-207.

不能通过权力来进行主导。

这种以国家为中心的治理思想主要来源于国家主义理论。与国家主义联系最紧密的是政治学和公共行政学批判领域：沃尔多在《行政国家》一书中对美国20世纪中叶占主导地位的公共行政理论以及其宏观历史背景进行了详细的说明，指出这些行政国家理论建构与民主中产生的美国宪法原则是相互矛盾的①；罗森布鲁姆则通过辨析并存于公共行政研究中的三种竞争性理路视角，揭示了这种分散化的理论图景，事实上反映的是行政国家内部的结构性危机，即立法和司法功能日益被整合进强大的行政分支中。②

国家主义理论强调："国家拥有全面与至高的权力，其权威不可蔑视与侵犯。"③ 因此从这一视角出发看待治理问题，很大程度上是将现代民族国家及其行政机构看作治理的主导力量，尽管现在市场和社会网络逐渐成为治理的流行结构，但充分研究治理问题的关键还是政府组织结构及其职能的调整。因此，以国家为中心的治理视角的一个重要特征是坚持以批判性与整体性的原则来考察和解释问题，基于此，学者弗里德里克森（George Frederickson）研究并得到一个结论："网络治理的行政理论框架倾向于模糊国家与社会以及国家内部立法和行政部门的传统界限，因而对一直以来被作为宪政民主制度核心要素的政府组织的公共性以及传统的权力分立与制衡体系构成了威胁。"④

综上所述，国家主义崇尚国家至上和国家权威不可侵犯，是一种在政治经济学领域强调国家对经济社会生活起着主导作用的理论范式。新中国成立之后，不论是成立初期的基础性政治和经济制度建设，还是直到改革开放后现代化事业建设全过程中，我国政府都承担了强有力的主导职责，政府主导作用不可忽视。但是如今，各种社会力量的兴起和社会事务的复杂化、跨地区化，都是社会结构变迁和社会利益分化的外在表现，这种趋势必将对国家主义发展模式造成冲击。如何在新背景下发挥政府的主导作用，又能释放社会组织蕴含的活力，是以国家为中心的治理视角需要进一步探讨的重要课题。

---

① DWIGHT WALDO. The Administrative State: A Study of the Political Theory of American Public Administration [M]. New York: Holmes & Meier Publishers, 1984: 5.
② DAVID ROSENBLOOM. "Public Administrative Theory and the Separation of Powers" [J]. Public Administration Review, 1983: 43.
③ 蔡拓. 全球主义观照下的国家主义：全球化时代的理论与价值选择 [J]. 世界经济与政治，2020（10）：8.
④ GEORGE FREDERICKSON, The Spirit of Public Administration [M]. San-Francisco: Jossey-Bass Publishers, 1997: 15.

二、国家主义理论

（一）思想渊源

国家主义的理论思想最早可追溯到古希腊和古罗马时期的哲学先驱，柏拉图等古希腊学者主张：城邦是最高的善，城邦是优于公民的存在，个人权力弱于城邦权威的思想；西塞罗也将国家看作帮助人类通向文明秩序的有效路径。国家主义思想在经历了西方古代城邦主义国家观、神学国家观和城市国家观之后，在16世纪末形成了国家主义国家观①，其代表人物包括了：尼科洛·马基雅维利（Niccolò Machiavelli）、让·博丹（Jean Bodin）、托马斯·霍布斯（Thomas Hobbes）和黑格尔（Georg Wilhelm Friedrich Hegel）等。1806年，德国哲学家费希特发表数篇《对德意志民族的演讲》以激发德国的国家精神，被公认为国家主义提出的标志。简而言之，不论在何种流派的国家主义思想中，都将国家看作人类最高的群体组织形式和最优的解决问题机制。

（二）主要内容

根据国家主义理论中关于国家权威和政府作用的观点，可以将其大致划分为：主权建构思想、政权建设思想和政府管理思想三个方面。

1. 主权建构思想

主权建构思想的核心思想是建设独立自主的民族国家，对内拥有最高的统治权威，对外谋求独立自主、平等竞争的国际地位。在建构主权国家的过程中，国家主义的主权建构思想主要体现在：国家与个人关系建立在个人对国家的承认得以建构的合法性认同之上，国家与社会的关系建立在中央政府对地方势力、宗教力量及其他社会利益集团的控制得以建构的国家秩序之上，主权国家与对外国际关系建立在以追求民族独立和国家利益为基础得以建构的国家力量之上。

2. 政权建设思想

政权建设思想的核心思想是建设强有力的国家能力，强调国家或中央政府在经济社会发展中的优先地位和权力主体，其权力来源于社会和公民的权力让渡。国家能力的建设指国家机构政策制定、政策执行和实现公共利益的能力建设。国家主义的政权建设思想主要体现在国家主体地位的提升和国家"资源汲

---

① 杨龙. 从城邦主义到国家主义：近代早期西方国家观的转变［J］. 云南行政学院学报，1999（1）：59-64.

取、行政管理和暴力控制"① 等方面能力的提高。

3. 政府管理思想

政府管理思想的核心思想是追求国家现代化和经济社会秩序理性化。以韦伯官僚制为基础，现代化政府管理思想认为："传统管理的模糊性阻碍了社会秩序的'可计算性'特征，现代政府管理的发展必须依赖于官僚制组织的进步；建立在劳动分工和专业资格基础上的科层制是完成特定任务的最理性系统，也是现代社会经济秩序管理的基础"②，既追求科层制的分工合理化，又追求经济社会管理秩序的合理化。

（三）关于国家主义的争论

国家主义是国家学说的理论集成，它强调："政治统一在经济社会发展中的基础作用，同时形成了政治资源向官僚系统和中央政府集中的配置倾向和依赖于政府作用和官僚制逻辑解决公共问题的指导思维。"③ 但其理论范式也存在局限性，不同理论学派对此开展不同角度的批判。

马克思主义理论对国家主义的批判主要集中于批评其"公共权力的异化"，即国家政权和以此为首的权力机关，"为了追求自己的特殊利益，从社会的公仆变成了社会的主人"④，国家成为官僚集团篡夺社会公共权力的特殊工具。

制度主义学派对国家主义的批判主要强调："国家的存在是经济增长的关键，然而国家又是经济衰退的根源"，"出于统治的需要，一种经济上低效的制度安排在政治上却可能是合理的"⑤，认为国家可能引起政治与经济之间对立的"国家悖论"问题。

公共选择学派对国家主义的批判主要集中在"政府失灵"问题上，即"政府行为并非永远代表公共利益；政府行为造成资源配置的低效率；政府决策达不到帕累托最优；政府官员的监督常常是无效的"⑥，"经济人"假设下的政府官员是自利的，因而政府行为也并不完全是公共利益导向的。

---

① 杨雪冬. 国家的自主性与国家能力：组织现实主义国家理论述评 [J]. 马克思主义与现实，1996（1）：109-117.
② 安东尼·吉登斯. 政治学、社会学与社会理论：经典理论与现代思潮的碰撞 [M]. 上海：格致出版社，上海人民出版社，2015：72.
③ 王通. 国家主义理论在我国社会组织发展中的应用与创新 [J]. 经济与社会发展，2018（16）：27.
④ 中共中央马克思恩格斯列宁斯大林著作编译局. 马克思恩格斯选集：第3卷 [M]. 北京：人民出版社，1995：12-13.
⑤ 诺斯. 1995年3月9日北京演讲 [N]. 经济学消息报，1995-04-08.
⑥ 杨龙. 西方新政治经济学的政治观 [M]. 天津：天津人民出版社，2004：56.

公共治理理论则批判了国家主义仅依靠政府进行统治的思想，强调："解决好公共问题的关键不限于政府"。①

（四）国家主义思想在中国的实践：国家主导的社会组织发展

我国社会组织的发展过程具有明显的国家引导和政府控制特征，如很多社会组织带有官方色彩，属于官办民营类型的社会组织。梳理我国社会组织发展脉络，可以发现国家主义是我国社会组织发展背后的理论和政策逻辑，其实践可以归纳为以下两个阶段。

1. 新中国成立之后

受苏联经验影响，我国政治整合方面通过各种能够覆盖到每一位公民的政治机构组成的复杂政治体系和政权体系，社会整合方面主要通过发展事业单位编制实现对每一位职工全面的照顾和控制，两者结合造成国家对社会的全面覆盖，因此，此时社会组织的自主性和独立空间面临不足与缺失的困境。随着改革开放的推进，社会组织发展空间有了一定程度的扩大，但是依然受到国家主义思想的深刻影响，即"按照权威机构的目标来设置、分配和使用权利以保证该目标的实现，所有其他主体的权利的性质和地位取决于它对于该目标的功能"②。可见，社会组织能否获得发展所需要的合法性地位和资源，更多地由国家政治规划和体制吸纳所决定。

2. 改革开放40多年以来

在当今多元治理主体和社会参与力量日益强大的环境下，国家首先承担起元治理的地位和功能。在我国多元力量共同参与的现代社会治理体系中，政府既是治理格局的主体，也是保证国家制度完整性和民族力量凝聚力的主要责任者。不同于过去计划经济时代政府权威至高无上、控制一切、大包大揽的统治逻辑，现代政府更多地承担顶层制度设计、远景规划和协调社会利益的职责。这就给予了现代社会组织成长机会和发展空间，但是在国家主义模式和社会主义制度之下，社会组织成立、行动规划和组织发展也必须遵循国家自上而下的政策导向，并被控制在政府的规制范围内。

---

① 俞可平. 治理与善治 [M]. 北京：社会科学文献出版社，2000：14.
② 蔡益群. 规划性政治：中国国家治理的中轴逻辑 [J]. 学术界，2016（1）：96-109.

第五章

国家治理现代化与中国探索

国家治理现代化是中国共产党在继承马克思主义国家治理理论和汲取中华优秀传统文化精华的基础上，不断推进国家治理领域的理论和实践创新发展，以提升国家治理体系和治理能力现代化，进而为全面建设社会主义现代化国家和中华民族伟大复兴战略目标的实现提供坚实的保障。2013年，党的十八届三中全会审议通过《中共中央关于全面深化改革若干重大问题的决定》提出："全面深化改革的总目标是完善和发展中国特色社会主义制度，推进国家治理体系和治理能力现代化。"① 这标志着国家治理现代化这一重大命题被正式提出。2019年，党的十九届四中全会审议通过《中共中央关于坚持和完善中国特色社会主义制度、推进国家治理体系和治理能力现代化若干重大问题的决定》，对推动新时代国家治理现代化的总体目标、主要内容、核心任务以及实践路径等提出了新要求。作为坚持和发展中国特色社会主义的应有之义和必然要求，推动国家治理现代化不仅是马克思主义国家治理理论的有机组成部分，更是全面建成社会主义现代化强国的显著标志，其对于实现"两个一百年"奋斗目标和中华民族伟大复兴的中国梦具有重大而深远的意义。

一部中国特色社会主义现代化国家建设的奋进史实际上就是一部国家治理现代化在中华大地上的生动实践史。回望历史，国家治理现代化伴随着中国共产党的百年奋斗，经历了艰辛且漫长的探索历程。在这一历程中，党对国家治理现代化的理论认识不断深化，实践探索不断完善。2021年11月，党的十九届六中全会审议通过的《中共中央关于党的百年奋斗重大成就和历史经验的决议》明确指出，"党的十八大以来，党不断推进全面深化改革向广度和深度进军，中国特色社会主义制度更加成熟更加定型，国家治理体系和治理能力现代化水平

---

① 中共中央关于全面深化改革若干重大问题的决定[N]. 人民日报，2013-11-16（1）.

不断提高,党和国家事业焕发出新的生机活力"①。立足伟大新时代,坚持和完善中国特色社会主义制度,加快建成社会主义现代化强国,必须聚焦中国现实国情,顺应时代发展潮流,切实把制度优势转换为治理效能,不断提升国家治理体系和治理能力现代化。

第一节 全面建设社会主义现代化国家的战略内涵与特征

实现中华民族伟大复兴和国家现代化,始终是中国人民的不懈追求。中国共产党建立百年来,团结带领中国人民进行的一切奋斗,就是为了把我国建设成现代化强国,实现中华民族伟大复兴。习近平总书记在庆祝中国共产党成立100周年大会上庄严宣告:经过全党全国各族人民持续奋斗,我们实现了第一个百年奋斗目标,在中华大地上全面建成了小康社会,历史性地解决了绝对贫困问题,正在意气风发向着全面建成社会主义现代化强国的第二个百年奋斗目标迈进。这标志着中华民族在实现全面小康的千年梦想之后,踏上朝着更加宏伟目标奋斗的新征程,具有重要的里程碑意义。

一、中国共产党对现代化的探索历程

(一) 四个现代化的建设

以毛泽东为核心的第一代中央领导集体提出了在 20 世纪内,分两步把我国建设成"四个现代化"的社会主义国家的构想,并设想用 100 年的时间赶上和超过世界上最先进的资本主义国家。

自 1954 年中华人民共和国第一届全国人民代表大会提出建设"四个现代化"任务,即建设起强大的现代化的工业、现代化的农业、现代化的交通运输业和现代化的国防,到 1964 年三届全国人大一次会议和 1975 年四届全国人大一次会议的政府工作报告,都把全面实现"四个现代化"作为 20 世纪的奋斗目标。为了实现"四个现代化"的宏伟目标,党中央提出,从第三个五年计划开始,分两步进行:第一步,建立一个独立的比较完整的工业体系和国民经济体系;第二步,全面实现四个现代化,使我国经济走在世界前列。

"四个现代化"的响亮口号振奋了全国人民的精神,鼓舞了人民的斗志。中

---

① 中共中央关于党的百年奋斗重大成就和历史经验的决议[N]. 人民日报,2021-11-17 (1).

国进行社会主义现代化建设,是新中国成立后中国共产党探索社会主义建设所取得的最重要成果。毛泽东曾指出:"我们能够学会我们原来不懂的东西。我们不但善于破坏一个旧世界,我们还将善于建设一个新世界。"① 最新修订、目前实施的《中华人民共和国宪法》依然保留着"逐步实现工业、农业、国防和科学技术的现代化"的内容。

(二) 中国式的现代化道路

党的十一届三中全会开启了改革开放的序幕。中国共产党带领全党全国各族人民在新的历史时期探索中国式的现代化道路,提出了"三步走"战略目标,并取得了现代化建设的巨大成就。

1979年3月,邓小平在党的理论务虚会上提出:"现在搞建设,也要适合中国情况,走出一条中国式的现代化道路。"② "中国式的现代化,必须从中国的特点出发。"③ 在此基础上,邓小平提出了"小康""小康之家""小康社会"等具有鲜明中国特色的概念或现代化话语。中国传统思想中的"小康"理念被赋予新的内涵,成为到20世纪末中国特色社会主义现代化的阶段性战略目标。相对于1978年前制定的现代化目标,到20世纪末"把中国建设成为一个小康社会",仍然体现了我们的"雄心壮志"④。在建成小康社会的基础上邓小平进一步提出了到21世纪中叶基本实现现代化的目标。建成小康社会成为实现中国现代化的必经阶段,也成为中国式现代化的基本内涵和特征,是中国特色社会主义现代化的重要理论支点。

1987年党的十三大正式确立了"三步走"战略,为中国特色社会主义现代化建设做出了长期规划。"第一步,实现国民生产总值比1980年翻一番,解决人民的温饱问题。这个任务已经基本实现。第二步,到20世纪末,使国民生产总值再增长一倍,人民生活达到小康水平。第三步,到下个世纪中叶,人均国民生产总值达到中等发达国家水平,人民生活比较富裕,基本实现现代化。"⑤

20世纪末,中国人均国内生产总值(GDP)接近1000美元,实现了总体小康的目标。这是社会主义制度的伟大胜利,但这种小康的水平仍较低,发展还

---

① 毛泽东.毛泽东选集:第4卷[M].北京:人民出版社,1991:1439.
② 邓小平.邓小平文选:第2卷[M].北京:人民出版社,1994:163.
③ 邓小平.邓小平文选:第2卷[M].北京:人民出版社,1994:164.
④ 冷溶,汪作玲.邓小平年谱 1975—1997:下[M].北京:中央文献出版社,2004:1034.
⑤ 中共中央文献研究室.十三大以来重要文献选编:上[M].北京:人民出版社,1991:16.

不全面、不平衡，社会主义现代化建设和"三步走"战略仍需继续推进。党的十五大在"老三步"的基础上提出"新三步"，亦即21世纪第一个10年，"使人民的小康生活更加宽裕，形成比较完善的社会主义市场经济体制"；再经过10年的努力，到中国共产党成立100年时，"使国民经济更加发展，各项制度更加完善"；到21世纪中叶中华人民共和国成立100年时，"基本实现现代化，建成富强民主文明的社会主义国家"。同时，党的十五大强调社会主义初级阶段"是逐步摆脱不发达状态，基本实现社会主义现代化的历史阶段"，"是逐步缩小同世界先进水平的差距，在社会主义基础上实现中华民族伟大复兴的历史阶段"。"中国式的现代化"与"两个一百年"奋斗目标和中华民族伟大复兴相结合的宏伟蓝图，丰富了社会主义现代化的内涵，彰显了中国共产党对社会主义现代化道路认识的深化。①

（三）从全面建设小康社会到开启全面建设社会主义现代化国家的新征程

2002年党的十六大提出"全面建设小康社会"的目标，"在21世纪头二十年，集中力量，全面建设惠及十几亿人口的更高水平的小康社会，使经济更加发展、民主更加健全、科教更加进步、文化更加繁荣、社会更加和谐、人民生活更加殷实"。②"全面小康"上承"总体小康"，下启现代化总体目标。党的十七大进一步从经济建设、政治建设、文化建设、社会建设和生态文明建设五个方面构建了"全面建设小康社会"的基本目标体系。

经过21世纪初期的发展，中国在2010年成为全球经济第二大国和制造业第一大国，人均GDP超过4000美元，提前完成了21世纪的"翻两番"目标；2011年城市化率首次超过50%，现代化建设取得了阶段性成就。根据国内外形势变化，党的十八大提出"两个一百年"的奋斗目标，在中国共产党成立一百年时全面建成小康社会，在中华人民共和国成立一百年时建成社会主义现代化国家。党的十九大报告在此基础上提出了建成社会主义现代化强国的"两步走"战略，"从二〇二〇年到二〇三五年，在全面建成小康社会的基础上，再奋斗十五年，基本实现社会主义现代化……，从二〇三五年到21世纪中叶，在基本实现现代化的基础上，再奋斗十五年，把我国建设成为富强民主文明和谐美丽的社会主义现代化强国"③。中国特色社会主义现代化建设的路线图更加科学清晰

---

① 顾海良. 中国共产党百年辉煌与中国现代化［N］. 人民日报，2021-04-22（9）.
② 中共中央文献研究室. 十六大以来重要文献选编：上［M］. 北京：人民出版社，2005：14.
③ 习近平. 习近平谈治国理政：第3卷［M］. 北京：外文出版社，2020：22-23.

地呈现出来。

党的十八届三中全会提出了全面深化改革的总目标，就是完善和发展中国特色社会主义制度、推进国家治理体系和治理能力现代化。这是我们党的一个重大理论创新。这次全会在邓小平同志战略思想的基础上，提出要推进国家治理体系和治理能力现代化。这是完善和发展中国特色社会主义制度的必然要求，是实现社会主义现代化的应有之义。党的十九届四中全会提出"坚持和完善中国特色社会主义制度、推进国家治理体系和治理能力现代化"[①] 的新目标新任务，拓展了社会主义现代化建设内容，既深化了现代化与中国制度和国家治理之间的内在联系，也从保障现代化建设顺利进行的高度提出了国家制度体系建设，极大丰富了社会主义现代化的内涵。

党的十九届五中全会在继承以往现代化的基础上"坚持立足国内和全球视野相统筹，坚持问题导向和目标导向相统一，坚持中长期目标和短期目标相贯通，坚持全面规划和突出重点相协调"[②]，科学制定了"十四五"规划和2035年远景目标，以一种全面、综合、历史及现实相统一的思维落实了全面建成小康社会之后的战略安排，开启了全面建设社会主义现代化国家的新征程。

二、全面建设社会主义现代化国家的科学内涵

党的十九大报告提出"开启全面建设社会主义现代化国家新征程"[③]，党的十九届五中全会将全面建设社会主义现代化国家的历史任务提上议事日程，成为统领"十四五"时期经济社会发展规划和2035年远景目标的纲领。

（一）全面建设社会主义现代化国家的内涵和外延

19世纪后期至20世纪初，工业化在西方取得的决定性胜利使得人们划分人类社会的标准开始由"文明"和"野蛮"演变为"现代工业社会"和"传统非工业社会"，所以最初的"现代化"，其含义即"工业化"。随着社会生产力的发展，人们逐渐意识到，现代化社会不应仅仅是高度工业化的社会，还应包含人类生活所有方面的进步性变化。因此，现在人们一般认为，广义的"现代化"是一个带有普遍性的人类历史进程，它是指传统社会向现代社会演进的过程。由于人们心目中的那个现代化的理想社会没有格式化的具体标准，因而对于大

---

① 《中国共产党第十九届中央委员会第四次全体会议文件汇编》编写组. 中国共产党第十九届中央委员会第四次全体会议文件汇编［M］. 北京：人民出版社，2019：17.
② 奋力夺取全面建设社会主义现代化国家新胜利［N］. 人民日报，2020-10-30（2）.
③ 中共中央党史和文献研究院. 十九大以来重要文献选编：上［M］. 北京：中央文献出版社，2019：19.

多数欠发达和不发达国家,西方"发达"的工业文明社会便自然地成为它们追赶的目标,所以狭义的"现代化"被定义成了"欠发达和不发达国家加速向现代工业社会转变,加快社会各方面发展,缩小与发达国家差距的过程"。①

全面建设社会主义现代化国家是指国家经济社会发展和文明程度的提高,是以国家为主体的现代化。国家现代化涉及的范围最广,可涵盖社会现代化、民族现代化、人的现代化和国家治理体系与治理能力现代化。社会现代化是指传统社会向现代社会转型的过程,涵盖社会各方面的变革,包括经济、政治、文化、社会和生态等各领域,可指以社会为主体的现代化;民族现代化是民族经济发展、生活方式变革的过程;人的现代化是指人的观念变革、知识更新、能力提升的过程。国家治理体系和治理能力的现代化,即不断增强制度的科学性、规范性、有效性、系统性、整体性和有机性等,使制度顺应乃至引领整个国家和社会现代化发展步伐。社会现代化是国家现代化的基础;民族现代化和人的现代化是国家现代化的重要组成部分;国家治理体系与治理能力现代化是国家现代化领域的扩展,也是国家现代化的必然选择。②

(二) 全面建设社会主义现代化国家的目标和任务

党的十九大报告主要从经济、政治、文化、社会和生态五个方面阐述2035年基本实现社会主义现代化的目标。该报告指出,从2020年到2035年,在全面建成小康社会的基础上,再奋斗十五年,基本实现社会主义现代化。到那时,我国经济实力、科技实力将大幅跃升,跻身创新型国家前列;人民平等参与、平等发展权利得到充分保障,法治国家、法治政府、法治社会基本建成,各方面制度更加完善,国家治理体系和治理能力现代化基本实现;社会文明程度达到新的高度,国家文化软实力显著增强,中华文化影响更加广泛深入;人民生活更为宽裕,中等收入群体比例明显提高,城乡区域发展差距和居民生活水平差距显著缩小,基本公共服务均等化基本实现,全体人民共同富裕迈出坚实步伐;现代社会治理格局基本形成,社会充满活力又和谐有序;生态环境根本好转,美丽中国目标基本实现;清洁低碳、安全高效的能源体系和绿色低碳循环发展的经济体系基本建立,生态文明制度更加健全。

党的十九届五中全会提出2035年基本实现社会主义现代化的远景目标,相对于党的十九大,着重增加了关于国家综合实力目标、对外开放新格局和国家

---

① 朱荣贤. 现代化理论研究综述 [J]. 学术论坛, 2005 (10): 14.
② 陈金龙, 钟文苑. 全面建设社会主义现代化国家的内涵、方位与功能 [J]. 思想理论教育, 2021 (1): 65.

安全三个方面目标,提出了九个方面目标。一是我国经济实力、科技实力、综合国力将大幅跃升,经济总量和城乡居民人均收入将再迈上新的大台阶,关键核心技术实现重大突破,进入创新型国家前列。二是基本实现新型工业化、信息化、城镇化、农业现代化,建成现代化经济体系。三是基本实现国家治理体系和治理能力现代化,人民平等参与、平等发展权利得到充分保障,基本建成法治国家、法治政府、法治社会。四是建成文化强国、教育强国、人才强国、体育强国、健康中国,国民素质和社会文明程度达到新高度,国家文化软实力显著增强。五是广泛形成绿色生产生活方式,碳排放达峰后稳中有降,生态环境根本好转,美丽中国建设目标基本实现。六是形成对外开放新格局,参与国际经济合作和竞争新优势明显增强。七是人均国内生产总值达到中等发达国家水平,中等收入群体显著扩大,基本公共服务实现均等化,城乡区域发展差距和居民生活水平差距显著缩小。八是平安中国建设达到更高水平,基本实现国防和军队现代化。九是人民生活更加美好,人的全面发展、全体人民共同富裕取得更为明显的实质性进展。①

坚定不移地贯彻落实新发展理念,党的十九届五中全会规划了"十四五"期间全面建设社会主义现代化国家的十二个方面的主要任务。一是坚持创新驱动发展,全面塑造发展新优势;二是加快发展现代产业体系,推动经济体系优化升级;三是形成强大国内市场,构建新发展格局;四是全面深化改革,构建高水平社会主义市场经济体制;五是优先发展农业农村,全面推进乡村振兴;六是优化国土空间布局,推进区域协调发展和新型城镇化;七是繁荣发展文化事业和文化产业,提高国家文化软实力;八是推动绿色发展,促进人与自然和谐共生;九是实行高水平对外开放,开拓合作共赢新局面;十是改善人民生活品质,提高社会建设水平;十一是统筹发展和安全,建设更高水平的平安中国;十二是加快国防和军队现代化,实现富国和强军相统一。②

三、全面建设社会主义现代化国家的基本特征

党的十九届五中全会对全面建设社会主义现代化国家新征程的规划和描绘,具有鲜明的全面性、人民性、自主性和时代性的特征。

---

① 中共中央关于制定国民经济和社会发展第十四个五年规划和二〇三五年远景目标的建议[N]. 人民日报, 2020-11-04 (1).
② 中共中央关于制定国民经济和社会发展第十四个五年规划和二〇三五年远景目标的建议[N]. 人民日报, 2020-11-04 (1).

(一) 全面性

从党的十九届五中全会提出的九个方面的现代化建设总体目标来看,新时代的社会主义现代化建设是多维度的统一,是经济、政治、文化、社会与生态等多方面的发展目标和要求,均内在地统一于全面建设社会主义现代化国家奋斗实践中。经济的高质量发展可为社会主义政治、文化、社会和生态等领域的发展提供坚实的物质保障。政治的健康发展可为经济、文化、社会和生态等方面的进步提供可靠的组织、路线与法律保障。文化的繁荣可为经济、政治、社会和生态等方面的发展提供正确的价值指引与智力支持。社会事业的进步可为经济、政治、文化和生态等领域的建设提供有力的和谐基础与保障。生态环境的持续优化可为经济、政治、文化和社会等方面的发展提供可持续的载体支撑。国家治理体系的日臻完善和治理能力的不断增强可为经济、政治、文化、社会和生态等各领域的全面、协调、可持续的发展提供坚实的制度保障与高效的治理效能支持。"全面"意味着要着力补齐现有的短板和弱项,使经济、政治、文化、社会、生态等层面相互适应、彼此促进、均衡发展,实现系统有机的整体现代化,也构成了全面建设社会主义现代化国家生动实践的逻辑图谱和目的确证。

(二) 人民性

强调以人民为中心、走共同富裕道路的社会主义现代化,与马克思主义的最高理想和价值追求一脉相承,其目标是造福人民,最终实现每个人的自由全面发展。党的十九届五中全会在谋划2035年远景目标时,将"人的全面发展、全体人民共同富裕取得更为明显的实质性进展"纳入其中;在部署"十四五"时期社会发展目标时,提出改善人民生活品质,"不断增强人民群众的获得感、幸福感、安全感,促进人的全面发展和社会全面进步"。① 以人民为中心的现代化,在发展动力上,强调全体人民共同建设社会主义现代化的伟大事业;在目标追求上,强调全体人民共享社会主义现代化的伟大成果;在评价标准上,强调把是否给人民群众带来美好生活作为检验现代化成效的根本标准。以人民为中心的现代化,不是对物的现代化的否定,而是建立在物的现代化基础之上的更高层次的现代化。这种现代化强调"人"的中心地位、主体地位,强调不能以物质丰腴、精神贫困为代价,强调要避免重蹈一些国家和地区以资本为中心

---

① 中共中央关于制定国民经济和社会发展第十四个五年规划和二〇三五年远景目标的建议[N]. 人民日报,2020-11-04 (1).

进而导致物质主义膨胀、精神世界衰落的覆辙。①

（三）自主性

独立自主是毛泽东思想活的灵魂的重要方面，是立党立国的重要原则。1956年4月，毛泽东同志发表《论十大关系》，明确了建设社会主义的根本思想是必须根据本国情况走自己的道路。此后，独立自主的思想和原则贯彻到经济、政治、科技、外交、军事等各领域。邓小平同志总结我国革命和建设正反两方面的历史经验，明确指出："我们搞的现代化，是中国式的现代化。我们建设的社会主义，是有中国特色的社会主义。我们主要是根据自己的实际情况和自己的条件，以自力更生为主。"② 自党的十八大以来，以习近平同志为核心的党中央面对国内外错综复杂的形势，在进行现代化建设的探索中，进一步坚持和发展了独立自主的思想及原则。习近平同志强调："独立自主是中华民族的优良传统，是中国共产党、中华人民共和国立党立国的重要原则。在中国这样一个人口众多和经济文化落后的东方大国进行革命和建设的国情与使命，决定了我们只能走自己的路。"③ "我们愿意借鉴人类一切文明成果，但不会照抄照搬任何国家的发展模式。"④ 历史的实践充分证明，正是坚持了立足自身国情、走自主发展之路，才使中国的现代化建设取得举世瞩目的巨大成就。

（四）时代性

当今世界正经历百年未有之大变局，新一轮科技革命和产业变革深入发展，国际力量对比深刻调整，和平与发展仍然是时代主题，人类命运共同体理念深入人心。⑤ 全面建设社会主义现代化国家始终要坚持和平发展的道路，源于中华文化追求和睦的优良传统，源于中国对当今世界全球化、多极化和时代主题的积极回应，源于党对社会主义现代化发展目标的正确判断和对人民切身利益的保障，源于全国人民在社会主义现代化道路上的不懈追求。

自改革开放以来，伴随着中国经济实力和综合国力的快速提升，"中国威胁论""国强必霸论"等甚嚣尘上。有人认为，自地理大发现以来500年的世界历

---

① 中共中央党校．习近平新时代中国特色社会主义思想基本问题［M］．北京：人民出版社，中共中央党校出版社，2020：156．
② 邓小平．邓小平文选：第3卷［M］．北京：人民出版社，1993：29．
③ 习近平．在纪念毛泽东同志诞辰120周年座谈会上的讲话［N］．人民日报，2013-12-26（2）．
④ 中共中央文献研究室．习近平关于实现中华民族伟大复兴的中国梦论述摘编［M］．北京：中央文献出版社，2013：27．
⑤ 中共中央关于制定国民经济和社会发展第十四个五年规划和二〇三五年远景目标的建议［N］．人民日报，2020-11-04（1）．

史就是一部国强必霸的历史。16世纪是葡萄牙、西班牙，17世纪是"海上马车夫"荷兰，18世纪、19世纪是英法争霸成就"日不落帝国"，19世纪末20世纪初，德国、日本相继崛起，两次世界大战接踵而来，20世纪是美苏争霸。这些国家强大后无一例外都走上了霸权主义这条不归路。① 中国没有重复昔日大国崛起的老路，而是积极融入国际社会，坚持"不称霸"的政策主张，坚决反对霸权主义和强权政治，成功地走上了和平发展的社会主义现代化道路。

当前，国际环境日趋复杂，不稳定性不确定性明显增加，新冠肺炎疫情影响广泛深远，经济全球化遭遇逆流，世界进入动荡变革期，单边主义、保护主义、霸权主义对世界和平与发展构成威胁。党的十九届五中全会站在党和国家事业发展的全局高度上，提出坚持总体国家安全观，建设平安中国，实现国防和军队现代化，加快形成对外开放新格局。中国的发展以及社会主义的现代化，不会对全球构成威胁，反而会带来更多的发展机遇和良性循环互动。中国在社会主义现代化进程中，始终是全球和平的维护者、世界发展的贡献者和人类利益的捍卫者。

第二节 社会主义现代化强国与国家治理现代化

历史的篇章总是在薪火相传中徐徐铺展，时代的强音总是在逐梦征途中铿锵唱响。为了加快建设中国特色社会主义现代化强国、实现中华民族伟大复兴这一全体中华儿女共同的梦想，2012年，以习近平同志为核心的党中央在党的十八大会议上确立了"两个一百年"奋斗目标，明确了社会主义现代化强国建设的时间路线表，擘画了新时代中国特色社会主义发展的宏伟蓝图。自党的十八大以来，经过全党上下全国各族人民勠力同心、顽强拼搏，中国经济社会发展加速驶入"快车道"，综合国力跃上新台阶。2020年，全面建成小康社会第一个百年奋斗目标如期实现。在此基础上，中国顺势而上向着全面建设社会主义现代化强国第二个百年奋斗目标的新征程阔步迈进。这究竟是一个什么样的新征程？开启这一新征程的重要意义何在？新征程与国家治理现代化又存在何种关系？推动国家治理现代化必须首先把握和回答这些重要议题。

---

① 习近平新时代中国特色社会主义思想基本问题[M]. 北京：人民出版社，中共中央党校出版社，2020：159.

一、开启全面建设社会主义现代化国家新征程的战略意义

党的十九届六中全会指出,改革开放以来,中国在坚持和发展中国特色社会主义的基础上,创造性地开辟出一条不同于西方的中国式现代化道路,创造了人类文明新形态。一个国家的影响力和吸引力实质上而言就是这个国家现代化建设水平的重要表征。开启全面建设社会主义现代化国家新征程对于凝聚全国各族人民创造美好生活的强大力量,实现中华民族伟大复兴的历史使命,在新的起点上向世界提供中国智慧和中国方案最终推动共建人类美好世界具有重大战略意义。

(一) 对于凝聚全国各族人民创造美好生活的强大力量具有重大战略意义

党的十九大报告指出:"中国特色社会主义进入新时代,我国社会主要矛盾已经转化为人民日益增长的美好生活需要和不平衡不充分发展之间的矛盾",并提出,要"不断满足人民日益增长的美好生活需要"[①]。所谓人民对美好生活的需要,即在个体维度上,美好生活需要体现为广大人民群众对自身所生活和工作的整体环境的认可度、满意度以及幸福度不断提升;在经济维度上,美好生活需要体现为国家经济实力强大,人民实现共同富裕;在社会维度上,美好生活需要体现为通过社会治理,社会系统更加法治、和谐、公平、安定;在文化维度上,美好生活需要体现为精神文明建设水平提高,人民精神文化生活丰富多样;在自然维度上,美好生活需要体现为人与自然的关系和谐共生,自然生态环境更加美丽。

从某种意义上看,中国共产党的百年创业史其实就是带领中国人民追求"美好生活"的艰苦奋斗史。经历了改革开放40多年的快速发展,我国经济规模增长不仅步入快速发展阶段,同时,经济结构体系不断优化,与1978年相比,中国GDP增长33.5倍。进入新时代,我国经济发展水平更是进一步提升,2021年,中国经济总量成功突破百万亿元大关,达到114.4万亿元,稳定位居世界第二。中国经济增长国际领先,成为全球制造业第一大强国,目前,中国高铁运营总里程、高速公路的总里程和港口的吞吐量位居世界第一。中国的科技实力也显著提升,载人航空航天技术、量子技术、射电望远镜、大跨度桥梁建设遥遥领先,特别是中国的5G技术处于世界前列。毫不夸张地说,西方发达

---

① 习近平. 决胜全面建成小康社会 夺取新时代中国特色社会主义伟大胜利:在中国共产党第十九次全国代表大会上的报告[N]. 人民日报,2017-10-19 (2).

资本主义国家需要上百年才能实现的现代化目标,对于中国仅仅用了几十年的短暂时间和超高的效率就已经成功赶上。与此相伴的是,在一系列举世瞩目的成就下,人民群众在政治、经济、文化、社会生活等各领域上日渐提出更多、更高的新需求。根据马克思主义基本原理,需求本身随着生产力的发展而发展。经济社会的快速发展必然使人民需求得到极大的满足。回顾改革开放以来的发展历程能够发现,中国的社会主义现代化建设并不仅仅局限于数字上的增长,而是在满足人民生活需求上有着更加深层次的追求。因此,在经济综合实力快速发展的这一过程中,中国人民相较于以往拥有了前所未有的自信心,对美好生活实现的愿望和追求进一步增强。即中国人民越来越希望能够向世界发出中国的声音,向世界展示中国的东方大国形象,使世界更加深刻认识中国的发展成果和中国的历史文化。从这一意义上来说,全面开启社会主义现代化国家新征程有助于进一步凝聚全国各族人民同心协力创造美好生活的强大力量。

(二) 对于实现中华民族伟大复兴的历史使命具有重大战略意义

实现中华民族伟大复兴的中国梦是近代中国最伟大的梦想。人类历史和实践充分证明,国家的繁荣兴盛能够为民族的发展壮大提供强大的精神动力,反之,如果没有雄厚强大的综合实力作为支撑,这个民族也很难在国际社会获得持续的立足与发展。中华民族伟大复兴的目标能否顺利实现从根本上取决于中国是否具有强大的综合实力作为坚实基础,也就是说取决于中国能否顺利实现社会主义现代化国家建设的目标。2000 多年前,作为四大文明古国的中华民族曾经遥遥领先于世界上的其他国家,一度引领世界潮流。以唐朝为例,当时长安的外来商人、使者、留学生达到了 10 万多人。在很长一段时间里中国古代的 GDP 长期占到世界 GDP 的 1/4,到 1820 年顶峰的时候甚至达到了 1/3。质言之,古代中国凭借强大的经济、科技以及博大精深的中华文化对人类文明发展进步做出了不可磨灭的贡献。然而,在 18 世纪中期以后 200 多年间,由于商业的发展、武器的广泛使用以及海洋技术的应用,西方现代工业文明快速发展并赶超中国,此后,在全球范围内开始了强势的殖民侵略与渗透。反观作为农耕文明的中国,从清朝中叶开始,由于封建统治者实行重农抑商和闭关锁国的政策,中国封建社会出现由盛转衰的迹象。以 1840 年鸦片战争为分水岭,中国在与英美等异族国家的对抗中彻底败下阵来,彼时,中国开始严重滞后于世界发展的潮流,整个民族陷入空前危机之下。为了重振中华民族辉煌,一大批仁人志士上下求索,纷纷救国救民于水火。但是,由于阶级局限性,这些阶级无法担负起救亡图存、民族复兴的使命。

1919 年五四运动以后,马克思主义在中国得到了广泛传播,并与中国工人阶级运动紧密结合。1921年7月1日，中国共产党正式宣告成立。作为一个先进的政党，其一经成立就把为人民谋幸福、为民族谋复兴作为自己的初心和使命。在中国共产党矢志不渝带领下，中国经历了新民主主义革命、社会主义革命和建设，使得近代中华民族和中国人民的悲惨命运被改写。经过了40多年改革开放尤其是党的十八大以来的砥砺奋斗，中国特色社会主义建设实现跨越式发展，我国经济、政治、文化、社会和生态文明等多个领域的建设取得了举世瞩目的成就，中国国际地位不断提升，中华民族实现了从"站起来"到"富起来"再到"强起来"的伟大飞跃。今天，中国在全面建成小康社会的阶段性目标实现的基础上顺利开启全面建设社会主义现代化国家新征程，这不仅仅是时间上的简单转换衔接，更预示实现了"两步走"战略任务的中国到2050年全面建成社会主义现代化强国时，中国在经济实力的跃升、政治体制的完善、精神文明的兴盛以及社会的有序和谐、美丽中国的建设、国际影响力的提升、国防军事的强大、祖国和平统一等方面都将焕发出前所未有的生机和活力，中华民族和中国人民的前途命运将发生新的历史性巨变。

（三）对于推动共建人类美好世界具有重大战略意义

从世界范围内看，今天的人类文明无论是从物质发展水平上看，还是从精神建设层面上看都取得了不同于以往任何时候的伟大成就。然而，随着经济全球化的深入发展，当今世界的不确定性和风险性也在日益增加，人类社会正面临着新问题和新挑战。世界经济持续衰退、局部战乱动荡不安、地缘政治紧张冲突加剧、贫富差距持续扩大、多国恐怖袭击频繁发生、生态污染愈加严重、能源短缺迫在眉睫，特别是受新冠肺炎疫情的催化，全球性潜在危机和挑战的名单正在被不断拉长，人类正面临百年未有之大变局。事实上，面对这些危机和挑战任何国家都无法独善其身，必须通过团结协作完善全球治理体系予以解决。长期以来，西方道路被认为是通往现代化唯一正确可行的道路，"现代化"俨然成为"西方化"的代名词。但是，时至今日，西方现代化模式主导的国际政治经济秩序陷入了经济发展停滞的困境，加之由于先天制度缺陷的存在，曾经无比辉煌的西方世界不仅正在逐渐丧失对世界的领导权，而且自身弊端逐渐显现。例如，2008年的国际金融危机、引发全世界巨大关注的"占领华尔街运动"、深陷泥潭的"欧洲债务危机"、持续发酵的"难民浪潮"、不断升级的种族暴乱以及蔓延全球的恐怖主义活动等诸多乱象危机将西方资本主义民主制度和发展模式的短板暴露无遗。显然，美国等发达国家的资本主义式的现代化道路已经无法适应当前国际力量的变化和时代特征，世界亟须更加有效的治理理念和治理方案。

与西方现代化道路形成鲜明对比的是，中国在近百年的探索中走出一条既适合本国国情又与西方现代化迥然不同的道路。改革开放以来，随着综合国力和国际影响力的增强，中国作为一个令人瞩目的新兴经济体国家快速崛起并日益走进世界舞台的中心。国际社会对中国的发展道路和发展模式的评价愈加客观化、理性化，中国特色社会主义所取得的伟大成就得到了世界上越来越多国家的认可。站在新的历史起点上，如何跳出西方现代化的霸权话语体系，如何化解当今世界的冲突和矛盾，是中国作为一个负责任大国必须思考的。今天，中国通过"一带一路"倡议、亚投行的建设、积极参与国际事务，不断为全球治理做出贡献，为世界经济的繁荣发展、人类文明多样性的共存、世界人类共同发展贡献中国治理的独特力量和方案。中国式现代化对于世界发展来说意义深远。正如党的十九届六中全会指出："党的百年奋斗深刻影响了世界历史进程，党领导人民成功走出中国式现代化道路，创造了人类文明新形态，拓展了发展中国家走向现代化的途径。"① 毋庸讳言，中国正在以实际行动回应时代之问。中国快速发展塑造和改变着国际行为，中国倡导互利共赢，构建人类命运共同体，提出建立全球命运共同体的伙伴关系网，推动建设新型大国关系，呼吁共商、共建、共享的全球治理观，这些新理念新思想新战略是中国对人类文明的重要贡献，为处理当代国际关系，促进人类文明发展的美好未来提供了智慧之匙。

二、全面建设社会主义现代化国家对国家治理现代化的新要求

新征程的开启为新时代国家治理现代化带来了新机遇，同时也提出了新挑战和新要求。2017年，党的十九大提出，到2035年，"各方面制度更加完善，国家治理体系和治理能力现代化基本实现"；到21世纪中叶，"实现国家治理体系和治理能力现代化"。由此可见，全面建设社会主义现代化强国在治理主体、价值目标、基本规范以及衡量标准等方面对国家治理现代化都提出了新的更高的要求。这要求国家治理体系和治理能力必须不断完善与发展，只有积极适应新要求，才能推动我国发展不断取得更大的成就，支撑和引领建设社会主义现代化强国目标的顺利实现。

（一）新发展阶段对国家治理现代化的新要求

伴随着全面建设社会主义现代化国家新征程的开启，我国进入了新发展阶

---

① 习近平. 中共中央关于党的百年奋斗重大成就和历史经验的决议 [N]. 人民日报，2021-11-17（1）.

段。首先要明确的是，新发展阶段是社会主义进程中一个重要的发展阶段，其本质上属于社会主义初级阶段。党中央做出的重大战略判断，新发展阶段意味着经过60多年的持续探索，中国特色社会主义在动态的演进过程中踏上了全新的阶段。当前，处于新发展阶段，我国发展面临的国际和国内条件都发生着深刻的变化。从外部国际条件来看，纵观整个国际社会，新一轮信息技术革命和产业变革加速发展，经济危机、地缘政治、文明冲突、地区战争、疫情大流行等因素叠加交织，各种不稳定不确定性风险增多，国际力量对比发生了近代以来最具革命性、全局性、深刻性的调整变化，世界正经历百年未有之大变局；从内部条件来看，我国国内发展环境也经历着深刻变化。得益于前期发展的积累，我国具备许多方面的优势和条件，但同时，我们也要清醒地认识到，不平衡、不充分的发展问题仍然迫在眉睫，困境和挑战仍然突出。例如，经济结构不合理、科技创新能力不强、就业问题亟待解决、收入分配不均、民生领域短板较多、生态环境问题层出不穷等，这些问题直接影响到全国发展水平的提升。2020年8月24日，习近平总书记在经济社会领域专家座谈会上指出，"随着我国进入新发展阶段，改革也面临新的任务，必须拿出更大的勇气、更多的举措破除体制机制障碍，坚持和完善中国特色社会主义制度，推进国家治理体系和治理能力现代化"[1]。习近平总书记的这一重要论述为解决新发展阶段的国家治理现代化提供了正确的指引。

  进入新发展阶段后如何推动国家治理现代化新发展，具体而言，一方面，要通过发挥制度优势破除发展障碍提升治理效能。中国特色社会主义制度相比较资本主义制度具有独特的优越性。但是，在现实中，当前制度优势的优越性仍有待进一步激发。应该通过顶层设计机制与落实机制的优化进一步完善各项制度，制定落实支撑国家治理体系和治理能力现代化继续深化的更加完善的制度体系，将制度优势转化为治理效能。另一方面，更新发展理念，为国家治理现代化的实现注入新的发展活力。立足新发展阶段，必须有相适应的新的发展理念。2015年，习近平总书记在党的十八届五中全会上提出"创新、协调、绿色、开放、共享"的五大新发展理念。新发展理念是我们在总结国内外发展经验教训基础上提出来的，尤其是党的十八大以来我们党对我们经济建设的理论总结与实践思考。也就是现实的实践中出现了与新发展理念不协调甚至是相反的发展模式。新发展阶段要求提升国家治理的系统化、体系化、科学化水平，因此，新时代，我们必须敢于改革创新，转变传统的发展理念，发挥创新的内

---

[1] 习近平. 在经济社会领域专家座谈会上的讲话[N]. 人民日报，2020-08-25(2).

生驱动力,以创新去激发治理的动能,推动各个领域的协调治理,贯彻绿色治理理念并且深入改革持续扩大开放,在参与全球治理体系的进程中不断创新提升治理效能。

(二) 科技创新引领对国家治理现代化新要求

创新是一个民族进步的灵魂,是一个国家兴旺发达的不竭动力。党的十九届五中全会指出,要坚持科技创新在我国现代化建设全局中的核心地位,把科技创新自立自强作为国家发展的战略支撑。强大的科技创新能力能够为国家治理现代化注入强劲动能。当前,以现代信息通信技术与新型能源体系相融合的第四次工业革命方兴未艾,超级计算机性能不断取得突破式发展,大数据、云计算、AI、国产芯片、5G、量子科技等新兴技术加速突破,VR虚拟现实、360度全景视频、沉浸式观看、全息影像等高科技加速普及,互联网传播日益智能化、分众化、社交化、数字化、视频化。这些新技术和新应用具有很强的渗透性,不仅能够突破时空、地域限制广泛地融合到人类社会生产生活的各个方面,而且深刻改变了信息生产和传播的方式,打开了国家治理现代化的新世界,为推动国家治理现代化提供了更广阔的空间。正如习近平总书记所说,信息技术不断孕育新的变革,对国际关系、经济政治、全球治理等领域所产生的影响不言而喻。今天,在互联网和信息技术的逻辑助推下,国家治理与全球新一轮科技革命交织成为新浪潮,传统国家治理现代化理念和方法需要不断调整与革新,一场全新的治理革命呼之欲出。

自党的十八大以来,在党中央和政府的高度重视下,我国创新驱动发展战略不断向纵深推进。从重大科技创新成果上看,近年来,中国相继在5G技术研发、人工智能、大数据、量子计算、载人航空航天、深海探测、基因工程以及航空遥感技术等关键核心技术上取得突破性发展。对此,习近平总书记深刻指出,"我国科技事业实现了历史性、整体性、格局性重大变化,重大创新成果竞相涌现,一些前沿方向开始进入并行、领跑阶段,科技实力正处于从量的积累向质的飞跃、点的突破系统能力提升的重要时期"[1]。这说明,中国的创新科学技术正实现历史性的发展突破,正从以往的跟随美国等发达国家的科技跟跑、并跑阶段进入科技领跑的时期,这自然对国家治理现代化提出来的要求也与以往有很大的不同。从实践上看,这要求我们首先必须发挥强大的制度优势。当前,科技前沿有许多重大颠覆性技术,诸如人工智能和机器人、人机交互和仿

---

[1] 习近平. 在中国科学院第十九次院士大会、中国工程院第十四次院士大会上的讲话[M]. 北京:人民出版社,2018:20.

生、电子与计算机、生物医学、印刷与材料等，这些核心技术往往是"卡脖子"技术，挑战越大越需要发挥制度保障优势。其次适应科技的变革，积极创新基层治理结构。科技创新能力的提升往往难以离开基层治理体系的有力支撑。近年来，伴随着微信、微博、抖音短视频的快速普及，一系列类似居家便民、生态网格、风险检测等大量基层智慧治理类的 App、订阅号应运而生，并在社会治理事项中发挥越来越重要的辅助功能。再次要求治理场景多样化。科技的创新使社会治理不再局限于传统的场景，而是形成更加扁平化、多样化的治理服务网络，适应科技的发展，形成线下加线上的数字化治理，从而实现从物理空间到数字场域的场景变革。最后实现从宏观固化到微观多元的主体变革。新科技革命让技术与社会的关系网络突破了政府垄断和市场垄断，实现了向更加微观精准的元治理转变。

（三）智能时代对国家治理现代化的新要求

近年来，随着人工智能技术的快速发展，以创新化、数字化、互联化为核心特征的智能时代正在悄然开启。相较于重行政和陈规、轻技术和法治的传统经济社会治理模式，智能时代国家社会的治理表现出很大的不同。如果说，改革开放以来，国家治理现代化更多的是强调对传统工业化社会的治理，那么，随着社会主义现代化国家进程的开启，今后则要着重加强对智能社会的各方面治理。党的十九届五中全会明确提出"十四五"时期要全方位提升在社会治理、政府建设、行政管理等领域的数字化智能化水平。党的十九届六中全会公报提出要构建大数据支撑的政府科学机制。进入智能时代，国家治理体系和治理能力迫切需要适应时代发展实现转型升级。一方面，依托数字智能技术推动经济社会治理。现代化经济社会的治理涉及经济建设、市场监管、文化产业、公共管理、社会保障以及生态环境等领域，这些领域的未来发展离不开数字技术的广泛支撑。另一方面，要加强对智能数字技术本身的治理。智能时代并不意味着治理现代化的一劳永逸，从技术治理的角度来看，智能时代能否赋权国家治理取决于数字智能技术自身从根本上是否符合伦理秩序。数字技术同其他任何技术一样都具有正反两面性，其"无边界、传播快"的特点使不同信息的碰撞融合、竞争共存成为常态，为社会发展带来了机遇，但在数字技术的快速发展的同时，也不可避免为技术滥用、算法歧视、隐私泄漏、数据迷失、数据霸权主义的全球扩张提供了"温床"，数字技术治理问题因此成为国家治理现代化迫切需要解决的难题。此外，要对国家治理进行整体的治理变革。当前，国家治理现代化正在与新一轮全球科技革命浪潮的周期重叠在一起，互联网平台技术和平台渗透到经济社会各个方面，深刻影响着国家治理领域的生产、传播与消费,对传统治理方式产生了极大的影响并影响着新社会秩序的产生,国家治理领域正在催发出一场前所未有的深刻革命。因而,要妥善利用数字技术实现"智能治理",推动全面治理变革的成功落地。

第三节 国家治理现代化的动力、保障和保证

现代化理论家丹尼·勒纳(D. Lerner)认为现代化是一个相互作用的系统:"它是一种生活方式,它所包含的各种成分在有效功能意义上是相互作用的,其中任何一种功能都需要所有其他成分也起有效的作用……它们彼此之间紧密咬合组成一个科学的体系,换言之,当每个要素在活动的过程中发生重要调整变化时,其他与之相关的要素也会随之发生直接或间接的反应。"[①] 从这一意义上来看,国家治理现代化是一个系统性、全方位、多维度的整体系统。在实现国家治理现代化的过程中,以全面深化改革为内驱动力、以全面依法治国为有力保障以及以全面从严治党为根本保证的"三条主线"凝聚起实现国家治理现代化的强大合力。

一、国家治理现代化的内驱动力:全面深化改革

(一)全面深化改革为国家治理现代化提供经济引擎动力

根据马克思主义基本原理,生产力是最活跃最革命的因素,是社会发展的最终决定力量。是否具有强大的经济实力是实现国家治理现代化的坚实基础,而以经济体制为重点的改革则为国家治理现代化提供了经济引擎动力。古今中外的无数历史实践充分证明,改革作为一种创新机制,是社会发展的强大动力,任何国家民族想要发展进步,就必须与时俱进,敢于改革。自20世纪70年代末的改革开放以来,我国围绕中国特色社会主义建设在经济建设、政治体制改革、文化体制改革、社会领域进行了大大小小多次的改革,每一次的改革都成功推动了社会的发展,激发了社会发展的活力。经过改革开放40多年特别是党的十八大以来的快速发展,中国经济社会步入新轨道,中华民族由从前的任人宰割的境地实现了经济腾飞,国际地位得到提升,中国社会由封闭、落后、贫困实现了今天的开放、繁荣、富强的崭新面貌,人民生活由温饱难以解决实现了富裕幸福梦圆小康的伟大转变,越来越多的"中国创造"开始走出国门,走

---

① 张国良. 20世纪传播学经典文本[M]. 上海:复旦大学出版社,2001:322.

向世界。可以说,改革开放是我国经济社会发展的关键一招。当前,随着现代化建设的推进,改革进入了战略机遇期、攻坚克难期和爬坡跃坎期"三期叠加",百年未有之大变局与世纪疫情交织。因此,在新的历史背景下,坚持和完善中国特色社会主义制度,推进国家治理现代化,要顺应我国生产力和经济基础的具体国情,继续把发展作为第一要务,坚持毫不动摇抓好解放和发展生产力这个根本任务,通过发挥市场在资源配置中的决定性作用以及完善政府宏观调控、建立高水平的开放型经济体制等途径充分释放中国经济增长的潜力,发挥经济体制改革对国家治理现代化的引擎作用,夯实国家治理现代化的经济根基。

(二) 全面深化改革为国家治理现代化提供制度供给动力

2013年,党的十八届三中全会明确了"完善和发展中国特色社会主义制度,推进国家治理体系和治理能力现代化"的全面深化改革总目标。从国际竞争的角度来看,制度竞争是国际竞争的根本,一个具有强大制度优势的国家也具有强大的生命力。中国发展的伟大成就证明,包括根本制度、基本制度、重要制度在内的中国特色社会主义制度是40多年来推动国家治理现代化的活力之源。究其原因,其一,国家治理现代化的本质就是实现制度现代化。推动经济社会生活中各领域的改革固然是国家治理现代化的任务,但是,如果从国家治理的角度考虑的话,其核心则是推动中国特色社会主义制度实现进一步发展完善。因为,制度是更为深层次的影响力量,通过完善制度体系并且兼顾制度落实的可操作性,对于国家治理体系和治理能力现代化的实现具有关键性影响。其二,全面深化改革在制度完善、机制确立、建章立制等方面为提升国家治理现代化搭建了科学高效的框架体系,以保障国家治理现代化的推进。2019年10月28日,习近平总书记在关于《制度决定》的说明中明确强调:"新时代改革开放具有许多新的内涵和特点,其中很重要的一点就是制度建设分量更重,改革更多面对的是深层次体制机制问题……相应地建章立制、构建体系的任务更重。"[①]自党的十八大以来,我们党领导人民秉持系统性思维推动全面深化改革。在制度构建、运行、落实以及反馈等环节不断完善中国特色社会主义根本政治制度、重要政治制度、经济制度以及其他制度,不断完善建立在基本制度基础之上的中国特色社会主义的政治、经济、文化、社会和生态文明体制机制,为国家治理现代化提供了有效的制度指导。简言之,随着全面深化改革进入了深水区,我们要持续不断地强化制度创新,以激发全社会的创新和创造潜能,提升我国

---

① 习近平. 习近平谈治国理政:第3卷[M]. 北京:外文出版社,2020:112.

国家治理现代化的创新能力,从而为国家治理现代化提供强大的制度供给力。

二、国家治理现代化的有力保障:全面依法治国

"小智治事,中智治人,大智立法。"法治,是人类政治文明的重大成果,是国家治理现代化的重要方式之一。党的十九届六中全会指出,"全面依法治国是中国特色社会主义的本质要求和重要保障,是国家治理的一场深刻革命"①。从全面依法治国和国家治理现代化两者的关系上看,国家治理现代化与全面依法治国是相辅相成、辩证统一的关系。一方面,全面依法治国具有规范和引领的作用,是推进国家治理现代化的重要内容和主要途径;另一方面,国家治理现代化离不开法治的现代化,法治的现代化是国家治理现代化的必要条件,国家治理现代化的核心要义就是要坚持依法治国和依宪治国,推进国家治理的法治化,进而推动国家各项工作的法治化。

法治,古来有之。在中国古代汉语中,"法"与"治"二字各具有重要的含义。"法"的原意本为法律、法令,后被引申为标准、方法的意思,"治"本义为水名,后扩展为管理之意。先秦时期,《管子》提出"以法治国"这一概念。意为通过严厉的历法使民众服从管理。此后,梁启超提出了"儒家人治,法家法治"的主张。现代法治思想起源于西方,是西方国家现代化进程中的产物,强调"宪政""三权鼎力""司法独立"。与西方国家的法治道路不同,在中国共产党领导下,我们在中国特色社会主义的建设实践中逐步探索出一条符合中国国情并且能够指导中国现实的现代化法治道路。2014年,党的十八届四中全会通过了《中共中央关于全面推进依法治国若干重大问题的决定》,对社会主义法治国家建设做出顶层设计,强调走中国特色社会主义法治道路。就基本特征而言,"建设社会主义法治化国家,切实从法律上保障和维护社会的公平正义和人民权利②"更加强调民主、平等、人权等思想元素,现代化法治化目标的提出体现了我国推进国家治理现代化实施的显著优势。新时代,为了更好地提升国家治理现代化,必须发挥通过全面依法构筑强有力的法律保障。

第一,以坚持党的核心领导推进全面依法治国。坚持党的领导,是中国特色社会主义鲜明特色和政治优势。自党的十八大以来,习近平总书记站在治国

---

① 中共中央关于党的百年奋斗重大成就和历史经验的决议[N].人民日报,2021-11-17(1).

② 坚持和完善中国特色社会主义制度、推进国家治理体系和治理能力现代化若干重大问题的决定[N].人民日报,2019-11-01(1).

理政的战略高度,对全面依法治国问题进行了深入的探索研究。在党的十八届四中全会上,习近平总书记特别指出,党和法治的关系是法治建设的核心问题。党和法的关系是一个根本问题。处理得好,则法治兴、党兴、国家兴;处理得不好,则法治衰、党衰、国家衰。党领导人民制定宪法和法律,党领导人民执行宪法和法律,党自身在宪法和法律范围内活动,真正做到党领导立法、保证执法、带头守法。

第二,以系统性的思维模式推进全面依法治国。中国特色社会主义国家治理体系是由一整套制度构成的,包括以中国共产党党章为统领的党内法规制度体系,以党的基本路线为统领的党和国家的政策制度体系,以宪法为统领的法律体系及由法律体系构建起来的法律制度体系①。一般认为,经济社会发展在深入推进的过程中其内部各种要素相互交织,复杂性和潜在风险性也随之增长,当经济的主体独立力量增强时,法律作为维持经济内在成分的一种固定关系被撼动。传统意义上的法律体系和结构逐渐走向分裂,而与以往社会相匹配的要素不断被淘汰出局。在实践上,我国国家治理现代化是一项系统性的工程,"牵一发而动全身"的系统性问题,各要素组成复杂的系统。因此,必须将全面依法治国作为一项系统性工程整体推进,推动科学立法、严格执法、公正司法、全面守法等环节的一体化治理,并推动国家、政府、社会以及个人的法治化建设水平。只有有效整合这些不同法治系统和要素,才能有效推进国家治理现代化。

第三,以保障个体合法权利为导向推进全面依法治国。在现代化语境下,保障个体基本合法权益是推进国家治理现代化的题中应有之义。如果国家治理的改革过程中没有注意到普通民众的基本权益,而使其在具体执行过程中权益受损,国家治理现代化便无从谈起。只有将权力关进监督和制度的"笼子"中,充分保障个体合法权利并对国家治理主体授权,才能真正做到全面依法治国的利益最大化。2020年5月28日,作为新中国第一部以法典命名的法律——《中华人民共和国民法典》成为我国公民权利保障的新开端。《中华人民共和国民法典》的通过具有重要意义,其有利于巩固国家法治化建设的基石,充分保障个体公民的社会私权,有利于激发社会公众多维度参与国家治理的热情。正如习近平总书记深刻指出:"全面推进依法治国,是解决党和国家事业发展面临的一系列重大问题,解放和增强社会活力、促进社会公平正义、维护社会和谐稳定、

---

① 张文显. 法治化是国家治理现代化的必由之路 [J]. 法治与社会发展, 2014 (5): 8-10.

确保党和国家长治久安的根本要求。要推动我国经济社会持续健康发展，不断开拓中国特色社会主义更加广阔的发展前景，就必须全面推进社会主义法治国家建设，从法治上为解决这些问题提供制度化解决方案。"①

三、国家现代化提供的根本保证：全面从严治党

办好中国的事情，关键在党。"党政军民学，东西南北中，党是领导一切的。"② 习近平总书记指出："坚持党的领导，是改革开放取得成功的关键和根本。"③ 改革开放40多年来，我们始终不渝地牢牢坚持党的核心领导，在党中央的正确引领下中国社会各方面迈上新台阶，不断实现新的跨越式发展。自党的十八大以来，以习近平同志为核心的党中央以高度的历史感和使命感，提出了包括全面从严治党在内的"四个全面"战略布局，要求坚持锤炼党的政治品格，提高党的执政能力，增强党的责任意识，为新时代推进全面从严治党列出了"任务书"，绘制了"作战图"。坚持中国共产党的领导是中国特色社会主义最本质的特征，也是实现国家治理现代化最鲜明的特征和最根本的保证，中国的治理体系赋予了中国共产党领路人、谋全局、建机制、促改革、聚人心的极其重要地位，新时代，推动国家治理现代化必须坚定不移地发挥党的全局核心领导作用。

首先，政党作为现代政治的根本标志在国家治理中具有关键核心作用。自党的十八大以来，习近平总书记以高度的政治意识将国家治理现代化作为重点任务进行了安排部署，并从现代化建设的战略高度确立了明确的战略目标，将其纳入国家发展总体规划的重要位置。其次，党中央坚持中国特色社会主义道路的正确方向，以马克思主义国家治理理论、中国共产党人国家治理观以及中华优秀传统文化中蕴含的宝贵治理理念作为根本思想指导，以确保国家治理现代化始终沿着正确的思想路线推进实施。最后，充分发挥各级党组织的协调作用。对于促进国家治理体系和治理能力现代化而言，党中央、各级地方组织以及基层组织在秉持讲政治、守纪律、对党忠诚的原则下明确分工、各司其职，通力合作发挥党组织在国家治理中的协调作用。从政策层面上看，党中央出台

---

① 中共中央关于全面推进依法治国若干重大问题的决定［M］.北京：人民出版社，2014：42.
② 习近平. 决胜全面建成小康社会 夺取新时代中国特色社会主义伟大胜利：在中国共产党第十九次全国代表大会上的报告［N］.人民日报，2017-10-19（1）.
③ 习近平. 在庆祝海南省办经济特区30周年大会上的讲话［N］.人民日报，2018-04-14（2）.

法规文件为国家治理现代化保驾护航。例如，近年来，党中央先后通过颁布《中共中央政治局关于加强和维护党中央集中统一领导的若干规定》《中国共产党重大事项请示报告条例》《党委（党组）落实全面从严治党主体责任规定》等一系列具有重大指导作用的政策文件。

自党的十八大以来，以习近平同志为核心的党中央把全面从严治党提升到了国家治理现代化全局中更加重要的位置，以伟大"自我革命"的斗争意识和使命担当，对全面从严管干部"全覆盖"，对全面从严抓党建"求实效"，对全面从严治腐败"过筛子"，不仅取得许多显著的成就，而且赢得了党心民心。但是，当前全面从严治党依然重任在肩，特别是面临着提升自身能力水平、锻造坚定理想信念、推进反腐败斗争的艰巨任务。2021年，党的十九届六中全会审议通过的《中共中央关于党的百年奋斗重大成就和历史经验的决议》全面总结了党加强自身建设、推进自我革命的百年历程，充分肯定了党的十八大以来在全面从严治党上取得的历史性、开创性成就，并把"坚持自我革命"概括为党的百年奋斗的十条历史经验之一，强调要继续推进新时代党的建设新的伟大工程。为了进一步提升新时代全面从严治党的效果，为实现国家治理现代化提供根本保证，必须发挥"主心骨"和"定星盘"的功能，以"自我净化"来保持革命精神，以"自我完善"来激励奋斗意志，以"自我革新"来保持创新精神，以"自我提高"来提升工作能力，使党始终走在时代潮流的最前列，成为领航中国国家治理现代化前进的中坚力量。

第六章

中国特色社会主义国家治理的实践

2021年11月,党的十九届六中全会通过的《中共中央关于党的百年奋斗重大成就和历史经验的决议》深刻指出,"党不断推进全面深化改革向广度和深度进军,中国特色社会主义制度更加定型,国家治理体系和治理能力现代化不断提高,党和国家事业焕发出新的生机活力"①。从系统论的视角来看,国家治理是一套科学完备的复合系统。习近平总书记指出:"国家治理体系是在党领导下管理国家的制度体系,包括经济、政治、文化、社会、生态文明和党的建设等各领域体制机制、法律法规安排,也就是一整套紧密相连、相互协调的国家制度。"② 新时代,深化思想认识,提升国家治理体系和治理能力现代化,必须切实把握国家治理现代化的科学规律,并在此基础上大力推进理论和实践创新,这是中国特色社会主义国家治理现代化的题中之意,也是全面建设社会主义现代化强国,实现中华民族伟大复兴的必然要求。自党的十八大以来,在以习近平同志为核心的党中央的坚强领导下,中国特色社会主义在政治、经济、文化、社会以及生态文明等各领域的治理现代化取得一系列重大理论成就和实践成果,进一步夯实了治国理政的牢固根基。

第一节 政治治理

在国家治理体系和治理能力现代化中,政治治理体系和治理能力无疑是极其最核心的内容。政治治理现代化是国家治理现代化在政治领域的体现,即传统政治统治向现代政治治理的转变,包括政治理念、政治制度、政治体制、政

---

① 中共中央关于党的百年奋斗重大成就和历史经验的决议 [N]. 人民日报,2021-11-17(1).
② 中共中央文献研究室. 十八大以来重要文献选编:上 [M]. 北京:中央文献出版社,2014:548.

治运作等各个方面，是整个政治体系的现代化。① 新中国成立以来，特别是改革开放以来，我们党团结带领人民成功开辟和坚持了中国特色社会主义政治发展道路，为实现最广泛的人民民主确立了正确方向。党的十八大以来，以习近平同志为核心的党中央坚定不移推进中国特色社会主义政治发展道路，积极稳妥推进政治体制改革，不断加强民主法治建设，建设社会主义政治文明。

一、探索民主政治新范式，坚持中国特色社会主义政治发展道路

（一）中国政治实践的历史沿革

一个国家实行什么样的主义，关键要看这个主义能否解决这个国家面临的历史性课题。中国特色社会主义政治发展道路是中国社会政治历史发展的必然选择，是符合中国国情、保证人民当家做主的正确道路。习近平总书记指出："中国特色社会主义政治发展道路，是近代以来中国人民长期奋斗历史逻辑、理论逻辑、实践逻辑的必然结果，是坚持党的本质属性、践行党的根本宗旨的必然要求。"② 1840 年鸦片战争以后，中国逐步成为半殖民地半封建社会，国家蒙辱、人民蒙难、文明蒙尘，中华民族遭受了前所未有的劫难。在风起云涌救亡图存的运动中，无论是封建统治者试图自救的洋务运动，还是以康有为、梁启超为代表的戊戌变法，孙中山领导的辛亥革命，都进行过各种尝试和探索，但都因不符合中国国情、不符合中国民主政治发展潮流而最终归于失败。最终历史和人民选择了中国共产党。

以毛泽东为代表的中国共产党人，坚持把马克思主义基本原理与中国具体实际相结合，不断总结近代以来中国政治发展的历史经验，领导中国人民经过艰苦卓绝的斗争，取得新民主主义的伟大胜利，建立了中华人民共和国，实现了中国从几千年封建专制政治向人民民主的伟大飞跃，为建立最广泛的、真正的人民民主开辟了全新的道路。中华人民共和国的成立，以及以人民代表大会制度为核心的一系列根本、基本和重要制度的确立，标志着中国共产党领导的人民民主制度在中国的全面确立，为探索中国特色社会主义政治发展道路奠定了根本的政治前提和制度基础。

自改革开放以来，中国共产党坚持把马克思主义基本原理与中国政治建设的实践相结合，将中国特色社会主义民主政治不断推向成熟与完善。邓小平领导全党恢复和确立"解放思想、实事求是"的思想路线，总结中国政治发展道

---

① 杜飞进. 论中国特色政治治理现代化［J］. 社会科学研究，2016（1）：9.
② 中国共产党第十九次全国代表大会文件汇编［M］，北京：人民出版社，2017：29.

路的经验教训，深刻指出："在民主的实践方面，我们过去做得不够，并且犯过错误。""没有民主就没有社会主义，就没有社会主义的现代化。"①他同时强调社会主义法制对发展社会主义民主的重要性，提出要发展社会主义民主，健全社会主义法治。"我们民主制度还有不完善的地方，要制定一系列的法律、法令和条例，使民主制度化、法律化。社会主义民主和社会主义法制是不可分的。不要社会法制的民主，不要党的领导的民主，不要纪律和秩序的民主，决不是社会主义的民主。"②坚持发展民主和法制，有力地推动中国特色社会主义民主政治建设，在依法治国上做出重要探索。以江泽民同志为核心的党的第三代中央领导集体，进一步深化社会主义民主与法制关系的认识，在理论上明确提出"坚持党的领导，人民当家作主和依法治国有机统一"的基本原则。正是在这长期的实践探索和理论研究上，胡锦涛在党的十七大明确提出"中国特色社会主义政治发展道路"这一完整的科学概念。胡锦涛深刻指出："要坚持中国特色社会主义发展道路，坚持党的领导、人民当家作主、依法治国有机统一，坚持和完善人民代表大会制度，中国共产党领导的多党合作和政治协商制度、民族区域自治制度以及基层群众自治制度，不断推进社会主义政治制度的自我完善和发展。"③

自党的十八大以来，以习近平同志为核心的党中央依据国内外形势的发展变化，立足中国国情，在建设中国特色社会主义政治发展道路上展现了新形象、新姿态、新作风和新作为，拓展了中国特色社会主义政治发展道路的新内涵，布展政治体制改革的新思路，确立了社会主义民主政治发展的新范式。自党的十八大以来，在统筹推进"四个全面"战略布局，紧紧围绕坚持党的领导、人民当家做主、依法治国有机统一进行了深化政治体制改革，加快推进了社会主义民主政治制度化、规范化、程序化建设，在建设社会主义法治国家，发展更为广泛、更加充分、更加健全的人民民主上取得了历史性成就、历史性变革。在党的十九届四中全会上习近平总书记指出："世界上没有完全相同的政治制度模式，政治制度不能脱离特定社会政治条件和历史文化传统来抽象评判，不能定于一尊，不能生搬硬套外国政治制度模式。"我们"要长期坚持、不断发展我国社会主义民主政治，经济稳妥推进政治体制改革，推进社会主义民主政治制度化、规范化、程序化，保证人民依法通过各种途径和形式管理国家事务，管

---

① 邓小平. 邓小平文选：第 2 卷 [M]. 北京：人民出版社，1994：168.
② 邓小平. 邓小平文选：第 2 卷 [M]. 北京：人民出版社，1994：359.
③ 中共中央文献研究室. 十七大以来重要文献选编：上 [M]. 北京：中央文献出版社，2011：22.

理经济文化事业，管理社会事务，巩固和发展生动活泼、安定团结的政治局面"。①

（二）中国政治治理实践的基本特点

与西方以三权分立、多党制、议会制为核心的民主政治不同，中国政治治理始终坚持中国特色社会主义的基本原则，坚持党的领导、人民当家做主和依法治国的有机统一，将保障与改善民生作为维护和实现人民利益的重中之重。

1. 中国共产党是国家最高政治领导力量

在中国的政治治理体系中，中国共产党始终处于总揽全局、协调各方的核心统领地位，是最高政治领导力量。中国特色社会主义最本质的特征是中国共产党领导，中国特色社会主义制度的最大优势是中国共产党领导，党的领导是做好党和国家各项工作的根本保证。中国人民之所以选择中国共产党，从根本上说，就是因为我们党在中国各种政治力量中是最先进的。中国共产党从成立之日起，就把自己定位为工人阶级的政党，始终坚持工人阶级先锋队的性质。中国共产党作为工人阶级的政党从成立伊始，就坚持以马克思主义为指导，保证了现代化建设的正确方向，保持了党的先进性。我们党之所以能够在近代以后各种政治力量反复较量中脱颖而出，赢得人民信任、取得重大成就，根本原因就在于坚持以马克思主义为指导，始终保持自身的先进性。从建党的"开天辟地"，到中华人民共和国成立的"改天换地"，到改革开放的"翻天覆地"，再到今天又带领人民创造了举世瞩目的"中国奇迹"，迎来了从站起来、富起来到强起来的伟大飞跃。实践证明，正是有中国共产党的领导，中国才能实现民族独立、人民解放，才能在几十年内取得西方发达国家几百年取得的发展成就。经过长期的实践和发展，我国基本形成了党委领导、政府负责、社会协同、公众参与、法治保障的社会治理体制。在这个治理体制中，居于主导地位的就是中国共产党。用习近平总书记的话说，就像"众星捧月"，这个"月"就是中国共产党。"在国家治理体系的大棋局中，党中央是坐镇中军帐的'帅'，车马炮各展其长，一盘大棋大局分明。"② 在这个治理体系中，居于主导地位的中国共产党，从来不代表任何利益集团、任何权势团体、任何特权阶层的利益，而是代表最广大人民的利益，这既能超然于各种治理主体和治理力量之上，平衡

---

① 人民出版社编辑部. 中国共产党第十九次全国代表大会文件汇编[M]. 北京：人民出版社，2017：29.
② 中共中央文献研究室. 习近平关于全面从严治党论述摘编[M]. 北京：中央文献出版社，2021：59.

各种力量，又能主导各种力量，避免"政府失灵"或"市场失灵"。从实质上讲，中国共产党的领导，就是领导和支持人民当家做主，就是保证人民民主专政这一政权性质的不变。

2. 坚持以人民为中心，尊重人民主体地位

治国理政为了谁、依靠谁和成果由谁享有，这是治国理政的核心问题。在我国政治体系中，人民当家做主是社会主义民主政治的本质和核心，人民代表大会是中国人民当家做主的重要途径和实现形式。《中华人民共和国宪法》第二条庄严声明："中华人民共和国的一切权力属于人民。"党章也明确规定，我们党没有自己特殊的利益，党在任何时候都把群众利益放在第一位。这是我们党作为马克思主义政党区别于其他政党的显著标志。正如习近平总书记强调指出："江山就是人民，人民就是江山，打江山、守江山，守的是人民的心。"① 自党的十八大以来，以习近平同志为核心的党中央坚持立足中国国情，贯彻更为广泛、充分和健全的全过程人民民主，重视人民对美好生活向往的各种主体性权利的实现。首先，坚持和完善人民代表大会这一根本政治制度。人民代表大会制度是中国特色社会主义制度的重要组成部分，是支撑中国国家治理体系和治理能力的根本政治制度。党的十八届四中全会对全面推进依法治国做出战略部署，强调人民代表大会制度是保证人民当家做主的根本政治制度，要发挥人民代表大会及其常务委员会在立法工作中的主导作用，依照人民代表大会及其常委会制定的法律法规来展开和推进国家各项事业与各项工作，保证人民平等参与、平等发展权利，推动社会主义民主政治法治化。例如，北京市政府通过人大代表"三边"条例积极创新人大代表在生态环境治理中的作用，不仅为相关环境政策的制定实施奠定了良好的民意基础，而且通过人民代表大会制度为人民民主的落实提供了切实可行的实践样板。

其次，形成覆盖民主选举、民主协商、民主决策、民主管理、民主监督等各个环节的全过程人民民主及其相应的制度安排。全过程人民民主就是坚持国家一切权力属于人民，坚持人民主体地位，支持和保证人民通过人民代表大会行使国家权力。在我国民主的实践过程中，所有的重大立法决策都是依照程序，经过民主酝酿，通过科学决策、民主决策产生的，不仅具有充分体现人民意志、保障人民权益的完整的制度程序，也有完整的参与实践，真正将民主选举、民主协商、民主决策、民主管理、民主监督各个环节彼此连接贯通起来，形成完整的民主实践体系，在事实性和价值性上达到完全统一。如在编纂《中华人民

---

① 习近平. 习近平谈治国理政：第4卷[M]，北京：外文出版社，2022：63.

共和国民法典》的过程中，全国人大常委会10次审议，10次向社会公开征求意见，累计收到42.5万人提出的102万条意见和建议，3次组织全国人大代表研读讨论。显然，全过程人民民主不是一句"空洞的口号"，而是始终坚持"以人民为中心"展开推进的，不仅充分彰显了民主的事实性和价值性，也以"人民至上"的价值标准来审视和完善人民民主，使各方面制度和国家治理更好体现人民意志，保障人民权益、激发人民创造。

最后，不断扩宽民主渠道。习近平总书记指出："人民是否享有民主权利，要看人民是否在选举时有投票的权利，也要看人民在日常政治生活中是否有持续参与的权利；要看人民有没有进行民主选举的权利，也要看人民有没有进行民主决策、民主管理、民主监督的权利。"[①] 一方面，构建全面、广泛、有机衔接的人民当家做主制度体系。在我国全过程民主制度安排的结构上，实行工人阶级领导的、以工农联盟为基础的人民民主专政的国体，实行人民代表大会制度的政体，实行中国共产党领导的多党合作和政治协商制度，实行民族区域自治制度和基层群众自治制度，有效保证了人民享有更加广泛、更加充实的权利和自由，保证了人民广泛参加国家治理和社会治理。另一方面，不断丰富民主形式，构建多样、畅通、有序的民主渠道，从各层次各领域扩大人民有序政治参与。以2021年为例，全国人大常委会建立22个基层立法联系点，制定法律17件，修改法律22件，从加强民生保障和社会治理到健全现代化经济体系，再到生态环境保护和绿色发展，保证在各方面的治理上能够更好体现人民意志、满足人民的需求。总之，中国全过程人民民主模式正在逐渐成形并不断发展，创造出新型政治文明形态。正如习近平总书记所指出的，我国社会主义民主是维护人民根本利益最广泛、最真实、最管用的民主。

3. 依法治国是党领导人民治国理政的基本方式

政治文明的核心是民主与法治。建设中国特色社会主义法治体系，建设社会主义法治国家是坚持和发展中国特色社会主义的内在要求。习近平总书记在十九大报告中指出，全面依法治国是国家治理的一场深刻革命，必须坚持厉行法治，推进科学立法、严格执法、公正司法、全民守法。党的十九届四中全会明确提出"必须坚定不移走中国特色社会主义法治道路，全面推进依法治国，坚持依法治国、依法执政、依法行政共同推进，坚持法治国家、法治政府、法治社会一体建设，加快形成完备的法律规范体系、高效的法治实施体系、严密的法治监督体系、有力的法治保障体系，加快形成完善的党内法规体系，全面

---

① 习近平. 习近平谈治国理政：第2卷［M］. 北京：外文出版社，2017：292.

推进科学立法、严格执法、公正司法、全民守法,推进法治中国建设"①。一是完善和发展法律法规体系。完备的法律法规体系,是全面依法治国的制度基础。完善中国特色社会主义法治体系,必须坚持以中国特色社会主义法治理论为指导,坚持以人为本,立法为民,通过民主立法、科学立法,提高立法质量,发挥立法的引领和推动作用。二是不断提高依法行政的水平。法律的生命力在于实施,法律的权威也在于实施。各级党委和政府必须在法治轨道上履行职责,坚持运用法治思维和法治方式开展工作,进一步强化和提升社会治理法治化水平,不断完善党委领导、政府负责、民主协商、社会协同、公众参与、法治保障、科技支撑的社会及国家治理体系。三是树立法治意识,增强全民法治观念。法律的权威源自人民内心拥护和真诚信仰。人民是全面推进依法治国的基础,增强全民法治观念是推进法治社会建设的基础。四是推进司法体制建设,确保司法公正。公正是法治的生命线。司法公正是实现社会稳定的基础,也是实现法治社会的保证。必须完善司法管理体制和司法权力运行机制,规范司法行为,加强对司法活动的监督,努力让人民群众在每一个司法案件中感受到公平正义。

二、优化政治资源配置,构建中国政治治理大格局

国家为了实现政治治理现代化,需要在政治资源动员能力、资源配置能力、资源有效使用能力等方面提升效能,保证政治资源规范化、科学化、有序化、民主化的配备和安排。政治资源是一个人可用于影响他人行为的手段。因而政治资源包括金钱、信息、食物、武力威胁、职业、友谊、社会地位、立法权、投票以及形形色色的其他东西。② 其本质上是政治行为主体实现政治利益的工具,是政治系统正常运行的基础。所谓政治资源配置,是指根据政治系统的结构,利用科学管理手段并辅之必要的现代技术手段,对各类政治资源进行改造、设计、组合、优化、布局的一种综合性活动,其根本目的是更好地提升政治治理水平和效能。执政党的执政水平,主要体现在对多种政治资源、多种政治力量的驾驭能力和组织能力上。

在改革开放前,由于受高度集中的计划经济体制的限制,政治资源配置主要依赖政府,存在政府权力集中、效率低下、配置不公平等问题。譬如,在国家财政的大力支持下,城镇逐步建立了社会保障、社会救济、社会福利"三位

---

① 中共中央关于坚持和完善中国特色社会主义制度 推进国家治理体系和治理能力现代化若干重大问题的决定[M].北京:人民出版社,2019:13-14.
② 罗伯特·A.现代政治分析[M].上海:上海译文出版社,1987:47.

一体"的有效社会保障体系,但在农村地区社会保障体系仍然很薄弱,造成城乡差距。党的十一届三中全会以后,我国由计划经济向市场经济过渡,强调发挥地方的积极性和创造性,地方政府获得了极大的经济管理权,获得了发展地方经济和社会事务的相对独立的自主权。因此,资源配置方式逐渐由中央集中统一分配式向地方自主裁量扩散式转变。虽然这种扩散式分配方式,使地方政府拥有了更多的政治资源和配置权限,但是由于缺乏监管机制,中央与地方政府关系逐步失衡,影响了政治资源的宏观调控和资源配置的公平。

自改革开放以来,尤其是党的十八大以来,我们在坚持公平、法制和效率的基础上充分调动中央、地方、制度、市场、社会等政治资源的优势与作用,使政治资源配置不断趋于合理。习近平总书记反复强调,要用好改革这一关键一招,要加快推进有利于提高资源配置效率的改革,有利于提高发展质量和效益的改革,有利于调动各方面积极性的改革。经过改革实践,我们认识到,决不能不克服市场的盲目性,也不能回到计划经济的老路上去。要努力将市场的作用和政府的作用结合得更好一些,这是一个止于至善的过程。

(一)完善和发展多中心协同的政治资源配置主体

中国特色社会主义政治资源配置格局应立足我国政治发展阶段性特征,既要充分挖掘现有政治资源的优势与特色,也要根据治理情境的变化不断调适。形成党委领导,政府负责,社会协同,公众参与多中心协同治理格局。一是发挥党在政治资源配置中的主导地位作用。党的领导是中国特色社会主义政治治理现代化的根本特征,也是实现政治治理现代化的根本条件。中国共产党要在充分认识和把握执政规律的基础上,正确处理政治与行政的关系、地方党委与政府的关系、党员和群众的关系,建立科学高效的执政机制。以2020年初暴发的新冠肺炎疫情为例,在以习近平同志为核心的党中央的坚强领导下,进一步发挥党组织和党员战斗堡垒、先锋模范作用,在全党全国人民的顽强拼搏下严密构筑了"疫情防控网";进一步彰显了党在疫情防控中的政治责任和政治领导能力。二是转变政府职能,提升政府治理效能。"政府所拥有的一切权力,应该完全服务于社会福祉,决不允许任意妄为。"[1] 转变政府职能是深化行政体制改革的核心,实质解决政府应该做什么,不应该做什么。政府的主要职责是提供公共服务,制定市场规则,维护市场秩序,调节收入分配,运用经济政策进行宏观调控,促进经济社会的稳定发展。习近平总书记指出,深化经济体制改革,核心是处理好政府和市场关系,使市场在资源配置中起决定性作用和更好发挥

---

[1] 刘迪. 现代西方新闻法制概述[M]. 北京:中国法制出版社,1998:53.

政府作用。习近平总书记在党的十九大报告中指出，转变政府职能，深化简政放权，创新监管方式，增强政府公信力和执行力，建设人民满意的服务型政府。这是以习近平同志为核心的党中央做出的重大战略部署，也是全面深化改革的重要组成部分。党的十八届三中全会在《中共中央关于全面深化改革若干重大问题的决定》中明确要求"市场在资源配置中起决定性作用"，进一步理顺了政府与市场的关系。三是发挥社会民众在政治治理中的强大力量。要保障人民当家做主的权利，激发民众的积极性和创造力，拓展民众参与国家政治生活的渠道，保证民众与国家政治资源的对接性。

（二）发挥政治制度资源在政治治理中的重要作用

政治制度资源优化配置是政治治理现代化的制度保障。中国共产党一向高度重视制度建设，充分发挥制度优势在政治资源配置中的作用。新时代，党中央将政治制度与国家治理紧密结合，把坚持和完善党的领导、人民当家作主和依法治国有机统一，坚持和完善人民代表大会制度这一根本政治制度，推动中国共产党领导的多党合作和政治协商制度、民族区域自治制度、基层民主和群众自治制度等具体民主制度的组织形式、运作程序、活动方式等以程序化、制度化、法律化运作。通过完善和健全根本制度、基本制度、具体制度、监管制度、运行机制五个层面的制度系统，发挥自身的优越性和先进性，提升政治治理效能。譬如，在基层治理中，发挥基层群众自治制度，积极推进基层治理转型升级，营造充满生机活力的基层治理，下沉党员干部进基层，为打通国家治理"最后一公里"强基固本。

三、持续深入推进改革，形成政治治理的强大动力

当前，中国正在经历深刻的、全方位的经济社会改革，这种改革既有经济方面的改革，又涉及政治方面的改革。加快推进政治体制改革，有利于对经济社会发展提供重要保障性作用，并且形成有利于改革的强大助推力，从根本上激发社会主义民主政治的内在活力和生命力。自党的十八大以来，党中央积极稳妥地推动国家政治体制改革，开辟了中国特色社会主义政治治理新局面。

（一）实现政治体制改革与经济体制改革协同推进

在政治改革中及时转变政府的职能，发挥政府"定风把舵"的导向作用，推动政府统筹处理好"放权"与"管理"的关系，通过完善政策扶持体系、优化财政投入支持、加强监管等有效手段，提高政府宏观管理能力。同时，实现政治体制改革与经济体制改革相辅相成、相互协调。正如邓小平指出："政治体制改革同经济体制改革应该相互依赖、相互配合。只搞经济体制改革,不搞政治体制改革,经济体制改革也难以深入。"① 近年来,我国积极稳妥地推进政治体制改革,不断推动我国社会主义上层建筑与经济基础相适应,极大地解放和发展了社会生产力。2020年中共中央、国务院印发《关于新时代加快完善社会主义市场经济体制的意见》明确提出,要在更高起点、更高层次、更高目标上推进经济体制改革及其他各方面体制改革,构建更加系统完备、更加成熟定型的高水平社会主义市场经济体制。这为深化经济体制改革提供了重要的指导,有助于激发市场活力和社会创造力,从而为政治体制改革提供强大的经济动力。

(二) 实现民主与政治效率相结合

民主是全人类的共同价值,是中国共产党和中国人民始终不渝坚持的重要理念。如何把民主的价值和理念转化为科学的有效的制度安排,转化为具体现实的治理实践,增强政治治理的效能是一个重大的课题。中国的民主是人民民主,人民当家做主是中国民主的本质和核心。没有民主就没有社会主义。1957年7月9日,毛泽东在对上海各界讲话中,就社会主义政治建设的目标提出初步设想,"我希望造成这么一个局面,就是又集中统一,又生动活泼,就是又有集中,又有民主,又有纪律,又有自由。两方面都有,不只是一方面,不是只有纪律,只有集中,把人家的嘴巴都封住,不准人家讲话,本来不对的也不准批评。应当提倡讲话,应当是生动活泼的"。② 邓小平说:"资本主义社会讲的民主是资产阶级的民主,实际上是垄断资本的民主,无非是多党竞选、三权鼎立、两院制。我们的制度是人民代表大会制度,共产党领导下的人民民主制度,不能搞西方那一套。社会主义国家有个最大的优越性,就是干一件事情,一下决心,一做出决议,就立即执行,不受牵扯。"③ 习近平总书记强调指出,民主不是装饰品,不是用来做摆设的,而是要用来解决人民需要解决的问题的。一个国家民主不民主,关键在于是不是真正做到了人民当家做主,要看人民有没有投票权,更要看人民有没有广泛参与权;要看人民在选举过程中得到了什么口头许诺,更要看选举后这些承诺实现了多少;要看制度和法律规定了什么样的政治程序和政治规则,更要看这些制度和法律是不是真正得到了执行;要看权力运行规则和程序是否民主,更要看权力是否真正受到人民监督和制约。自党的十八大以来,我们深化对民主政治发展规律的认识,提出全过程人民民主

---

① 邓小平.邓小平文选:第3卷[M].北京:人民出版社,1993:164.
② 建国以来毛泽东文稿:第10册[M].北京:中央文献出版社,1996:56-57.
③ 邓小平.邓小平文选:第3卷[M].北京:人民出版社,1993:240.

的重大理念,进一步把民主与政治效率统一起来,完善中国特色社会主义民主政治建设。

第二节 经济治理

作为国家治理的中心工作,经济治理一直是国家治理现代化的重要任务。实践证明,如果没有雄厚强大的经济实力和现代化的经济治理体系作为支撑,一个国家便难以在国际社会获得健康持续的发展,更难以立足于世界。基于这一科学认识,中国共产党人始终秉持"以经济建设为中心""发展就是硬道理"的理念,在探索经济治理的过程中将其放在国家建设的核心位置,并根据不同历史时期的不同特点,不断探索,积极推进经济发展方式转变,逐渐开辟出了一条契合中国实际的全面建设社会主义现代化国家目标的经济治理创新之路。通过更新经济治理理念、加强经济治理战略规划、优化经济治理结构、提升经济治理创新能力等现代化治理手段,大力推进以高质量经济发展为核心的社会主义现代化建设,不断提升经济治理能力和现代化水平,不断铸就中国经济发展新奇迹。

一、创新经济治理思想,引领经济发展新方向

科学的经济建设理论为实现经济治理现代化提供了重要的理论遵循。中国共产党团结带领全国各族人民,在领导近代中国革命、建设、改革的进程中不断创新经济理论,以科学的发展理念推动和引领中国特色社会主义经济治理体系的发展。中国共产党通过对不同历史时期领导经济建设的实践经验及其重要成果进行系统化、科学化的理论凝练和升华,不断形成科学的经济治理理论,以此引领未来经济的发展。

新民主主义革命时期,基于对中国半殖民地半封建社会性质的认识。毛泽东提出了新民主主义革命的目标是推翻帝国主义、封建主义和官僚资本主义的压迫,解除限制生产力发展的一切束缚,通过壮大新民主主义经济达到国家富强、人民解放的目标。根据革命形势和根据地建设的需要,实行以土地革命为核心的经济政策,将巩固和发展农村经济放在首位。1934年1月,毛泽东同志在《我们的经济政策》就指出"我们经济建设的中心是发展农业生产,发展工业生产,发展对外贸易和发展合作社"[①],以此指导根据地更全面地开展经济建

---

① 毛泽东.毛泽东选集:第1卷[M].第2版.北京:人民出版社,1991:130-131.

设。这一时期，经济建设服务于革命战争需要的同时，改善民众生活也是党的重要任务之一。毛泽东在《关心群众生活，注意工作方法》中指出"我们对于广大群众的切身利益问题，群众的生活问题，就一点也不能疏忽，一点也不能看轻"①。虽然革命战争形势不断变化，但以毛泽东同志为主要代表的中国共产党人领导军民积极发展工农业生产，为革命的胜利奠定了重要的物质基础。新民主主义革命时期，中国共产党对经济建设进行了大量探索和创新，这些探索和创新为新中国成立后的国民经济治理实践提供了宝贵经验。

新中国成立到改革开放前夕，面临外部西方经济封锁，内部百废待兴的困难形势下，党和新生的人民政府不断摸索社会主义制度建立和发展的新道路。这一时期，首要的任务是恢复和发展国民经济。为了调动生产者的积极性和尽快实现国民经济的恢复，1950年冬至1953年，全国上下施行了轰轰烈烈的土地改革，推出了一系列恢复经济改革的措施，使经济得到了一定程度的恢复和发展。随着国民经济恢复任务的胜利完成，以及国内外形势的变化，1953年6月，党中央提出了过渡时期总路线，要求在一个相当长的时间内，基本上实现国家工业化和对农业、手工业、资本主义工商业的社会主义改造。1956年9月，中共八大召开，毛泽东在会上指出，我国社会的主要矛盾已经是人民对于建立先进的工业国同落后的农业国现实的矛盾，是人民对于经济文化迅速增长的需要同经济文化不能满足人民需要的状况之间的矛盾。这个矛盾的实质就是先进的社会制度和落后的社会生产之间的矛盾。正是基于这一主要矛盾的判断，我们党确立了社会主义工业化的新目标。中共八大提出了"要坚持既反保守又反冒进的经济建设方针，在综合平衡中前进"的经济治理理念，并逐渐形成以优先发展重工业为核心的赶超型发展理念，掀起了社会主义经济建设的浪潮。

党的十一届三中全会以后，中国共产党在总结新中国成立以来的历史经验基础上，开始探索走中国特色社会主义现代化道路，相继提出社会主义本质理论、社会主义初级阶段理论、社会主义市场经济理论、社会主义改革开放理论、科学发展观等理论，为中国特色社会主义建设和发展指明了方向。1978年12月，党的十一届三中全会召开，这次全会做出实行改革开放的政策，党的工作重心开始转变到以经济建设为中心的轨道上来。党的十一届三中全会恢复了解放思想、实事求是的思想路线，揭开了改革开放的大幕。改革开放作为我们党的一次伟大觉醒，孕育了我们党从理论到实践的伟大创造。通过不断深化经济体制改革和推进对外开放，进一步解放和发展社会生产力。1984年10月20日，

---

① 毛泽东.毛泽东选集：第1卷[M].第2版.北京：人民出版社，1991：136.

中共十二届三中全会讨论了《关于经济体制改革的决定》，规定了经济体制改革的性质、基本任务和各项基本的方针政策，提出改革是社会主义制度的自我完善，改革的基本任务是建立具有中国特色的充满生机活力的社会主义经济体制，该决定确认了我国社会主义经济是公有制基础上的有计划商品经济，这是党对马克思主义的理论发展，为建设有中国特色的社会主义经济提供了理论指导。中共十三大提出中国要建立的社会主义是有计划的商品经济新体制，是计划与市场内在统一的体制，在这种体制下，计划和市场的作用范围都是覆盖全社会的，这就为新的经济体制改革明确了方向。1992年邓小平"南方谈话"提出衡量改革开放的三个有利于标准，即是否有利于发展社会主义社会的生产力、是否有利于增强社会主义国家的综合国力、是否有利于提高人民的生活水平，社会主义的本质就是解放生产力、发展生产力，消灭剥削、消除两极分化，最终达到共同富裕。从理论上回答了什么是社会主义和怎样建设社会主义的重大问题，促进了人们的思想解放，为中共十四大确立社会主义市场经济改革目标做了理论上的准备。1992年10月，江泽民在中共十四大报告指出"实践的发展和认识的深化，要求我们明确提出，我国经济体制改革的目标是建立社会主义市场经济体制，以利于进一步解放和发展生产力"①。2002年中共十六大以后，针对世情、国情、党情的新形势，以胡锦涛同志为总书记的党中央，深刻认识和回答了新形势下实现什么样的发展，怎样实现发展的重大问题，形成了科学发展观，中国进入了全面建设小康社会、加快建设社会主义现代化建设的新阶段。2003年10月，中共十六届三中全会明确提出，要坚持"以人为本，树立全面、协调、可持续的发展观"②，并将其确立为深化经济体制改革、统领经济和社会发展的指导思想和原则。这一时期的经济治理理念的突出特点是始终坚持"以经济建设为中心""坚持改革开放"，在经济治理手段上强调市场和国家宏观调控相结合，在经济治理目标上注重效率并兼顾公平，围绕保障和改善民生、促进社会公平正义、构建社会主义和谐社会来坚持和发展中国特色社会主义。

进入新时代，以习近平同志为核心的党中央团结带领全国各族人民，深刻回答了"新时代坚持和发展什么样的中国特色社会主义、怎样坚持和发展中国特色社会主义，建设什么样的社会主义现代化强国、怎样建设社会主义现代化强国，建设什么样的长期执政的马克思主义政党、怎样建设长期执政的马克思

---

① 加快改革开放和现代化建设步伐，夺取有中国特色社会主义事业的更大胜利：在中国共产党第十四次全国代表大会上的报告[J]. 求实，1992（11）：1-16.
② 中共中央关于完善社会主义市场经济体制若干问题的决定[J]. 中华人民共和国国务院公报，2003（34）：4-12.

主义政党"的问题,创立了习近平新时代中国特色社会主义思想,明确了新时代的奋斗目标。坚持以"创新、协调、绿色、开放、共享"① 的新发展理念引领经济建设、政治建设、文化建设、社会建设和生态文明建设。在经济治理方面,以习近平同志为核心的党中央,审时度势,积极谋篇布局,对发挥"有效市场"和"有为政府"的合力、完善社会主义市场经济体制、推动中国经济高质量发展、构建现代经济体系、推动供给侧结构性改革以及构建国内国际双循环进行了深入的探索,形成了习近平经济思想。习近平经济思想是我国经济治理领域最新的理论成果,也是今后持续推进经济治理现代化的科学指南。

二、制定经济治理战略,提升经济发展新定力

所谓经济治理战略是指国家以相关经济理念为依据,围绕事关经济领域根本性、全局性、关键性、稳定性、长期性的重大议题所进行的整体谋划和具体落实。经济治理战略是经济治理的有机组成部分。新中国成立以来,党基于对国际国内发展形势的把握,充分利用集中力量办大事的社会主义制度优势,充分调动全国一切经济资源和力量,着手制定适合中国国情的经济发展战略,制定了长期、中期、短期等明确的发展目标规划和实施路线图。正确的经济治理战略的组织落实有利于将投入有效的经济资源要素调配到社会发展的亟须的领域或关键部门,以突破瓶颈制约、弥补发展缺口、实现跨越式发展。

新中国成立初期,我国经济发展十分落后,1949 年,中国人均工农业总产值只有 86 元,年人均国民收入 69.29 元,年人均粮食只有 209 公斤②,且工业产值只占国民经济总产值的 10% 左右。③ 在这种背景下,如何在较短的时间内以更加快的建设速度实现社会主义工业化,赶上西方的资本主义国家,巩固社会主义国家的经济基础,成为新中国经济发展的战略目标。这一时期,党中央提出了"追赶型"经济发展战略,核心是优先发展重工业,建设一个自给自足的工业化体系和国民经济体系。根据这一经济发展战略,1950 年 6 月,中央人民政府颁布《中华人民共和国土地改革法》,占全国人口大多数的新解放区农村开展了大规模的土地改革运动,进一步解放了农村的生产力。1950 年 6 月,七届三中全会闭幕后,中央确定经济方面"公私兼顾、劳资两利"的方针,合理调整城市工商业,特别是调整人民政府和国有经济与私人资本主义经济的关系,

---

① 十八届五中全会公报 [J]. 中国经济信息,2015 (22):29.
② 王美玉. 中国民生建设研究(1949—1956)[M]. 北京:知识产权出版社,2016:71.
③ 黄顺基,吕永龙. 中国经济可持续发展战略框架 [M]. 北京:改革出版社,1999:17.

使城市工商业得到了恢复和发展。1952年，工农业产值和主要产品的产量均已超过新中国成立前最高水平，人民生活水平逐步提高，较1949年职工工资提高70%，农民收入增加30%。国有经济由于国家的支持得到了更快速的发展，在经济结构中的比重不断上升，这也为社会主义制度的建立奠定了经济基础。

在新民主主义经济向计划经济过渡时期，随着土地改革的基本完成和国民经济的迅速恢复，特别是国营经济的发展壮大，新中国开始了由新民主主义向社会主义的过渡。这一时期，苏联的经济模式显示出巨大的优越性，这对我国当时的经济治理理念产生了很大的影响。1953年6月，党中央讨论和制定了中国共产党过渡时期总路线并在经济领域进行"三大改造"，社会主义改造开始付诸实施。为了实现国家的社会主义工业化，从1953年开始执行国家建设的第一个五年计划，集中主要力量发展重工业，并提出了实现工业快速增长，"赶英超美"的口号。在推进国家工业化的过程中，对农业、手工业和资本主义工商业的社会改造也在大力推进。1953年，先后做出关于农业生产互助合作的决议和关于发展农业生产合作社的决议。1953年10月，做出关于实行粮食的计划收购和计划供应的决议。1954年12月，提出各行业以大带小，以先进带落后，先对中小企业进行改组、合并，然后实行公私合营。1955年11月，提出大大加速资本主义工商业全行业公司合营的计划。1955年夏季至1956年，加快了社会主义改造的步伐，在较短的时间内实现了生产资料所有制的根本变革，完成了社会主义的改造，确定了社会主义制度。第一个五年计划各项指标大多数超额完成，工业、交通运输业、基建等捷报频传。如1953年，鞍山钢铁公司无缝钢管厂开工，包头钢铁公司、武汉钢铁公司等相继开工或开建；1956年，长春第一汽车厂建成投产、中国第一架喷气式飞机试制成功、北京电子管厂正式投产；1953—1956年，各类能源和化工基地以及工矿企业兴建。"一五"计划的成就充分体现了社会主义制度的优越性，这极大地推进了中国社会主义工业化进程。

社会主义制度确立后至改革开放前夕，由于中苏交恶、西方封锁的恶劣国际环境影响，再加上国内对社会主义建设缺乏经验，经济发展曲折甚至出现了停滞的不利局面。党的八大提出要坚持既反保守又反冒进的综合平衡战略方针。在"综合平衡中前进"的治理理念下，不断调整经济战略，通过积极地主动作为，不断探索适合中国国情的经济发展之路。党中央对沿海和内地工业的关系进行了重新认识，并在坚持发展沿海工业的基础上利用其基础好、人才多、潜力大的优势助力内地工业的发展；同时对平衡好农业、轻工业和重工业的关系制定了一系列政策。这一基于国情的工业化发展战略，迅速汇聚了经济建设的强大力量，初步构建起比较完整的、独立的并且有中国特色的工业体系和国民经济体系。1961年1月，中共八届九中全会正式决定对国民经济实行"调整、巩固、充实、提高"的八字方针，国民经济发展进入新的轨道。1964年底至1965年初，在第三届全国人民代表大会第一次会议上，周恩来第一次提出了要将我国建设成一个具有现代农业、现代工业、现代国防和现代科学技术的社会主义强国的任务。但由于缺乏社会主义建设经验，既定的经济治理理念逐步被急于求成的思想取代，以高指标、瞎指挥、浮夸风、共产风等为主要标志的错误思想泛滥开来，经济治理逐步脱离经济规律，再加上当时的盲目乐观的经济思想，导致了效率低下、结构失衡、后劲不足等一系列经济问题。

自中共十一届三中全会以来，随着对外开放和经济体制改革的深化发展，经济治理理念从"综合平衡"开始转向统筹"市场调节"和"宏观调控"相结合，经济治理的战略也随着国内外形势和国家经济目标不断进行调整。1978年4月，党中央召开工作会议制定了"调整、改革、整顿、提高"的方针。1981年起，主要经济比例关系逐渐趋于合理，农业、轻工业长期严重滞后的状况有了根本转变。1982年9月，中国共产党第十二次全国代表大会上，邓小平提出1981年至20世纪末我国经济建设的总目标是："在不断提高经济效益的前提下，力争使全国工农业的年生产总值翻两番。使人民的物质文化生活达到小康水平。"① 在经济建设总目标的指导下，释放市场活力的经济体制改革也全面展开。1987年10月，中国共产党第十三次全国代表大会阐述了社会主义初级阶段理论并提出了社会主义初级阶段的基本路线是"坚持以经济建设为中心，坚持四项基本原则，坚持改革开放"②。大会初步概括了建设有中国特色社会主义理论的主要观点，也为中国特色社会主义经济建设提供了基本遵循。1993年11月，中共十四届三中全会审议通过了《中共中央关于建立社会主义市场经济体制若干问题的决定》，标志着中国开始向社会主义市场经济体制的目标整体推进。随着中国市场经济的进一步发展，制定了一系列深化经济体制改革措施，进一步激发市场活力，更有效发挥市场的主体作用。同时，政府通过宏观经济战略布局，进一步缩小区域、城乡发展差距。例如，全面、协调、可持续发展的发展战略，西部大开发战略，统筹区域、城乡的经济发展战略。1995年，中共十四届五中全会又提出了"必须把社会全面发展放在重要战略地位，实现经济与社会相互协调和可持续发展"③。1997年中共十五大提出，将可持续发展战

---

① 邓小平. 邓小平文选：第3卷 [M]. 北京：人民出版社，2001：1-4.
② 中国共产党简史 [M]. 人民出版社，中共党史出版社，2021：256.
③ 中共十四届五中全会公报 [J]. 人民论坛，1995（10）：4-5.

略作为我国经济发展的重要战略。1999年，江泽民又提出了西部大开发的战略设想，随后的中共十五届四中全会确定了实施西部大开发战略，大大促进了东西部地区的优势互补，有利于缩小贫困地区和发达地区的发展差距。随着一系列市场经济体制改革措施的实施和对外开放的不断深入，我国开始了社会主义市场经济建设的推进期。到2000年，中国成功实现了由社会主义计划经济体制向社会主义市场经济体制的转变，社会主义市场经济体制基本框架初步建立起来。同时，国内生产总值达到了89404亿元，提前3年实现了总体小康的目标。2001年中国的进出口贸易达到了5098亿美元，外汇储备达到2500亿美元，居世界第二位；同年12月11日，中国成为世界贸易组织第143个成员国。2003年10月，中共十六届三中全会明确提出，会议通过《中共中央关于完善社会主义市场经济体制若干问题的决定》，确定了"统筹城乡发展、统筹区域发展、统筹经济社会发展、统筹人与自然和谐发展、统筹国内发展和对外开放的要求，更大程度上发挥市场在资源配置中的基础性作用"①，这是21世纪初完善中国特色社会主义市场经济体制的纲领性文件。2004年召开的中共十六届四中全会提出"工业反哺农业，城市支持乡村"的"反哺"政策；2006年取消农业税；2006年4月，中共中央、国务院印发《关于促进中部地区崛起的若干意见》，以有力的政策和措施，促进统筹城乡、区域经济协调发展。随着经济体制改革和改革开放的不断推进，我国开始积极发展重点地区的对外开放，从保税区到出口加工区，自由贸易试验区（港），再到现在的中国特色社会主义先行示范区，体现了中国立足基本国情，顺应发展大势，既有基层探索又有顶层设计，既试点先行又全面推进国家全面开放。

自党的十八大以来，我国经济治理发展随着新的形势和发展要求做出了适应性调整。一是经济治理的体系不断完备。从时间上看，经济治理会经历不同的历史发展阶段，并且在每一个阶段都会提出与之相适应的治理目标，如既有像实现"四个现代化"、"三步走"发展战略、"两步走"发展战略等大跨度的治理目标，也有像五年计划在内的短时期的发展规划，还有具体到每一个周期性的与国家经济建设项目、经济结构调整发展目标相关的设计。从内容上看，经济治理会涉及经济社会发展的多个领域或方面，如在教育领域实行的科教兴国战略、教育强国战略；在科技领域实行的创新驱动发展战略、科技强国战略；在城乡发展领域实行的城镇化战略以及乡村振兴战略，甚至包括京津冀协同发

① 《中共中央关于完善社会主义市场经济体制若干问题的决定》单行本出版［N］.人民日报，2003-10-23.

展战略、振兴东北、长江经济带发展等不同区域之间的发展战略。这些不同时间段和内容的战略规划在具体的思想指导、实施措施、战略重点以及效果反馈等方面各不相同。二是经济治理要素之间的联系更加全面。如果说，以往的经济治理主要聚焦于单纯的速度或规模增长目标的话，党的十八大以来在经济治理上则更加注重质量与结构。这主要是因为，单一维度的目标设定更容易忽视社会成员在经济之外的其他需求，也没有充分认识到经济、政治、文化、社会、生态是一个相互联系、互为支撑的系统，这往往会导致目标与结果的失衡问题。与此相反，新的经济治理对于各经济要素的彼此之间的联系更加强调全面性、协调性和系统性，以实现高质量和高效益发展为导向，进而在经济发展的过程中满足人民对美好生活的需要，实现人的全面发展。此外，传统的经济治理较多局限于单一的国内或国外范围，缺乏一定的开放互动性，难以有效形成国内和国外两个市场、两种资源之间的双向互动①。加之随着改革开放的持续推进，我国经济面临增长速度换挡期、结构调整攻坚期、前期刺激政策消化期的错综复杂态势，现有经济发展结构模式亟须做出新的调整。因此，党和政府着眼于提高国家经济发展的效率与公平，提出推动供给侧结构性改革、形成国内国际双循环的经济发展格局，从而有利于更好地推动经济实现高质量发展。2017年10月，党的十九大报告提出，当前我国社会的主要矛盾已经转化为人民日益增长的美好生活需要和不平衡不充分的发展之间的矛盾②，提出经济治理的目标从全面建成小康社会和基本实现现代化，再到全面建成社会主义现代化强国③。2018年9月20日，中共中央全面深化改革委员会第四次会议审议通过《关于推动高质量发展的意见》指出，要加快创建和完善制度环境，协调建立高质量发展的指标体系、政策体系、标准体系、统计体系、绩效评价和政绩考核办法，引领高质量发展，把维护人民群众利益摆在更加突出位置，带动引领高质量发展。为贯彻新发展理念和推动高质量发展，实现共同富裕。中共十八届三中全会把市场在资源配置中的"基础性作用"修改为"决定性作用"，进一步强化了市场在经济建设中的地位。同时，通过实施"一带一路"建设、京津冀协同

---

① 张慧君，黄秋菊．中国共产党经济治理能力探析：经验总结与未来挑战［J］．南开学报（哲学社会科学版），2020（1）：29-43．
② 决胜全面建成小康社会　夺取新时代中国特色社会主义伟大胜利：在中国共产党第十九次全国代表大会上的报告［N］．人民日报，2017-10-19（1）．
③ 从2020年到2035年要全面建成小康社会的基础上，再奋斗15年，基本实现社会主义现代化；从2035年到21世纪中叶，要把中国建成富强民主文明和谐美丽的社会主义现代化强国。

发展、长江经济带、粤港澳大湾区建设等区域协调发展战略推动区域间互融互通。2018年，印发《乡村振兴战略规划（2018—2022年）》提出到2050年乡村全面振兴，农业强、农村美、农民富全面实现的愿景，规划农村发展蓝图，促进乡村振兴。2015年11月29日，中共中央、国务院发布《关于打赢脱贫攻坚战的决定》，明确提出2020年实现现行标准下农村贫困人口"两不愁三保障"①，贫困县全面脱帽，解决区域性整体贫困。2021年2月25日，习近平总书记在全国脱贫攻坚总结表彰大会上庄严宣告："经过全党全国各族人民共同努力，在迎来中国共产党成立一百周年的重要时刻，我国脱贫攻坚战取得了全面胜利，现行标准下9899万农村贫困人口全部脱贫，832个贫困县全部摘帽，12.8万个贫困村全部出列，区域性整体贫困得到解决，完成了消除绝对贫困的艰巨任务，创造了又一个彪炳史册的人间奇迹！"②

三、优化经济治理结构，形成经济发展新系统

经济治理结构是经济发展战略布局的体现。推动经济治理结构转型升级，优化调整经济治理结构，是推动经济实现高质量发展的重中之重。从1978年至2012年，我国经济高速增长，GPD先后超过意大利、法国、德国、英国，2010年更是首次突破6万亿美元大关，成功超越日本，跃居为世界第二大经济体。中国经济在实现了自身的跨越式发展的同时也不断为世界经济的繁荣发展做出贡献，成为推动世界经济增长的重要引擎。近年来，受国内外经济环境变化带来的巨大压力，新冠肺炎疫情全球大流行的影响，中国经济仍然获得高质量的发展。2021年，按年平均汇率折算，我国经济总量达到17.7万亿美元，预计占世界经济的比重超过18%，对世界经济增长的贡献率达到25%左右。③ 我国经济发展和疫情防控保持全球领先地位，国家战略科技力量加快壮大，产业链韧性得到提升，改革开放向纵深推进，民生保障有力有效，生态文明建设持续推进。同时，我们也应该承认，我国经济结构也面临发展失衡的问题，主要体现为两个方面。一是产业结构失衡。我国产业结构失衡主要表现在三大产业内部，例如，第二产业中高耗能、高污染、低效益的企业占比较大，制造业尽管体量较大，但仍不够强。二是一些产业特别是高科技产业在全球价值链中处于中低

---

① "两不愁三保障"，即不愁吃、不愁穿，义务教育、基本医疗和住房安全有保障。
② 习近平. 在全国脱贫攻坚总结表彰大会上的讲话 [N]. 人民日报，2021-02-25（2）.
③ 中华人民共和国2021年国民经济和社会发展统计公报 [EB/OL].（2022-02-28）. http://www.gov.cn/shuju/2022-02/28/content_5676015.htm.

端并且所占市场份额较低。中国经济产业想要逆流而上在全球竞争格局中居于主导地位,迫切需要改变传统单纯追求速度和规模的粗放式发展方式,转向高质量发展。

2013年,党的十八届三中全会的决定指出要"使市场在资源配置中起决定性作用和更好发挥政府作用"。通过不断发挥市场的决定性作用和统筹政府与市场的关系来破解中国经济结构失衡的问题。一方面需要充分发挥市场对经济的调节能力。另一方面统筹政府与市场的关系,通过"有为政府"积极地对经济进行宏观调控,不断优化经济治理结构,助力经济发展向"提质增效"型的经济发展模式转变,建设现代化的经济体系。一是积极探索应对经济体系中市场失灵的解决方案,用积极有为的宏观调控来解决市场失灵的问题。充分利用财政与货币手段,提升经济治理政策效力,特别注重理顺财政政策传导机制,发挥财政杠杆作用,优化经济结构。二是依据新时代特征,提出新的发展理念,指导经济发展。党的十八届五中全会上,习近平总书记提出"创新、协调、绿色、开放、共享"的新发展理念,为中国经济发展提供了基本遵循。2015年11月10日,习近平总书记在中央财经领导小组会议上提出供给侧结构性改革,进一步释放中国特色社会主义经济建设动能。同时,习近平总书记强调,要以提高发展质量和效益为中心,以支撑供给侧结构性改革为主线,把提高供给体系质量作为主攻方向,推动经济发展质量变革、效率变革、动力变革,显著增强我国经济质量优势。这为新时代推动中国经济结构不断优化、发展方式加快转变提供了重要指导。

在新的经济治理体系中,需要主动适应经济发展新常态,积极参与全球经济合作,提升国际竞争能力,不断推进更高水平、全方位的对外开放格局,以更加开放的姿态融入全球经济治理新体系,寻求新的发展机遇。在对外开放方面,中国积极依托"一带一路"倡议、博鳌亚洲论坛,参与世界多边峰会等多样化的途径扩大经济交往与合作,为国家经济发展注入强劲动力。一方面,推动全球开放经济治理体系变革,增强跨国宏观调控政策协调,共同应对经济发展不均衡、经济发展停滞等风险。重视国际经济治理体系变革以及政策协调,倡导加强各国宏观调控政策的相互协调。另一方面,继续发挥博鳌论坛、亚投行、经济多边会谈的平台作用,加强经济合作。积极参与制定全球经济治理体系规则,积极主动适应开放经济规则体系并不断提升参与开放经济合作和竞争的能力,这是中国推动形成融入全球经济体系新格局的应有之义。

作为世界主要经济体,要准确把握国际政治经济与开放政策出现的新情况和新挑战,深度参与到全球经济治理体系与治理规则变革进程中。一是深度参与全球经济治理变革和规则体系重塑的实践,为高质量对外开放营造良好国际政治经济环境。坚持以"人类命运共同体"原则为指导,积极为国际经济治理规则制定提出中国方案;积极参与并持续推动世界贸易组织改革,维护多边贸易体制的核心价值和地位;发挥政府与市场的合力作用,持续推进供给侧结构性改革,共同推动全球经济治理秩序的变革。特别是"一带一路"倡议,面对各国当前发展水平不一的状况,秉承着"开放合作、和谐包容、市场运作、互利共赢"的原则将各方利益诉求都体现在倡议的具体实施中。二是建立健全贸易、投资和知识产权有关的法律法规,优化经济治理的国内制度支撑。2019年,《中华人民共和国外商投资法》《中华人民共和国外商投资法实施条例》相继出台,把保护外商投资合法权益,规范外商投资管理上升到法律和行政法规层面,充分体现了对外资权益的保障。中共十九届四中全会也再次提出,要健全支持外商投资企业发展的法治环境,为外资经济等的发展提供有力保障,进一步完善外商投资的争端解决机制,加快建立外商投资的国家安全审查制度。2015年11月,人民币获准加入SDR货币篮子并成为第三大货币,这一进展也有利于统筹国际国内两个市场,有利于提高中国在国际货币体系中的话语权。

四、提升创新驱动能力,引领经济发展新方向

在经济治理中,只有不断将科技创新、制度创新、管理创新、商业模式创新、业态创新和文化创新相结合,才能加强自主创新能力建设,实现通过创新驱动引领和提高经济发展质量,才能推动发展方式向依靠持续的知识积累、技术进步和劳动力素质提升转变,促进经济向形态更高级、分工更精细、结构更合理的阶段演进。2016年5月,中共中央、国务院印发《国家创新驱动发展战略纲要》,指出"创新成为引领发展的第一动力"①,强调了创新驱动在经济建设中的作用,也为实现经济高质量发展提供了新的方向。

通过创新驱动实现经济高质量发展,一方面,支持技术类创新企业的创立和发展,要充分支持以企业作为创新主体积极参与到全球价值链创新,力争在市场竞争中不断通过技术创新获得企业发展的新动力。支持信息技术企业、尖端科技企业、未来生物医药企业等市场主体加大创新研发投入,不断攻克技术难关,进行产业升级和转型,推动创新经济发展。另一方面,以政府为主体加大对科研机构、高等院校、重大项目的基础性科研投入,同时不断进行制度创新,提升经济治理创新效能。同时,立足制度创新、管理创新、业态创新、文

---

① 国务院印发《国家创新驱动发展战略纲要》[J].建设科技,2016(10):8.

化创新等推行以市场为主体的创新要素参与市场分配,优化创新要素配置,完善创新要素成果转换,构建创新网络,提升创新效率。

推动创新驱动,提供经济发展新动能,还需要坚持以人为本,优化创新人才发展环境。一是加大适应经济发展的人力资本投资力度,让全体国民共享创新经济发展的红利。二是在创新进程中,建立健全社会风险保障网络,保护知识产权,加大创新人力资源投资力度,从而形成全社会支持经济持续创新的良好环境。2021年,在新冠肺炎疫情影响和全球经济持续低迷的情况下,中国经济总量成功跃至114万亿元,比上年增长8.1%,经济实力显著增强。同时,伴随着中国经济治理结构的转变,中国创新型国家建设成果丰硕。神舟飞船、蛟龙号、天眼射电望远镜、悟空号、国产大飞机C919等大批重大科技创新成果相继问世。

第三节 文化治理

中国文化治理是指特定的行为主体在马克思主义国家治理理论指导下,基于中国特色社会主义文化理论和实践,大力发挥先进文化对个体的价值观引领和实践引导作用,并通过完善文化体制机制改革、健全文化产业体系、培养文化人才等方式,最终实现文化强国建设目标的一种动态治理过程。在推进国家治理体系和治理能力现代化的语境下,文化发展更凸显了治理层面的重要性。

习近平总书记在党的十九届四中全会决定中指出,发展以优秀传统文化、革命文化和社会主义先进文化为支撑的中国特色社会主义文化,深入凝聚人民的价值共识和精神力量,是推动中国特色社会主义国家治理的强大支柱。与其他治理领域一样,文化作为一种有效治理手段,亦是国家治理体系不可分割的重要组成部分。自党的十八大以来,以习近平同志为核心的党中央围绕社会主义文化强国战略的总体布局,通过坚持党对意识形态的全面领导、创新文化多元治理路径、弘扬中国文化治理智慧进一步推动我国文化治理进入深化发展阶段。

一、坚持党对文化治理的全面领导

文化作为一种精神力量,是一个政党发展壮大的强大支撑力,是一个国家繁荣昌盛的内在驱动力,更是一个民族长盛不衰的磅礴凝聚力,从根本上决定着这个国家意识形态发展的整体格局和方向。新中国成立以来的历史经验充分证明，坚持党对文化治理工作的全面领导，始终是确保文化繁荣有序发展和维护国家文化安全的基础与前提。

首先，坚持党的领导是中国特色社会主义文化治理的根本保障。列宁在推动党的建设中特别强调，共产党人必须有意识地努力去领导文化的发展。早在1940年，毛泽东在《新民主主义论》中指出："新民主主义的政治、经济、文化，由于其都是无产阶级领导的缘故，就都具有社会主义的因素，并且不是普通的因素，而是起决定作用的因素。"① 这表明，有什么样的领导阶级缔造出什么样的性质的文化，只有无产阶级的领导，才能诞生无产阶级的民族的、科学的、大众的新民主主义文化。2014年，习近平总书记在文艺工作座谈会上的讲话中指出："党的领导是社会主义文艺发展的根本保证。"② 2016年2月，习近平总书记在党的新闻舆论工作座谈会上的讲话中强调，必须把正确政治方向摆在第一位，党的新闻舆论工作必须牢牢坚持党性原则。"坚持党性原则，必须自觉在思想上政治上行动上同党中央保持高度一致。报刊、通讯社、电台、电视台、新闻网站的所有工作都必须体现党的意志、反映党的主张，必须维护党中央权威、维护党的团结，做到爱党、护党、为党。"③ 因此，在中国特色社会主义文化治理中，必须始终坚持党的领导，坚持马克思主义理论的指导地位，为文化治理提供坚实的政治保障。

其次，加强党对意识形态工作的全面领导是新时代推动文化发展和文化治理现代化的根本前提。习近平总书记指出，"经济建设是党的中心工作，意识形态工作是党的一项极端重要的工作"，"宣传思想工作就是要巩固马克思主义在意识形态领域的指导地位，巩固全党全国人民团结奋斗的共同思想基础"。④ 习近平总书记多次强调意识形态工作的极端重要性。马克思主义意识形态既是团结全党全国人民共同为建设社会主义现代化强国而奋斗的思想基础，又是保障各项事业顺利开展，保障国家文化安全的重要支撑。针对意识形态工作的极端重要性和复杂性，自党的十八大以来，习近平总书记在全国宣传思想工作会议、文艺工作座谈会、全国网络安全和信息化工作等会议上多次要求必须牢牢掌握意识形态的领导权、管理权、话语权，将意识形态工作作为党的一项极端

---

① 毛泽东. 毛泽东选集：第2卷［M］. 北京：人民出版社，1991：704-705.
② 中共中央文献研究室. 习近平关于社会主义文化建设论述摘编［M］. 北京：中央文献出版社，2017：168.
③ 中共中央文献研究室. 习近平关于社会主义文化建设论述摘编［M］. 北京：中央文献出版社，2017：41.
④ 习近平. 习近平谈治国理政：第2卷［M］. 北京：外文出版社，2017：153.

重要的工作抓牢抓实。习近平总书记指出,"坚持正面宣传为主,决不意味着放弃舆论斗争。敌对势力在那里极力宣扬所谓的'普世价值'。这些人是真的要说什么'普世价值'吗?根本不是,他们是挂羊头卖狗肉,目的就是要同我们争夺阵地、争夺人心、争夺群众,最终推翻中国共产党领导和中国社会主义制度。如果听任这些言论大行其道,指鹿为马,三人成虎,势必搞乱党心民心,危及党的领导和社会主义国家政权安全"。① 值得注意的是,以美国为首的西方资本主义国家,利用所谓"普世价值"的外衣,对我国不遗余力地进行意识形态渗透。在国际政治斗争中,争夺意识形态阵地、争夺意识形态话语权,成为国际政治斗争的重要内容。以意识形态为核心的文化治理,关系到政治局势的稳定、关系到党和国家事业兴衰成败,一刻都不能掉以轻心。

因此,在实践中,必须大力落实意识形态工作责任制,加强阵地建设和管理,推动形成全党动手、各部门齐抓宣传思想工作。特别是需要加强网络意识形态工作,把互联网这一隐匿的意识形态"争夺战"作为主窗口、主阵地、主战场,加快推进我国网络意识形态安全治理,优化网络意识形态环境。同时,健全意识形态领域的法规制度,如颁布《互联网新闻信息服务管理》《中华人民共和国境外非政府组织境内活动管理法》等相关法律文件依法维护文化安全和意识形态安全。在网络意识形态工作上必须坚持党性原则。积极发挥主流媒体在重大事件中的正面舆论引导作用,确保意识形态工作沿着正确的政治方向前进,切实加强党的文化领导权。坚持党的全面领导是新时代文化治理的鲜明底色,有助于激发社会主义意识形态的向心力和凝聚力,更好地从理想信念、价值理念和道德观念上筑牢全党全国各族人民的共同意志,确保文化建设及其治理现代化在正确的政治方向上行稳致远。

最后,坚持以社会主义核心价值观引领文化治理。"在任何一种文化体系中,价值观都扮演着文化核心的角色,决定着文化的根本性质、基本气质与深层的意义世界。"② 核心价值观是文化软实力的灵魂、文化软实力建设的重点,这是决定文化性质和方向的最深层次要素。党的十八大报告提出,要大力"倡导富强、民主、文明、和谐,倡导自由、平等、公正、法治,倡导爱国、敬业、诚信、友善,积极培育和践行社会主义核心价值观"。习近平总书记多次强调,中国特色社会主义文化建设的导向不能改,阵地不能丢,必须坚持以社会主义

---

① 中共中央文献研究室. 习近平关于社会主义文化建设论述摘编 [M]. 北京:中央文献出版社,2017:27
② 沈壮海. 文化之髓 兴国之魂 [N]. 光明日报,2011-11-02 (2).

核心价值观引领文化治理。要切实把社会主义核心价值观贯穿社会生活方方面面。要通过教育引导、舆论宣传、文化熏陶、实践养成、制度保障等，使社会主义核心价值观内化为人们的精神追求。文化治理的重要目的，不仅要增强人们的价值判断力和道德责任感，引导人们自觉做良好道德风尚的建设者，做社会文明进步的推动者，还在于塑造出优秀的文化价值观，为社会主义市场经济建设夯实坚实的思想道德基础。有学者指出，"文化的作用不仅有常规效率的增加，更重要的是道德基础上的效率增加"，"在文化产业的发展过程中，一定要把道德力量调节放在重要的地位"。① 在经济建设过程中，如果一味片面地注重经济发展，不注重价值引领，则很可能催生出只追求经济效益，而罔顾道德文明的文化氛围和文化产品。因此，从文化治理的角度上看，我们必须坚持以社会主义核心价值观引领文化治理，才能保证文化向健康的方向发展。习近平总书记指出，"培育和弘扬核心价值观，有效整合社会意识，是社会系统得以正常运转、社会秩序得以有效维护的重要途径，也是国家治理体系和治理能力的重要方面"。②

总之，党的领导是中国特色社会主义最本质的特征，是实现社会主义文化治理的最大优势。从文化功能上说，"任何社会和政治的发展，都需要一种先进的政治文化，这种政治文化将会以自身所展现的新价值、新理想和新观念，对社会和政治发展起引导和促进作用"③。根据社会存在决定社会意识、社会意识与社会存在相适应的马克思主义原理，要建设社会主义国家，在文化领域则要建设社会主义的文化，而要实现社会主义文化治理，关键在于坚持中国共产党对于文化工作的领导，才能确保文化建设的正确方向，把握文化治理的正确战略方针，使文化的发展始终沿着正确的方向前进。

二、构建新时代文化治理多元路径

在坚持党对文化治理全面领导的前提下，要切实推进文化治理，还要在不同社会层面落实文化治理方针，构建文化治理的多元路径。2011年，党的十七届六中全会审议通过《中共中央关于深化文化体制改革、推动社会主义文化大发展大繁荣若干重大问题的决定》，明确提出"深化文化体制改革，提高国家文

---

① 厉以宁. 文化产业资源配置的道德力量［N］. 光明日报，2015-04-09（14）.
② 习近平. 习近平谈治国理政：第2卷［M］. 北京：外文出版社，2017：163.
③ 王沪宁. 政治的逻辑：马克思主义政治学原理［M］. 上海：上海人民出版社，2016：445.

化软实力、推动社会主义文化大发展大繁荣"①的目标。在具体治理路径上，我国文化治理由"政府主导"型逐步转变为"多元治理主体"，形成了包括政府、市场、社会等在内的多元主体文化协同治理的格局。

首先，充分发挥政府战略统筹作用。根据国际发展局势和现实发展情况，政府通过制定相关法律法规，为文化治理做出阶段性的总体战略安排。我们党历来高度重视文化治理，根据不同的发展阶段，对文化建设、精神文明建设、社会主义核心价值观建设等制定了一系列的方针、政策，全面推进文化治理。据统计，2021年，中央财政安排中央支持地方公共文化服务体系建设补助资金152.9亿元，支持实施智慧图书馆、公共文化云、戏曲公益性演出、流动文化服务、国家公共文化服务体系示范区等项目，使人民共享到更多优质的公共文化服务。1979年中共十一届四中全会上，邓小平提出了建设社会主义精神文明的倡导，1996年中共十四届六中全会通过的《中共中央关于加强社会主义精神文明建设若干重要问题的决议》进一步阐释了精神文明建设的内涵和方针，强调精神文明与物质文明的协调发展。在政府实行文化治理的诸多事项中，文化体制的改革是关键的一环。2003年，中共中央政治局成立文化体制改革试点工作领导小组，并召开工作会议，确定将试点地区的文化管理、运作机制、资源配置机制等进行调整，将试点单位分为公益性事业单位和经营性事业单位两大类，前者以提供公共服务为目的，后者以创新机制、面向市场为重点，两者的划分既明确了政府的主导作用，又界定了政府和市场的边界，既保障了人民群众的基本文化权益，又满足了人民群众多样化、多层次、多方面的精神文化需求。2011年十七届六中全会更是深入阐释了深化文化体制改革，推动社会主义文化大发展大繁荣的工作方针。截至2012年，出版发行、电影电视剧制作、广电传输等国有经营性单位全面完成了转企改制工作，文化行政管理部门也逐步从办理文化向管理文化转变。②文化体制改革工作，深刻地体现了社会主义国家文化治理中政府所发挥的方向引领、管理服务职能。

自党的十八大以来，以习近平同志为核心的党中央高度重视国家文化软实力建设，坚持走中国特色社会主义文化发展道路，不断深化文化体制改革，深入开展社会主义核心价值体系学习教育，广泛开展理想信念教育，大力弘扬民

---

① 中共中央关于深化文化体制改革　推动社会主义文化大发展大繁荣若干重大问题的决定［N］. 人民日报，2011-10-26（1）.
② 欧阳雪梅. 中华人民共和国文化史（1949—2012）［M］. 北京：当代中国出版社，2017：325-327.

族精神和时代精神，推动文化事业全面繁荣、文化产业快速发展。2016年出台的《公共文化服务保障法》，进一步明确了政府在构建中国公共文化服务体系中的主导地位。

其次，大力发展文化产业和文化事业。2013年，习近平在中共十八届三中全会上强调，提高文化开放水平，扩大对外文化交流的主体是"企业"，要注重"培养外向型文化企业，支持文化企业到境外开拓市场"①，强调了企业在生产文化、传播文化的重要作用。纵观国际发展经验，国际上如美国、英国、法国、日本、韩国等多个国家，都曾通过政府的计划以大力推动文化产业的发展，这些国家生产的电影、游戏、娱乐节目、旅游产品、广告一类的文化产品和文化衍生品，以"文化商品"的形式被源源不断地生产、加工出来，并随着国际市场的拓展被输送到世界各地，形成了独特的文化产业，对其他国家产生了深远的文化影响。美国著名国际政治学者约瑟夫·奈曾将国家的这种文化影响力概括为"软实力"，它包括了文化吸引力、政治价值观吸引力及塑造国际规则和决定政治议题的能力，同时，约瑟夫·奈也认为，文化是中国最大的软实力。这充分阐述了文化产业，或者说以政府和企业相互联系的文化治理手段在现代社会乃至国际竞争中的重要性。正如习近平总书记所强调的，中国要提高文化软实力，就要从传播当代中国价值理念、展示中华文化魅力、塑造国家形象、提高国际话语权等方面做起。②

2009年，国务院通过了《文化产业振兴计划》，将文化产业定位为国家战略性产业。2012年，文化部印发了《文化部"十二五"时期文化产业倍增计划》，指出了文化产业是"促进社会主义文化大发展大繁荣的重要载体，是国民经济中具有先导性、战略性和支柱性的新兴朝阳产业"，要"一手抓公益性文化事业，一手抓经营性文化产业，实现文化事业和文化产业相互促进，共同发展"，这一政策的出台，为文化产业与文化事业之间的协调发展明确了方向和发展路径。自党的十八大以来，党和政府充分发挥市场机制的作用，推动文化产业快速发展。近年来，在规模上，对外文化及相关产业增加值呈现出逐年快速增长的良好态势。2020年中国文化产业研究报告指出，当前文化产业呈现出数字化、科技化的发展态势，"文化科技融合、数字文化产业成为重大命题，文化产业数字化成为重点关注对象。随着5G时代的到来，电子竞技、二次元文化内容生产、媒体融合、科创电影产业、虚拟空间下的文化产业发展模式所带来的

---

① 中共中央关于全面深化改革若干重大问题的决定［N］．人民日报，2013-11-16（1）．
② 习近平．习近平谈治国理政：第2卷［M］．北京：外文出版社，2017：160-162．

沉浸式体验等现象颇受关注"。① 2020年7月，国家发展改革委等13部门联合印发《关于支持新业态新模式健康发展 激活消费市场带动扩大就业的意见》，指出了文化大数据、数字内容、媒体融合、智慧文旅、人工智能、数字文博等领域成为产业融合的新热点。

2021年，中国文化服务进出口规模首次突破千亿美元。在质量上，文化产业链逐步向中高端延伸；在区域上，文化产品的出口范围从"一带一路"沿线国家和地区逐步扩展到日韩国家以及欧美等众多发达国家。一系列"中国制作"的文创产品漂洋出海，数字文创、网络文学、动漫电影、抖音短视频等新兴文化产品竞相走红海外，获得了亮眼的成绩。例如，万达集团作为当前中国成长较快的一家大型传媒企业为传播中华文化价值观念，扩大中华文化影响力发挥了重要的作用。该公司于2016年并购了美国传奇影业（Legendary Pictures），并建立了全新的商业运营模式，此后，与美国相关电影公司合作推出了包括《魔兽》《长城》等在内的多部全球畅销电影。同时，在数字媒体、动漫产业的领域也形成了多个代表性品牌项目。万达集团是我国目前为止进入国际文化市场比较成功的一家文化传媒企业，通过中外文化合资使美国民众能够有更多的机会接触中国文化，有力地扩展了中国文化企业在国际空间的内生动力。2021年十三届全国人大四次会议表决通过的"十四五"规划提出，实施文化产业数字化战略，加快发展新型文化企业、文化业态、文化消费模式。从中可以看到，在国家的总体部署下，文化产业取得了长足的发展，公司和企业成为文化治理、文化发展中的重要力量。并且，在数字化、信息化时代，文化产业的发展呈现出与科技结合的新特点，文化治理呈现出推陈出新、路径多元、立足时代、面向未来的突出特征。

同时，随着科技和新媒体的发展，网络空间已然成为文化治理的主要阵地。习近平总书记指出，"人在哪儿，宣传思想工作的重点就在哪儿，网络空间已经成为人们生产生活的新空间，那就也应该成为我们党凝聚共识的新空间"。"要坚持移动优先策略，建设好自己的移动传播平台，管好用好商业化、社会化的互联网平台，让主流媒体借助移动传播，牢牢占据舆论引导、思想引领、文化传承、服务人民的传播制高点。"② 在新局势下，更应该抢占技术发展的新高地，并利用新技术在网络空间做好意识形态安全工作，牢牢把握文化治理的新

---

① 周建新，胡鹏林. 中国文化产业研究2020年度学术报告 [J]. 深圳大学学报（人文社会科学版），2021（1）：54-66.
② 习近平. 习近平谈治国理政：第3卷 [M]. 北京：外文出版社，2020：318.

阵地，树立大数据意识，推进公共文化服务数字化。在网络空间推行文化治理，成为巩固全党全国人民团结奋斗的共同思想基础，为实现"两个一百年"奋斗目标、实现中华民族伟大复兴的中国梦提供强大精神力量和舆论支持。

最后，发挥各种文化载体在文化治理现代化中的作用。习近平总书记在中国文联十一大、中国作协十大开幕式上讲话指出："今天，各种艺术门类互融互通，各种表现形式交叉融合，互联网、大数据、人工智能等催生了文艺形式创新，拓宽了文艺空间。"① 这为当下文艺创作和文化发展提供了根本指引。自党的十八大以来，《大江大河》《人世间》《山海情》等品类多样、现实题材的影视文学艺术精品成为讴歌时代精神、展示中国建设成就的有力载体。"十四五"规划和2035年远景目标纲要指出："创新实施文化惠民工程，提升基层综合性文化服务中心功能，广泛开展群众性文化活动。推进公共图书馆、文化馆、美术馆、博物馆等公共文化场馆免费开放和数字化发展。"需要强调的是，生活就是人民，人民就是生活，创新各种文化载体，丰富文化艺术形式，必须深入人民群众的日常生活中，与人民一道感受时代的脉搏、生命的光彩，为时代和人民放歌。社会主义文艺，从本质上讲，就是为了人民的文艺。习近平总书记指出："文艺创作方法有一百条、一千条，但最根本的方法是扎根人民。"可见，一切优秀文艺工作者的艺术生命都源于人民，一切优秀文艺创作都为了人民。文化工作既要扎根于人民，从人民中来，又要服务于人民，到人民中去，使文化获得生生不息的广阔土壤和根基。人民群众是历史的创造者，是文化发展的推动者，因此新时代文化治理必须发挥人民群众的智慧和力量。

三、挖掘中华文化中的治理智慧

文化兴民族兴，文化强民族强。习近平总书记指出："一个国家、一个民族的强盛，总是以文化兴盛为支撑的，中华民族伟大复兴需要以中华文化发展繁荣为条件。"②。一个国家和民族的文化扎根于国家民族的历史文化传统中，文化的发展不仅为国家民族党的发展提供精神支撑，也是国家综合国力的重要组成部分。中华上下五千年，曾经创造了辉煌的文明成就，对推动中华民族发展壮大乃至世界文明发展都做出了巨大的贡献。

在文化治理方面，文化的兴盛体现为中华优秀传统文化治理智慧的进一步

---

① 在中国文联十大、中国作协九大开幕式上的讲话 [M]. 北京：人民出版社，2016：12.
② 认真贯彻落实党的十八届三中全会精神 汇聚起全面深化改革的强大正能量 [N]. 人民日报，2013-11-29（2）.

挖掘、阐释和创造，推动中国文化治理智慧的创造性转换和创新性发展。在如何对待传统文化的问题上，习近平总书记指出："在去粗取精、去伪存真的基础上，坚持古为今用、推陈出新，努力实现中华传统美德的创造性转化、创新性发展，引导人们向往和追求讲道德、尊道德、守道德的生活，让13亿人的每一分子都成为传播中华美德、中华文化的主体。"① 只有整理好、掌握好优秀的传统文化内涵，才能更好地发挥传统文化的积极作用，并向全球传播中国智慧、中国话语。对此，习近平总书记强调："我们有本事做好中国的事情，还没有本事讲好中国的故事？我们应该有这个信心！"② 几千年博大精深的中华文化蕴含着包括和合共生、天人合一、民惟邦本、自强不息等极具启发和借鉴意义的有益治理思想，为解决人类治理困境提供宝贵的思想启迪。习近平总书记曾深刻指出："一个民族、一个国家的核心价值观必须同这个民族、这个国家的历史文化相契合，同这个民族这个国家的人民正在进行的奋斗相结合，同这个民族、这个国家需要解决的时代问题相适应"，"包括儒家思想在内的中国优秀传统文化中蕴藏着解决当代人类面临的难题的重要启示"③。从文化多样性的角度来讲，"中华文化是中国的，同时也是世界的"④。

中国传统的文化治理智慧，首要体现在中国儒家提倡的道德教化上。中国历代王朝都高度重视儒家道德教化的治理作用，并将其渗透在国家治理的方方面面，以推行道德教化来为国家、社会运转服务。在传统农业社会，儒家提倡"以德化人"，即从德育、道德、礼制、习俗的约束来保障社会规则的运行，保障每一个个体，不论接受正式教育与否，都熟悉这一套伦理道德规范，即依靠儒家的"文治"达到社会安定有序。同时，儒家也宣扬"修身齐家治国平天下"理念，敦促仁人志士把自身道德、家庭经营和国家治理联系在一起。《论语·为政》所说的"为政以德，譬如北辰，居其所而众星共之"，"道之以德，齐之以礼，有耻且格"，都是强调国家在治理过程中要将文化道德观念贯穿其中。正是这一套儒家价值观的传播，形成中国古代自我教化与教化他人两者的统一，塑造了古代社会文化治理的形态。在现代中国，倡导社会主义核心价值观，倡导立德树人，也是中华优秀传统文化中隐含的治理智慧在当代的继承和

---

① 习近平. 习近平谈治国理政：第1卷［M］. 北京：外文出版社，2018：160-161.
② 中共中央宣传部. 习近平总书记系列重要讲话读本（2016年版）［M］. 北京：人民出版社，2016：209.
③ 在纪念孔子诞辰2565周年国际学术研讨会上暨国际儒学联合会第五届会员大会开幕式上的讲话［N］. 人民日报，2014-09-25（2）.
④ 赵建春. 立足文化自信 推动中华文化"走出去"［J］. 对外传播，2018（2）：57-59.

发展。

在国际关系上，中国古代推行的是"修文德、来远人""怀柔远仁"的文化外交方案。也就是说，边远的人不归服，就修饬文德招徕他们，既招徕了，就使他们安定下来。采用这种外交方式，一个首要条件是"修文德"，也就是大力提升本国的文化氛围、道德水平，利用文治教化优势，利用中国自身优越的文化治理水平来感化、归服他人，以仁德服人。2014年，习近平总书记主持召开文艺工作座谈会并做重要讲话说到，古往今来，中华民族之所以在世界有地位、有影响，不是靠穷兵黩武，不是靠对外扩张，而是靠中华文化的强大感召力和吸引力。中国自古以来秉持着和平共处的外交政策，在当代社会，中国顺应当今世界和平、发展、合作、共赢的时代潮流，推动和平发展合作共赢，将以德服人的中国文化感召力凝聚在中国文化治理的中国理念、中国智慧、中国方案中。

纵观中国文化建设的历史主线，始终贯穿着两个相辅相成、相互促进的核心议题：一是中国自身不断崛起发展，需要传播中华文化、发出中国声音、讲好中国故事；二是中国作为国际社会中日益重要的一极力量，理应为世界的发展传递中华文化的价值。正如习近平总书记强调，"更好构筑中国精神、中国价值、中国力量，为人民提供精神指引"①。因此，在当前世界性问题日益突出的全球化境遇下，为世界面临的困境提供宝贵的中国文化智慧，贡献中国文化治理，对于促进人类社会和平发展、人民幸福安定具有重要的世界意义。

恩格斯曾说过，"社会成员中受过教育的人会比愚昧无知的没有文化的人给社会带来更多的好处"②，道出了良好的文化对于社会发展的重要作用。在文化治理中，要促使文化向更好的方向发展、更好地服务社会发展，则要构建文化治理的多元路径：一方面明确政府作为提供公共服务、监督管理、制定战略目标的作用；另一方面要保障市场主体的主体性，以文化发展促进经济发展，同时，也要充分发挥社会群体和人民群众积极性，激发文化创造力和活力。同样，我们也要弘扬中国文化中的治理智慧，将传统智慧与当代社会主义核心价值观结合起来，提高中国文化治理的话语权，拓展中国智慧、中国话语的全球影响。

---

① 杨先农，刘海鑫. 提升新时代文化国际传播能力：从全国两会热点谈起［N］. 中国社会科学报，2018-03-29（A06）.
② 中共中央马克思恩格斯列宁斯大林著作编译局. 马克思恩格斯全集：第2卷［M］. 北京：人民出版社. 1957：614.

第四节 社会治理

一般而言,社会治理是指在一个国家、组织或地方,控制、规范、塑造、掌握他者或对其施用权威所采用的各种战略、策略、过程、程序或计划。或者是为了调整、保护或增加相关利益方的利益而建立一套制度安排,或者说是为实现特定选择和决策的制度安排。[①] 随着新公共管理理论的风行,社会治理的概念也逐渐丰富,学者从不同角度进行了阐释。如俞可平认为:"社会治理本质上就是组织权利的转移和重新在不同主体间进行分配,在地位平等的主体和其他自愿的基础上的一种有效合作,从而形成一种良性和有效率的互动。"[②] 也有学者从"共商共建共享"的角度来定义,认为:"社会治理就是在中国共产党的统筹和领导下,充分发挥政府、市场、社会三个领域的各自优势,通过共商共议、共建共享、共治自治等方式,有效化解制约社会的诸多社会问题和矛盾,从而构建富有活力,包容、公平、和谐的社会秩序的动态过程。"[③] 从治理的方式来看,社会治理是指运用法治化、规范化、科学化、综合化、公平化、智能化的社会治理思维和治理方式,充分发挥思想价值、政策制度、法治手段的功效,汇集除政府以外的其他治理主体力量对经济社会进行有效组织和治理的一种模式。自改革开放以来,随着我国经济社会发展水平的提高,社会结构、社会财富分配、人民的价值观念等也随之产生变化和影响。尤其是随着中国改革开放进入深水区,许多深层次矛盾日益凸显,各种不确定、不稳定因素不断地增多,各种社会矛盾和问题不断出现。诸如城乡发展不平衡、贫富差距扩大、社会保障供给不足、就业压力大、医疗纠纷棘手、素质教育未破题、住房问题趋紧、环境污染严重等。这些问题在一定程度上影响了我国经济社会的可持续发展。这些都需要进一步提升我国社会治理现代化水平和能力,破解经济社会发展不平衡、不协调的难题。

2013年,党的十八届三中全会审议通过《中共中央关于全面深化改革若干重大问题的决定》提出推进社会领域制度创新,加快形成科学有效的社会治理体制。2014年,党的十八届四中全会提出"加快保障和改善民生、推进社会治

[①] 杨雪冬. 风险社会与秩序重建[M]. 北京:社会科学文献出版社,2006:45-68.

[②] 俞可平. 中国公民社会的兴起与治理的变迁[M]. 北京:社会科学文献出版社,2002:31.

[③] 陶希东,等. 共建共享:论社会治理[M]. 上海:上海人民出版社,2017:8.

理体制创新制度建设"。2017 年，党的十九大报告中提出打造共建共治共享的社会治理格局。当前，中国特色社会主义社会建设的主要任务是由传统的"社会管理"迈向"社会治理"，推进社会治理体制创新，逐步构建科学完备、协调共享、便民利民、高效系统的现代化社会治理体系。新起点新使命，不断创新社会治理方式，对于加快建设新时代中国特色社会主义社会建设具有重要意义。自党的十八大以来，党和政府始终秉持"以人民为中心"的理念，不断创新社会治理，激发社会治理活力，积极预防和化解社会风险，续写了我国社会治理的新篇章。

一、社会治理在国家治理体系的定位

社会治理是以实现和维护群众权利为核心，发挥多元治理主体的作用，针对国家治理中的社会问题，完善社会福利，保障改善民生，化解社会矛盾，促进社会公平，推动社会有序和谐发展的过程①。党的十八届三中全会将社会治理体制创新概括为改进社会治理方式、激发社会组织活力、创新有效预防和化解社会矛盾体制、健全公共安全体系四个方面。这为新时代推进社会治理提供了发展方向和基本遵循。

（一）坚持问题导向是推进国家治理现代化的前提

习近平总书记指出"我们在国家治理体系和治理能力方面还有许多不足，有许多亟待改进的地方"②。这些不足和亟待改进的地方，究其根源有很大一部分在于我们对现实社会问题没有准确研判，尤其是缺乏针对公共需求构建国家治理体系的问题意识③。我国正处于全面深化改革的攻坚阶段，在加快经济社会发展和政府治理模式转型过程中，必然面临着经济体制的深刻变革、社会结构的深刻变化、利益格局的调整等问题。面对诸如经济社会发展、社会公平正义、民生建设、公共安全、公共需求增长和公共服务不足等问题，我们必须坚持以问题为导向，精准施策。

（二）社会建设是推进国家治理现代化的基础

党的十八届三中全会提出，要紧紧围绕更好保障和改善民生、促进社会公

---

① 姜晓萍. 国家治理现代化进程中的社会治理体制创新 [J]. 中国行政管理，2014（2）：24-28.
② 习近平. 切实把思想统一到党的十八届三中全会精神上来 [EB/OL]. (2014-01-02). http://theory.people.com.cn/n/2014/0102/c49169-24000494.html.
③ 姜晓萍. 国家治理现代化进程中的社会治理体制创新 [J]. 中国行政管理，2014（2）：24-28.

平正义，深化社会体制改革，强调社会建设在社会治理体制创新中的基础性作用。社会建设包括：发展社会事业、社会组织培育、社会行为规范、社会责任的培育和养成。这些是社会治理的核心内容，也是国家治理现代化的基础。

（三）促进社会协同是国家治理现代化的核心

治理主体多元化是国家治理区别于国家管理的重要标志之一，治理主体多元化主要是指由政府的单中心转变为国家、社会、市场、公民等多中心。同时治理手段从刚性管制转向柔性服务，治理目标由工具化向价值化转变。其主要特征体现为：国家权力向社会回归，公共权力运作的互动和多向度流程，政府成为公民的服务者；主体向多元化发展，政府须与社会组织形成协作网络，形成多元协同治理机制；以合作与协商作为治理方式，建立相互依存、纵横协作、多元统一的现代化社会治理结构①。国家治理现代化的核心就是要促进社会协同，实现政府、市场、社会的协同共治。

二、坚持以人民为中心的价值旨归

马克思主义唯物史观认为，人民是历史的创造者。习近平总书记指出："人民是历史的创造者，群众是真正的英雄。人民群众是我们力量的源泉。"中国共产党成立伊始便确立了以人民为中心的坚定政治立场。实践证明，中国共产党之所以能够不断发展壮大，其根本原因就在于始终保持从人民群众中来、到人民群众中去的良好作风，坚持人民利益高于一切，把人民利益永远放在首位。在制定方针政策时，一切以人民拥护不拥护、赞成不赞成、高兴不高兴作为根本准则。今天的中国之所以能够自信屹立于世界，其根本原因也在于能够坚持人民至上，依靠人民的支持与参与，依靠人民力量战胜一切艰难险阻。坚持以人民为中心的价值取向从根本上讲就是要回答"治理为了谁"的问题。2013年，党的十八届三中全会提出："创新社会治理，必须着眼于维护最广大人民根本利益，最大限度增加和谐因素，增强社会发展活力，提高社会治理水平，全面推进平安中国建设，维护国家安全、确保人民安居乐业、社会安定有序。"②推进社会治理创新，就要贯彻群众路线，与人民同心同行，处理好人民群众最需要、最关心、最急切的社会治理问题，最终把是否符合人民的利益作为制定社会治理措施和评判社会治理成效的依据。

---

① 姜晓萍．国家治理现代化进程中的社会治理体制创新［J］．中国行政管理，2014（2）：24-28．

② 中共中央关于全面深化改革若干重大问题的决定［N］．人民日报，2012-11-16（1）．

一方面,推动社会治理的核心是为了满足人民群众对美好生活的向往。根据马斯洛的需求层次理论,当一个国家在满足了国民基本的物质生活需要的基础上,精神层面的一种更高级别的需要便会随之产生。这种精神需要往往是更高层次的、多样化的,既包括了人们对更加美好的生活、更加和谐的社会、更加丰富的文化、更加安全的环境、更加美丽的自然的需要。同时,人民对社会的公平正义、社会道德水平、社会安全环境等也提出新的要求。自改革开放以来,我国人民生活显著改善,社会治理明显改进。在中国共产党的坚强领导下,我国实现了经济快速发展和社会长期稳定的两大奇迹,人民对美好生活的向往更加强烈,对民主、法治、公平、正义、安全、环境等方面的要求日益增长。因此,能否满足人民群众最直接、最关心、最现实的问题成为满足人民美好生活需要的重要标尺。从这一意义上来说,如何让人民在教育、医疗、养老、住房、食品药品安全等现实问题上更加满意?如何营造更加美好的生活环境?无不是社会治理需要解决的现实问题。习近平总书记强调:"为了不断满足人民群众对美好生活的需要,我们就要不断制定新的阶段性目标,一步一个脚印沿着正确的道路往前走。"① 党的十九届五中全会将坚持以人民为中心作为"十四五"时期经济社会发展必须遵循的原则,强调坚持共同富裕方向,明确提出到2035 年"全体人民共同富裕取得更为明显的实质性进展"的远景目标。

另一方面,充分发挥人民在社会治理过程中发挥的强大力量。习近平总书记多次强调,"人民是历史的创造者,是决定党和国家前途命运的根本力量"②。发挥人民群众在社会治理中作用,不仅是因为社会治理是根植于人民生动的实践,也是增强人民群众主人翁意识和社会责任意识的一种重要手段。党的十九届四中全会《决定》提出,完善群众参与基层社会治理的制度化渠道。首先,汇聚民智民力,智慧在民间,亿万人民群众是推动社会治理最好的"智囊团"。为了更好地提升全国社会治理水平,2020 年由广东省中山市评选出社会治理十大典范案例,其中,既有浙江省新昌县的"百村成景,百业增效,百姓致富",也有杭州建德市"乡村钉"平台,还有广东省佛山市"双改"联动"三共"齐抓"四治"协同。这些优秀的代表案例都是中国基层人民群众智慧的结晶,是人民力量的最直接的体现。其次,发挥人民群众在社会治理中的纽带作用,增强民众的参与性与主动性。与政府相比,人民群众在推动社会治理过程中拥有

---

① 从群众中来到群众中去 [N]. 人民日报,2023-03-08(1).
② 决胜全面建成小康社会 夺取新时代中国特色社会主义伟大胜利:在中国共产党第十九次全国代表大会上的报告 [N]. 人民日报,2017-10-19(1).

渗透性广、影响力深的独特优势。近年来，随着人民群众受教育程度的提升，国民的综合素质和主人翁意识显著增强，社会文明程度上升到新高度，人民群众参与社会治理的热情也极大提升。譬如，众多城市基层党组织发动群众力量构建了"村民说事""社区议事""百姓参政团"等社会治理民间智慧圈，这些都是人民群众参与社会治理的生动展现，为社会治理增添了新的活力。

三、汇聚多元治理主体的强大合力

现代治理理论认为，"国家不再是最高权威，它变成了多元制导系统中许多成员之一，而且成为谈判过程贡献自己独有的资源。随着网络、合伙组织以及其他经济和政治治理模式的扩大，官方机构最好也不过是同辈中的长者"①。党的十九大报告指出，打造共建共治共享的社会治理格局，并提出"要完善党委领导、政府责任、社会协同、法治保障的社会治理体制"。这表明，提升社会治理体系和治理能力现代化水平不能仅仅依赖政府，而是要充分调动其他一切参与主体的积极性。社会治理主体多元化趋势要求实现社会治理的"多主体治理"，让一切劳动、知识、技术、管理、资本的活力竞相迸发，推动建设人人参与、人人有责、人人尽责、人人享受的社会治理共同体。

中国社会治理的主体主要包括党委、政府、社会组织、普通民众等有机组成部分。自党的十八大以来，中国充分发挥多主体的作用和力量，初步构建起了社会多元治理主体的合力。首先，在发挥各级党委总揽全局的权威领导下，鼓励和支持其他社会主体建言献力，以全方位提升社会治理水平，形成推动社会治理发展的新格局。其次，发挥政府在社会治理中的主导地位。政府的主导地位主要体现在为社会提供基本公共服务，其有效供给对推动我国经济社会发展具有重要意义。最后，发挥社会组织的治理力量。社会组织主要指独立于官方政府机构和市场体系以外的其他促进社会、经济、文化发展进步的各类民间社会组织、团体的统称。其具有非营利性、公益性与独立性的优势，能够有效弥补政府在社会治理中的不足。党的十九届五中全会通过的《中共中央关于制定国民经济和社会发展第十四个五年规划和二〇三五年远景目标》的建议提出："发挥群体组织和社会组织在社会治理中的作用，畅通和规范市场主体、新社会阶层、社会工作者和志愿者等参与社会治理的途径。"社区是基层治理的"神经末梢"。目前，各种各样的社会组织在社区服务、弱势群体救助等社区事务中发

---

① 鲍勃·杰索普. 治理的星期及其失败的风险：以经济发展为例的论述 [J]. 国际社会科学杂志（中文版），1999（1）：68-75.

挥了重要的作用。例如，1963年，枫桥干部群众创造了"在党的领导下，发动和依靠群众，坚持矛盾不上交，就地解决，实现捕人少、治安好"的经验。如今，党建引领成为新时代"枫桥经验"的灵魂，基层群众、社会力量广泛参与社会治理，成为新时代社会治理的鲜明特征。此后，新时代"枫桥经验"在全国开枝散叶。2019年，山西省阳泉城区同样以社区破题，推进以"三社联动"为助手，推动社会治理重心向基层下移，在化解基层矛盾的同时也使越来越多的社区居民和社会组织一同参与到治理的过程中，成为社会治理的新典范。

四、积极创新社会治理体制

习近平总书记强调："要加强和创新社会治理"，而创新社会治理关键在体制创新。积极创新社会治理体制，即在保护和改善民生基础上，通过对社会利益关系的协调、社会行为的规范、社会问题矛盾的解决来增强社会发展活力，促进社会和谐稳定。自党的十八大以来，中国进一步理顺政府与社会两者之间的内在关系，推动政府放权赋能，实现政府、社会、个体三者治理的良性互动，最大限度上激活社会治理因子，从而为社会发展注入强大的活力和动能。首先，创新完善社会治理体制。自党的十八大以来，党和政府在民生领域创新了一些重要的制度和体制安排。例如，落实立德树人根本任务，积极推进教育改革。发展素质教育，促进教育公平制度建设。完善贫困家庭学生建档立卡，构建完善的各级学生资助系统。适应技术化发展趋势，依托互联网、多媒体技术手段实行城乡"同上一节课"推动教育资源的平衡分配，使更多的优质教育资源能够充分"涌流"起来。推动卫生医疗体系现代化改革，突出基本医疗卫生制度的改革创新。建立城乡基本医疗保障体系，构建政府兜底和商业保险相互衔接配合的医疗救助帮扶体系。推进全面素质提升计划的实施。通过完善体育设施和开展各项体育赛事运动，推动全民健康运动，切实提升和保障国民健康。此外，积极推动实施人口发展战略。放开计划生育政策，实施三孩政策，并针对老龄化问题采取一系列相配套养老服务等。其次，创新社会治理模式。在创新社会治理模式上，改变以往单一化自上而下的行政控制手段，进一步运用包括大数据、区块链、云计算等多种前沿技术手段促进社会治理理念的革新、治理制度的完善、治理模式的升级，实现智慧化社会治理。最后，整合社会资源，汇聚治理合力。一方面，坚持党的全面领导，发挥党委统筹引领作用，这也是推进社会治理政治组织保障。另一方面，鼓励和支持社会力量参与社会治理、公共服务，激发社会活力。具体如下。

（一）建立健全安全防范体系

党的十九大报告指出，统筹发展和安全，增强忧患意识，做到居安思危，是我们党治国理政的一个重大原则。习近平总书记强调，"全面贯彻落实总体国家安全观，必须坚持统筹发展和安全两件大事，既要善于运用发展成果夯实国家安全的实力基础，又要善于塑造有利于经济社会发展的安全环境"。① 我们必须坚持生命至上、安全第一的思想，健全安全生产责任制、公共安全隐患排查和安全预防控制体系；形成统一指挥、专常兼备、反应灵敏、上下联动的应急管理体制②；实施食品安全战略，守护人民群众食品安全。提升社会防灾减灾能力，提高全民安全意识。

（二）加快社会治安防控体系建设

社会治安工作是平安中国建设的重要基础。加强社会治安防控的整体性、协同性和准确性是社会治安防控体系建设的主要内容。通过坚持群防群治和专群结合，坚持法治为先，提升社会治安防控工作的立体化和法治化。运用现代科学技术和学科专业培训，提升社会治安防控工作的智能化和专业化。继续依法打击各种违法犯罪活动，推进"打黑除恶"专项行动，加快社会治安防控体系建设，实现平安中国的良好社会治理形势和成果。

（三）注重提升社区的治理和服务能力

社区是国家治理体系的基础单位，也是我们为人民服务的直接供给机构之一。社区工作是社会治理最关键的一环，因此我们需要重视和发展社区治理。我们要将资源和政策向社区一级进行倾斜，通过加强社区建设，构建基层社会治理的新格局，实现政府治理和社会调节、居民自治的良性互动。加快推进城乡基层治理体系建设，加快推进社区社会治理现代化，注重发挥家庭家风家教在基层治理的作用。

（四）加强社会心理服务体系建设

心理服务对于克服民众个体心理问题以及化解社会矛盾都具有重要的意义。人民群众在解决温饱问题之后，对于安全的需求和心理慰藉的需要不断提升。社会矛盾的出现往往源于个体的心理问题和心理矛盾，因此做好社会心理服务体系建设至关重要。我们应将社会主义核心价值观尤其是建设怎样的社会和培育什么样的公民的相关内容融入社会发展的各个方面，健全社会心理服务体系

---

① 全面贯彻落实总体国家安全观开创新时代国家安全工作新局面［N］. 2018-04-18（1）.
② 张占斌，薛伟江. 当代中国国家治理概论［M］. 北京：中共中央党校出版社，2021：257.

和疏导工作、危机干预机制。培育自尊自信、理性平和、积极向上的社会心态。社会心理服务体系应该成为社会治理乃至整个国家治理体系现代化的重要工程。

（五）建立完善化解矛盾的有效机制

推进社会治理，其中最重要的就是建立完善化解人民内部矛盾的有效机制，解决人民内部矛盾，防范化解社会风险。通过运用法治、民主、协商等方式方法正确处理各类矛盾，完善社会矛盾排查预警机制，完善重大决策社会稳定风险评估机制，以及相应的矛盾化解多元机制。社会稳定是一种新型的动态稳定，而不是传统的固化静态稳定。新型动态的稳定讲究的是动态平衡，不是一味地"围堵"而是强调"疏导"，不是国家和政府的单方面行为，而是全社会共同参与的合力行动。

五、加强民生建设和民生福祉

人民民主专政是中国特色社会主义的本质特征，人民的福祉是我们发展的根本目的。党的十八大提出加强社会建设，必须以保障和改善民生为重点；谋民生之利，解民生之忧，解决好人民最关心、最直接、最现实的利益问题，努力推进"五有"建设即学有所教、劳有所得、病有所医、老有所养、住有所居。党的十九大在"五有"的基础上发展为"七有"即幼有所育、学有所教、劳有所得、病有所医、老有所养、住有所居、弱有所扶。党的十九届四中全会进一步强调要加强普惠性、基础性、兜底性民生建设，保障群体基本生活[①]。民生建设包括的重点内容主要有四个方面。

（一）教育事业

中华民族伟大复兴，需要优先发展教育，即要将教育事业作为社会主义建设和中华民族伟大复兴的基础工程。加快教育现代化，构建全民终身学习制度，将教育事业办成人民满意，人人受益的重大民生工程。教育事业的发展是普惠性、基础性和兜底性民生建设的基础，也是决定民生福祉的重要支撑。教育是民生工程的重要内容，具有深厚的理论和历史渊源。民本主义教育和平民主义教育思潮是教育民生论的思想源头，中国共产党坚持以人为本、执政为民的理念是教育民生论的理论基础。教育为人民服务是教育民生论的根本宗旨，办人民满意的教育是教育民生论的价值追求，促进教育均衡发展是教育民生论的实

---

① 张占斌，薛伟江. 当代中国国家治理概论［M］. 北京：中共中央党校出版社，2021：255.

践课题①。

（二）就业和收入分配

就业是最大的民生。就业一直是最大的民生工程，也是最大的民心工程。就业水平不仅与家庭生活水平相关，也决定着社会经济水平，并与社会稳定息息相关。习近平总书记在2018年7月的中央政治局会议上把"稳就业"放在"六个稳"工作的第一位，强调要做好民生保障和社会稳定工作，把稳定就业放在更加突出位置。就业是经济发展的基础、居民收入的主渠道、社会稳定的"压舱石"②。做好就业和分配工作，需要我们将就业政策优先作为国家宏观政策的核心内容，全面强化稳就业工作；构建和谐劳动关系，加强就业相关的社会保障，防止就业和社会保障相割裂的情况出现，将就业和社会保障形成一个整体。坚持以按劳分配为主体、多种分配方式并存，提高劳动报酬在初次分配中的比重；健全生产要素由市场评价贡献、按贡献决定报酬的机制，健全再分配调节机制，重视发挥第三次分配的作用；扩大中等收入群体，缩小收入分配差距，促进分配制度的完善和健全。

（三）社会保障制度

社会保障制度是社会的"稳定器"，建设国家治理现代化体系，需要发挥社会保障制度的重要作用。统筹推进社会保险、社会福利和社会救助等方面制度建设，全面建成覆盖全民、城乡统筹、权责清晰、保障适度、可持续的多层次社会保障体系。健全退役军人工作体系和保障制度，坚持和完善促进男女平等、妇女全面发展的制度机制。完善农村社会救助制度，做好兜底社会保障的同时，进一步完善农村社会保障制度。除了重视教育和就业事业的发展外，还要将社会保障的其他事业如住房、养老事业作为重点发展工程。发挥住房在社会福利中的作用，做好城市和农村老年人的养老服务与养老福利建设。

（四）"健康中国"战略

"健康中国"战略是一项以多元供给为逻辑基础、以共享发展为根本理念、以阶段环境为基本依据的国家战略，它要求我国医疗服务供给方式实现效率与公平的有机统一③。将健康融入所有政策，让人民享有公平可及、系统连续的健康服务，建设中国特色基本医疗卫生制度、医疗保障制度和医疗卫生服务。完

---

① 李金奇. 教育民生论的发生与解读 [J]. 高等教育研究，2013（11）：18-24.
② 徐熙. 就业是最大的民生：实现更高质量和更充分就业的首都实践 [J]. 前线，2018（12）：85-87.
③ 王文娟，付敏. "健康中国"战略下医疗服务供给方式研究 [J]. 中国行政管理，2016（6）：58-61.

善重大疫情防控体制机制，发展健康产业，优化生育政策。通过建立和发展"健康人民观"、"健康发展观"、"健康整体观"和"健康实践观"[①] 来推动健康中国战略的实施，进而实现民生建设的进一步完善和提升。

发展民生建设，需要统筹好城乡关系，坚持以人民为中心，通过做好尽力而为和量力而行相结合，实现公平和效率兼顾，以人民的获得感作为两者的平衡点。同时民生建设必须做好预期管理，民生建设要和生产力发展水平相适应，不能过度福利化和盲目民主化。福利水平的提升是建立在经济社会发展水平提升的基础上，建立在综合国力和财力持续增长的基础上。从根本上说，发展民生建设是解决不同群体民生保障，解决发展不全面问题的重点工程，需要我们按照人人享有、人人尽力、人人享受的要求，注重机会公平，有序全面地推进民生建设工程。

六、防范化解社会风险

维护社会安全稳定是社会治理的重要目标，即实现人民群众"居有所安，心有所栖"。近年来，随着全球化、信息技术等快速发展，各国面临的社会风险较之以往更难以预测和控制，影响范围和破坏性更大。同时，当前中国进入经济与社会双重转型的新发展阶段，内生性社会风险因素不断增多，各类违法犯罪事件、自然灾害、网络安全问题、突发公共卫生事件等频频发生，并且呈现逐年上升的态势。特别是新冠肺炎疫情的扩散对现有的社会治理工作提出了新挑战。因此，提升社会治理体系和治理能力现代化水平必须及时构建预防和化解社会矛盾机制，及时化解社会风险。

自党的十八大以来，在习近平总书记总体国家安全观的指导下，我们科学推进新时代社会风险防范治理。一是在补充、完善、细化现有法律法规的基础上，制定防范各领域社会风险的法律法规，从而为加强社会风险治理提供法律制度依据。二是建立风险评估联动机制。针对社会风险做到源头抓起、事中控制、事后评估的全过程治理。例如，2020年重庆市南岸区南坪街道东路社区通过实施"三事分流"机制，对"私事""小事"申请、办理、反馈、评价等过程进行全周期管理，进而能够及时掌握社区动态和各类不安全因素。三是构建立体化的治安管理体系。严格防控社会、金融、治安犯罪事件，提前预警各类突发事件的发生，并完善相关的化解和治理机制。四是加强对网络安全的监管，

[①] 禹华月. 健康中国战略的内涵及实践路径浅探 [J]. 湖南社会科学, 2020, (3): 165-172.

运用大数据、人工智能技术确保国家网络和信息安全。例如，实施互联网的"清朗"系列专项行动，对影响面广、危害性大的网络问题展开整治，进一步规范了网络秩序，营造了安全良好的网络环境。五是在机构上设置专业负责协调处理相关安全问题的国家安全委员会，确保国家安全。总之，通过社会风险治理，我国有效化解了各类社会矛盾风险，抗风险能力不断增强，社会风险总体可控，切实增强了人民群众的安全感。

第五节 生态治理

改革开放40多年来，随着农业化、工业化、城镇化的快速推进，中国的经济社会实现了长足的发展加速。然而，粗放型经济增长方式没有从根本上改变、产业结构不合理等因素，导致了大气污染、自然灾害、气候危机、土地荒漠化、能源紧张、生物多样性减少等一系列环境问题。进入21世纪以来，国内自然灾害频发，对经济社会的发展造成了严重的影响。"环境问题"成为制约中国经济社会发展的突出问题。经济增长与环境污染之间的矛盾日益加深，不断倒逼我们思考：中国如何平衡经济与环境的关系？中国需要什么样的现代化？中国如何实现生态治理现代化？当前，生态危机及其治理现代化成为关乎国家前途命运和人民美好生活的亟待解决的重大问题。

自党的十八大以来，以习近平同志为核心的党中央始终坚持人与自然和谐共处的生态治理理念，将生态文明建设纳入"五位一体"总体布局和"四个全面"战略布局，统筹推进生态环境治理体系和治理能力现代化。党的十九大报告将生态文明提升到"中华民族千年大计"的高度。2020年，党的十九届五中全会提出"构建生态文明体系，促进经济社会发展全面绿色转型，建设人与自然和谐共生的现代化"[①]。习近平总书记创造性地提出"保护环境就是保护生产力""绿水青山就是金山银山""良好生态环境是普惠的民生福祉"等重要理念，为我国生态治理现代化提供了科学的思想指导。当前，我国推进生态治理现代化的实践主要体现在建设现代生态治理制度体系、构建多主体协同参与治理格局、共建生态文明全球命运共同体等方面。

---

① 中共中央关于制定国民经济和社会发展第十四个五年规划和二〇三五年远景目标的建议[N]. 人民日报，2020-11-04（1）.

一、建设现代化生态治理制度体系

生态文明建设既是破解资源能源紧张、环境污染难题，也是建设美丽中国，实现中华民族伟大复兴的根本要求。解决生态环境问题，将生态环境理念融入工业化和城市化发展中，是一个长期的过程。推进现代化生态治理制度建设是国家治理体系现代化的重要组成部分。因此，我们必须从国家治理视角协调生态文明建设和经济建设的关系，让生态环境保护成为社会经济发展过程中各个行业和各个领域的硬性要求。

习近平总书记指出："只有实行最严格的制度、最严密的法治，才能为生态文明建设提供可靠保障。"[1] 制度体系是根本，生态治理是指通过健全体制机制，联动社会各发展领域，动员全主体参与，开展全方位、全过程的生态保护、开发、利用等活动。生态治理的关键是统筹好制度体系建设。科学完备的生态法律制度体系是生态治理的有机组成部分之一，也是生态领域开展具体治理举措必须参考的前提依据。自新中国成立以来，我国先后通过《中华人民共和国环境保护法（试行）》《中华人民共和国自然保护区条例》《全国生态环境保护纲要》等重要环境保护法律。特别是党的十八大以来，党中央持续推进生态治理法治化，实行了最严密的新环境保护法，在原有的环境执法机制上深入推进中央生态环境保护督查，建立了中央、省、市、县四级执法联动机制，直接推动解决群众身边的环境问题80000多个。我国推动健全生态法律制度体系，先后发布制定了30多部生态环境领域相关法律法规，生态环境法律体系日趋完善。

党的十九大提出要改革和完善生态环境监管体制，设立国有自然资源资产管理和自然生态监管机构，完善生态环境管理制度。构建国土空间开发保护制度，完善主体功能区配套政策，建立以国家公园为主体的自然保护地体系。2018年，国务院机构改革方案对国务院相关部门进行调整，不再保留国土资源部、国家海洋局、国家测绘地理信息局，新组建了自然资源部；不再保留环境保护部，新组建了生态环境部；不再保留农业部，新组建了农业农村部。新组建的自然资源部和生态环境部主要解决三方面问题：将全民自然资源产权所有者的代行机构从国务院变为主管部门，缩短委托代理链，提高管理效率；在生态系统完整性方面，将"山水林田湖草"作为整体来保护；在机构设置方面，

---

[1] 习近平. 推动我国生态文明建设迈上新台阶 [J]. 求是，2019（3）：22-27.

做到了决策者和执行者分离、执行者和监督者分离①。

二、建立自然资源高效利用的制度

自然资源是我们生产生活的重要物质源泉。全面建立资源高效利用制度,其目的在于改善资源约束经济和社会发展的现状,以资源的可持续利用支撑经济社会可持续发展。面对新时期资源环境的严峻挑战,我们需要建立资源管理制度,建立资源高效利用长效机制。自然资源高效利用制度包括自然资源的产权制度、资产管理制度、监管体制等。

(一) 健全自然资源资产产权制度

自然资源资产产权是自然资源资产的所有权、用益物权、债权等一系列权利的总称。自然资源资产产权制度是关于自然资源资产产权主体、客体、内容(权利、义务)和权利取得、变更、消灭等规定的总和,是生态文明建设的基础性制度,对完善社会主义市场经济体制、维护社会公平正义、建设美丽中国起着重要的基础支撑作用。党的十八大报告明确提出建立自然资源资产产权制度,进而全国开展资源资产化和资源保护权责明晰的相关工作。这也开启了我国自然资源资产产权制度改革实践和探索工作,随后国家出台一系列的法律法规和具体文件措施对资源产权制度进行改革与完善。这包括健全自然资源资产产权体系,明晰主体和拓展权能;建立自然资源统一调查、评价、监测制度;建立自然资源统一确权登记制度。国家为了确保改革的持续推进,先后选择国家重点生态文明实验区、国家公园、水流、湿地和重点林区,覆盖12个省32个区域开展试点,重点对国家公园、水流、湿地、林地和矿产资源等方面进行探索。截至2018年年底,试点省份基本完成试点工作,通过以管理界限作为划分登记单元,有效实现管理权和所有权分享,建立自然资源确权数据库和相关细化的技术规划,为进一步做好全国自然资源保护和相关的监管工作提供了借鉴与经验。

(二) 健全自然资源资产管理制度和监管体制

自然资源资产管理的目的是实现资源有偿使用,维护资源财产权益,而资源监管体制解决的是资源无序利用的问题。建立自然资源资产管理制度和资源管理的监管体制,是明确自然资源资产所有者、监管者及其责任,是实现资源资产价值的重要保障,也是落实自然资源管理和保护的重要措施。

---

① 张占斌,薛伟江. 当代中国国家治理概论 [M]. 北京:中共中央党校出版社,2021:262.

这两种制度从根本上实现了自然资源管理所有者和监管者分离，这是资源资产管理和保护的一次重大变革。2016 年发布的《关于健全国家自然资源资产管理体制试点方案》明确提出要按照所有者与管理者分开的原则和一事一部门的原则，将所有者职责从自然资源管理部门分离出来，集中统一行使，负责各类全民所有自然资源资产的管理和保护。2017 年发布的《关于创新政府配置资源方式的指导意见》，进一步提出将自然资源资产所有者和监管者职能分开，由国务院代表国家行使所有权，建立中央和地方政府分级代理行使所有权职责体制。党的十九大报告首次提出国有自然资源所有权职责的整合分散，成立自然资源管理和自然生态监管机构。2018 年后，国务院机构改革，由自然资源部统一行使所有权，生态环境部行使监管权。

三、形成多主体协同参与治理格局

2020 年 3 月 3 日，中共中央办公厅、国务院办公厅印发《关于构建现代环境治理体系的指导意见》强调"牢固树立绿色发展理念，以坚持党的集中统一领导为统领，以强化政府主导作用为关键，以深化企业主体作用为根本，以更好动员社会组织和公众共同参与为支撑，实现政府治理和社会调节、企业自治良性互动，完善体制机制，强化源头治理，形成工作合力，为推动生态环境根本好转、建设生态文明和美丽中国提供有力制度保障"①。作为一项复杂性的系统工程，生态治理不能仅仅依靠某个群体的力量，而是要坚持在党的领导下充分发挥社会主义制度的优越性，将政府部门、政府组织、企业以及社会公众等其他相关利益主体都纳入考量范围，通过完善生态文明建设多元主体协同治理动力机制和运行机制，激发各个主体的积极性和参与性，形成多元主体协同参与治理格局，最终达到"1+1>2"的治理成效。

（一）发挥政府部门的核心引领作用

从生态治理的参与主体来看，政府部门是生态治理的管理者和规划者，并在战略谋划、制度制定、组织落实、监管等过程中担负着重大责任，是生态治理的"核心主体"。从具体职能来看，首先，政府部门统筹规划，提出指导意见。中央政府主要通过提升生态治理制度和政策的顶层设置能力的现代化来保证在全国范围内能够实现国家治理能力现代化的转型，而地方各级政府通过承担责任落实的工作，以此共同形成联动机制来推进生态治理能力的现代化。其

---

① 中共中央办公厅国务院办公厅印发《关于构筑现代环境治理体系的指导意见》［EB/OL］.（2020-03-04）. https：//m.gmw.cn/baijia/2020-03/04/1301011890.html.

次，政府部门制定相关法律制度，保证生态治理能够有法可依。自改革开放以来，我国政府相继出台了《关于全面加强生态环境保护坚决打好污染防治攻坚战的意见（2018）》《关于构建现代环境治理体系的指导意见》等一系列具有重要指导作用的法律、法规，从而为生态治理营造了一个良好的外部制度环境。这样，中央政府负责自上而下的顶层设计，组织落实相关责任，地方政府则扮演中央大政方针的贯彻者和生态环境治理过程中的执行者。

自改革开放以来，我国政府对于生态治理的认识经历了一个从被动认识到主动认识、从不自觉到自觉的全新逻辑转变。新中国成立初期，百待废兴，我国经济基础薄弱，工业化水平很低。为此，党和政府主要采取了以重工业为主的发展模式，在生态环境上并未给予足够的重视。随着工业化的深入推进，工业污染、水土流失、土地荒漠化等一些生态环境问题逐渐显露，彼时中央政府开始加大生态环境保护力度。1958年8月，毛泽东提出："要使我们祖国的河山全部绿化起来，要达到园林化，到处都很美丽，自然面貌要改变过来。"① 同时，毛泽东还高度重视植树造林和发展林业，发出"大地园林化"的号召。但是，受制于"苏联模式"的影响，当时主要采取"政府主导型"的生态治理模式，在生态环境治理中发挥着自上而下的主导作用。改革开放后，传统生态治理模式开始逐渐向"政府—市场"双元治理模式转变。邓小平强调要协调好经济建设与生态环境之间的关系，并且要协同好人口增长与经济建设、生态环境间的关系。江泽民提出走新型工业化道路。即工业化的发展不能以牺牲资源和环境为代价，要最大限度地降低工业化对资源的消耗和环境的污染。尽管我国政府高度重视生态治理工作，成立环境保护部门，多次组织召开高级别的环保工作会议，对重点城市、重点领域都做了相应的工作安排。但是由于这一时期的生态治理主要由政府控制，生态治理手段依然单一，生态治理表现出"重形式、轻效果"的弊端。20世纪90年代，社会主义市场经济的发展使得我国政府在生态治理中越来越突出市场机制的参与，开始在生态治理中通过征收环境税、增加企业环境治理财政补贴等手段进行市场调节。2003年，胡锦涛在中央人口资源工作座谈会上指出："要加快转变经济增长方式，将循环经济的发展理念贯穿到区域经济发展、城乡建设和产品生产中，使资源得到最有效的利用，最大限度地减少废弃物排放，逐步使生态步入良性循环。"② 党的十七大进一步在生

---

① 毛泽东. 林业真是一个大事业 [EB/OL]. (2023-03-27). http：//www. isenlin. cn/sf_ 14639EC03604 45F0BE3127090D4B80BE_ 209_ 23C6F1B1731. html.
② 重庆社会科学编辑部. 足印：中国共产党成立95周年回眸：生态文明建设篇 [J]. 重庆社会科学, 2016（5）：101-109.

态环境方面丰富了全面建设小康社会的内涵,明确提出要在遵循自然规律的理念下构建"资源节约型、环境友好型"的新型的可持续发展社会。自党的十八大以来,以习近平同志为核心的党中央扎实推进国家生态治理体系和治理能力现代化,强调在持续增强生态政治建设、生态经济建设、生态法治建设的基础上,大力发展生态科技建设和生态文化建设,进一步突出了党和政府在生态治理中的核心领导作用。

总体上看,我们党和政府在生态治理现代化上取得了重大的成就。然而,需要注意的是,由于权责不明、压力叠加,当前政府在生态治理中的角色发挥仍然存在"缺位现象"。以陕西韩城市政府为例,2021年,据有关媒体披露,位于黄河湿地省级自然保护区的黄河韩城龙门段干流河道2013年至今逾百万立方米固废长期违法堆积,长年堆积形成的高台上还违法建有停车场、庙宇、生产装置等,周围生态环境遭到严重破坏。造成这一问题的主要原因便是当地政府一直没有履行属地责任,没有及时制止违法行为,从而使相关问题始终没有得到妥善解决。另外,政府在生态治理中存在"越界行为",一些地方政府过度强调在生态治理中绝对的权威性,形成自上而下政府一元主导治理体制,在一定程度上限制了社会组织、企业以及社会力量的参与。随着大数据、5G、人工智能等新兴技术的迅猛发展,传统的政府生态环境保护方式与现代化的生态治理发展出现了脱节,这迫切需要政府利用新型技术创设更加丰富多样的治理方式,以保障更多的主体利用互联网、社交媒体等平台及时掌握动态环境保护信息。

(二) 发挥社会组织的补充作用

当前,随着现代社会制度日趋完善,越来越多的社会组织开始涌现,反映了社会群体的多元利益诉求。相比政府和市场,社会组织在渗透性、互惠性、公益性等方面常常具有特殊优势,不仅能够有效弥补政府部门在生态治理过程中政治色彩浓厚的局限性,而且其在参与生态治理、宣传生态理念等方式上更易于被民众认可和接纳。在1996年颁布的《国务院关于环境保护若干问题的决定》中就提出了"建立公众参与机制,发挥社会团体作用"的规定,2005年在《国务院关于落实科学发展观加强环境保护的决定》中又补充了"推动公益诉讼"和"强化社会监督"的内容。近年来,越来越多的社会组织开始积极参与到生态治理中,进一步增强了生态治理能力和水平。民政部数据显示,截至2020年年底,全国社会组织总量为89.44万个,其中,社会团体37.5万个,社会服务机构51.1万个,基金会8385个。其中,环保类社会组织的数量日益增多。政府不断加大对社会组织的这些环保社会组织的支持力度,通过设置环境社会治理专项预算加大向环保组织的奖励拨款力度。此外，这些社会组织充当政府部门和公众之间的"传声筒"，积极发挥其在教育、社区活动、公益事业中的引领作用，进一步参与到生态治理中，有效提升了我国生态治理效能。

（三）发挥企业的主体责任

习近平总书记在 2020 年召开的企业家座谈会上强调"企业既有经济责任、法律责任，也有社会责任、道德责任"。作为中国特色社会主义市场经济的经营主体，企业同样承担着生态治理的多重保护责任，是生态治理的主要实践者，对中国生态文明建设具有不可忽视的重要作用。与其他治理主体相比较，企业在社会中一直处于一种比较活跃的状态，不仅能够凝聚强大的力量推进生态治理，更能够通过市场交换行为进一步优化生态治理的良性循环。自改革开放以来，随着中国特色社会主义市场经济的发展壮大和企业社会责任意识的觉醒，我国企业由最初的被动参与生态治理转为积极主动参与生态文明治理。近年来，包括国有企业和民营企业在内的越来越多的企业开始承担相应的社会责任。例如，阿里巴巴公司旗下的蚂蚁金服于 2016 年 8 月通过"蚂蚁森林"公益行动和"碳账户"发起了线上环保"种树"活动，用户在支付宝认养虚拟树苗并通过收集能量和与好友互动借能量浇灌树苗，成熟以后即可在偏远沙漠地区种下一棵真树。截至 2021 年年底，蚂蚁森林已吸引全国 5.5 亿用户参与，累计种树面积达到 280 万亩。通过该项公益活动，阿里巴巴企业起到了承担生态治理责任的表率作用。除此之外，还有很多企业通过加大环保资金投入力度，发展低耗能产业、研发高科技产业在企业污染防治、生态环境治理方面发挥越来越大的作用。

（四）发挥社会公众的参与作用

习近平总书记在中央财经领导小组第六次会议上强调，推动能源消费革命，不仅要成为政府、产业部门、企业的自觉行动，而且要成为全社会的自觉行动。有学者认为："治理意味着一系列来自政府，但又不限于政府的社会公共机构和行为者。"[1] 这说明，除了上述行为主体外，社会公众对于生态治理同样具有不可替代的作用。具体而言，在政策端，我国通过科学探索逐渐将公众参与纳入环境立法、环境监督、环境执法等领域。在思想端，党和政府主要采取会议、提案、座谈、论证多样化的活动，为公众参与解除思想困惑。在实践端，近年来，随着微信、微博、抖音等新兴媒体技术的发展，政府逐渐采取社交网络、在线课堂、公益广告、电子书籍等形式为公众参与提供有力的信息技术支持。

---

[1] 俞可平. 论国家治理现代化 [M]. 北京：社会科学文献出版社，2014：35.

同时，国家生态环保宣传力度不断加大，推动多项环保设施向社会公众开放，组织开展"美丽中国，我是行动者"主体实践活动。除此之外，全国各地的环境保护机构、学校以及社会机构共同搭建了丰富多样的生态环境科普教育平台，借助生态展览、全景 VR 环保体验等渠道进一步提高公众的生态环境保护意识，一些地区更是将生态文明教育纳入学校教育中，将其作为素质教育的主要内容。

四、明确生态环境保护和责任制度

无论是从生态治理制度的建设，还是从自然资源高效利用，抑或多元主体协同治理，加强生态环境的保护和责任制度建设都是十分必要的。只有做好生态环境保护工作，明确责任，建立完善的制度体系，才能谈及自然资源的利用和治理。生态环境问题归根结底是经济发展方式的问题，将经济发展和环境保护相结合显得尤其重要。环境影响评价领域改革、健全防治污染的制度体系、危险废物管理领域改革，这些改革代表着我国从环境管理到环境治理，从注重环境管制到关注环境服务的转变。目前，我们已经做了一些生态环境保护责任制度的改革，但是生态文明目标考核制度，生态环境损害责任终身追究制度，自然资源资产负债表的制度，领导干部自然资源资产离任审计制度等需要进一步加强完善。这些改革开创了我国环境治理体系和治理能力现代化的新格局，是国家治理现代化的重要构成部分。

第一，环境影响评价领域的改革。环境影响评价是针对人类的生产和生活行为可能对生态环境造成的影响，运用现代化手段进行分析和评估，提出预防和抵消负面环境影响措施的技术方法。国家推动建设项目环境影响评价制度的目的是推动我国从环境管理到环境治理的转变，促进环境影响评价从管制经济发展到服务经济发展的转变。其制度创新和变革主要是以提高环境影响评价文件质量为中心的实务管理创新。其内容包括下放审批管理权限、缩短审批时间，推动"环保管理"体制改革的相关探索。

第二，健全防治污染的制度体系。防治污染的制度体系建设，除了前面提到的环境影响评价制度，还有"三同时"制度，有损害赔偿制度、生态环境损害责任终身追究制度、污染物排放总量控制制度，以及排污许可、防治和验收等制度。需要说明的是，污染总量控制的对象是排污企业而不是生产企业，目的是稳定或者减少排污企业每年的排污总量。排污许可证制度是以污染物总量控制制度为基础，国家把污染物排放总量控制指标分解到各省、自治区、直辖市，然后层层分解，最终分到各排污单位。通过明确污染防治措施和环境管理要求，做到精细化管理，提升排污单位环境治理水平和相关能力。

第三,危险废物管理领域的改革。危险废物是工业化的伴生产物,对环境和人类健康都有潜在有害影响。如果相关监管不力,会对生态环境安全造成重大威胁。近年来,我国在危险废物污染防治方面,特别是社会职责分工、法规标准政策、利用处置能力和社会督导机制等方面具有良好基础,但是也同时面临着危险废物产生量巨大、处置能力结构性失衡、利用率不高和监管不力等问题。目前,危险废物种类和数量都呈现出不断增长的趋势,因此,坚持问题导向,突破危险废物污染防治瓶颈,全面提升危险废物污染防治水平,是当前生态治理的重要内容和急需解决的重大问题。建立相应法律法规,强化企业危险废物防治的主体责任。党的十八大以来相关法律法规的出台,特别是2021年颁布的《中华人民共和国固体废物污染环境防治法(2020年修订)》,在全面总结实践经验的基础上,突出问题导向,贯彻新发展理念,回应人民群众期待和实践需求,健全固体废物污染环境防治长效机制,为打好污染防治攻坚战提供坚实的法制保障。

第四,建立生态文明目标考核体系。生态文明目标考核体系目的在于建立体现生态文明的目标体系、考试办法、奖励机制,促进党政干部树立绿色发展观和政绩观。改革以往GPD为单一考核标准的情况,让生态文明目标评价考核结果发挥重要作用,使其成为领导干部评价、奖惩和任免的重要依据。生态文明建设要落到实处,就必须建立和完善生态文明目标考核体系,发挥其"指挥棒"的作用。从2016年国务院的《生态文明建设目标评价考核办法》,和随后出台的《生态文明建设考核目标体系》和《绿色发展指标体系》,这三个文件的制度成为我国生态文明建设考核目标工作开展的重要依据,为相关工作提供方向指引,是生态文明目标考核体系建设和生态环境治理能力现代化的重要成果。

第五,编制自然资源资产负债表。自然资源资产负债表是我国自然资源资产管理制度的重要内容,也是我国生态文明体制改革的重要基础。自然资源资产负债表的建立可为生态环境损害责任终身追究制和领导干部离任审计提供支撑与依据。2014年至今,全国各地先后开展自然资源资产负债表的编制和探索工作,在试点地区探索负债表的实际应用,并逐步形成相关的编制方法和应用模式。目前,我国基于实际生态文明建设的需求对自然资源资产负债进行相关界定,以法定责任和底线任务标准提出自然资源资产负债的确认原则,为进一步的自然资源资产负债表的编制提供路径指引。

第六,开展领导干部自然资源资产离任审计和中央监察制度。推动领导干部切实履行自然资源资产管理和生态环境保护责任,加强自然资源的合理利用和生态环境安全，需要创新符合中国国情的离任审计制度和中央监察制度。这两项制度都是我国生态文明制度建设的重要内容，为促进自然资源节能集约利用和各项生态环境保护责任制度提供坚实保障。中央环境保护监管制度是指国家有关机构对法律法规、政策标准的实施现状及对严重污染事件、生态环境损害事件的处理情况进行监督和检查的行为规范，由中央全面深化改革委员会提出和管理，中央和国务院关于推进生态文明建设，加强生态治理现代化的重大制度安排。党政同责、一岗双责，是中央环境保护督察最重要也是最核心的原则。当前国家出台了多项中央生态环境保护督察工作制度和相关规定，全面彰显了中央坚定推动环保监察的决心，为国家生态环境治理体系和治理能力现代化提供了坚实的基础与重要保障。

五、共建生态文明全球命运共同体

当前，经济全球化深入发展使人类文明发展中的许多问题呈现出全球性、持续性、紧迫性和联动性的特征，环境问题早已经不再是某个国家的问题，而是关系到人类前途和命运的全球性问题。习近平总书记在中国北京园艺博览会开幕式上的讲话中指出："建设美丽家园是人类共同梦想。面对生态环境挑战，人类是一荣俱荣、一损俱损的命运共同体，没有哪个国家能够独善其身。唯有携手合作，我们才能有效应对气候变化、海洋污染、生物保护等全球性环境问题。"① 作为一个不断崛起的世界性大国，中国有责任也有义务积极参与到全球生态治理中。重塑全球环境治理格局、创新生态文明思想、不断推动共建生态文明全球命运共同体。

首先，中国是全球生态治理的积极参与者。作为世界上最大的发展中国家，长期以来，中国一直积极参与全球生态治理，坚定履行自己的义务和责任，在应对全球气候变化、生物多样性保护、降低碳排放量等方面扮演着重要的角色。从国内层面上看，中国大力推动产业结构、能源结构调整，积极完成本国生态治理任务。例如，2020年，我国煤炭消费比重降低到56.8%，清洁能源占能源消费比重达24.3%，光伏、风能装机容量、发电量均居世界首位。根据《生态治理蓝皮书：中国生态治理发展报告（2020—2021）》数据，2021年，全国地级及以上城市空气质量优良天数比率为87.5%，同比上升0.5个百分点；单位GDP二氧化碳排放指标达到"十四五"序时进度要求；氮氧化物、挥发性有机物、化学需氧量、氨氮等4项主要污染物总量减排指标预计完成年度目标。由

---

① 习近平. 共谋绿色生活　共建美丽家园［N］. 人民日报，2019-04-29（2）.

此可见，中国生态环境质量持续改善，生态治理效能持续提升。从国际层面上看，中国从推动达成气候变化《巴黎协定》到全面履行《联合国气候变化框架公约》，从二十国集团发布首份气候变化问题主席声明到设立气候变化南南合作基金，再到大力推进绿色"一带一路"建设，中国一直深度参与全球气候和生态环境治理，高标准履行国际义务。中国还通过合作建设低碳示范区、研发碳排放监测管理技术体系、实施气候变化动态项目、推动高耗能产业绿色低碳发展方式向更多的国家分享应对气候变化的有益经验，为广大发展中国家应对气候变化提供切实有效的帮助与支持。为推动实践碳达峰、碳中和目标，中国不断完善制度体系建设和推出切实可行的举措，向世界展示了中国参与全球生态治理的雄心和决心。自2018年起，中国政府逐步禁止洋垃圾入境，全面加强对固体废物的进口监管，得到了国际社会的普遍认可。同时，中国向世界做出"力争2030年实现碳达峰、2060年实现碳中和"的庄严承诺，并通过"一带一路"倡议深度参与全球环境治理，提升我们在全球生态治理格局中的议程设置能力，使国际生态治理秩序向更加公平、合理的方向转变，为推动全球生态绿色发展贡献中国方案。中国以一个负责任的国家形象向全球证明中国参与和引领全球治理的信心与决心，这将直接或间接地助推世界各国在生态环境保护上的携手合作，不断推动构建更加公平、合理、高效的全球生态治理体系。

其次，中国是全球生态治理的贡献者。习近平总书记强调，国家治理体系和治理能力现代化必须立足于中华优秀传统文化，解决全球性的问题也必须从我们的传统文化中汲取智慧。中华民族具有五千年博大精深、源远流长的历史文化，其中蕴含了诸多有关全球生态治理的思想精髓，这些思想精髓不仅是对马克思主义的人与自然和谐思想的继承和发展，更是对中华优秀传统文化中蕴含的宝贵生态思想的弘扬。在数千年的文明进程里，我们的祖先积累了十分丰富的生态思想和实践经验。孔子的《易传》，讲天是万物生长的空间，日月星辰运转不息，讲的是万物生长的山川大地，山清水秀，而人是万物之灵，只有顺应天地，人才能够化育万物。孟子倡导"天时地利人和"提出"上下与天地同流"。汉代的董仲舒提出了"天人合一"，就是社会主义建设要遵循客观社会发展规律。宋代理学家也表达了人与自然和谐共处的哲学思想。新时代，提出山水林田湖人与自然和谐相处的命运共同体，讲的也是万物一体，人与自然和谐相处。概言之，中华优秀传统文化蕴含了很多生态文明理念和生态治理智慧。

最后，中国是全球生态治理的引领者。19世纪末至20世纪，西方资本主义工业文明飞速推进，凭借其强大的综合实力优势，美国等西方国家除了在全球占据强大的经济话语权、政治话语权、文化话语权外，还在生态领域拥有绝对的话语权，垄断着全球生态规则的制定、议题的设置，世界形成了"西方中心主义"的生态治理体系。在这种霸权式的生态话语体系下，落后国家和发展中国家不得不居于从属地位，只能被动接受由西方发达资本主义国家制定的霸权主义生态话语规则，全球生态治理处于一种严重的失衡状态。近年来，随着逆全球化浪潮的兴起，美国前总统特朗普退出《巴黎气候协定》这一"退群"行为不仅影响了美国本土的气候治理，而且严重损害了全球生态治理的公平、效率和成效，阻碍了全球治理进程。与此形成鲜明对比的是，中国在全球生态治理领域的贡献越来越大，逐渐由以往的"参与者"向"引领者"转变。对此，习近平总书记多次在国际重要场合向世界分享生态文明理念，提出了"构建人类命运共同体""共谋全球生态文明建设"的重要理念。从本质上来看，"以'人类命运共同体'理念为基础的全球环境治理的中国方案的特质在于，它是建立在肯定和承认不同民族国家存在着各自的生态利益矛盾冲突和共同的全球利益的基础上，提出解决民族国家的生态利益冲突应当采取包容和对话的方式……对于全球环境治理中的共同利益，主张采取合作、可持续发展和共同繁荣的方式来处理"[1]。生态文明全球命运共同体理念深化了对人类文明发展规律的认识，对推动全球生态合作治理具有重要意义。概言之，作为一个不断走向世界舞台中心的大国，中国正在坚定不移做全球生态治理的参与者、贡献者、引领者，与其他国家一道推动全球生态治理向更加公平、绿色、文明的方向发展。

---

[1] 王雨辰.人类命运共同体与全球环境治理的中国方案［J］.中国人民大学学报，2018（4）：67-74.

案例分析

从分散探索到协同共治：数字化治理与政府效率变革
——基于2012—2020年的广东经验

一、导言

（一）政府数字化治理发展现状

随着数字信息技术的普及，世界正在迅速进入数字社会，政府也在向数字化迈进。自党的十八大以来，以习近平同志为核心的党中央高度重视网络安全和信息化工作，做出建设网络强国的战略部署。在2016年就"实施网络强国战略"举行的政治局集体学习中，习近平总书记明确指出，信息化建设要"深刻认识互联网在国家管理和社会治理中的作用"①。党的十九大明确提出要加快推进信息化，建设"数字中国""智慧社会"，"要运用大数据提升国家治理现代化水平"②。党的十九届三中全会做出了深化党和国家机构改革的决定，提出用好信息化手段来提高政府机构履职能力。国务院要求加快推进"互联网+政务服务"一体化建设，要求政务服务"一站式"，增强政务信息系统共享功能，使审批服务便捷化。

从数字技术应用来看，各级政府都在积极采用前沿技术，以城市治理和疫情防控为现实场景，打造了各具特色且行之有效的城市数字化治理典例。数字技术的发展和应用所产生的海量数据可以反映人们生产生活的需要。在确保安全和隐私保护的前提下，对这些数据和信息进行分析与解读，将使相关部门能

---

① 习近平在中共中央政治局第三十六次集体学习时强调 加快推进网络信息技术自主创新 朝着建设网络强国目标不懈努力［J］．中国广播，2019（11）：4．
② 习近平在中共中央政治局第二次集体学习时强调 审时度势 精心谋划 超前布局 力争主动实施国家大数据战略 加快建设数字中国［J］．实践（思想理论版），2017（12）：7．

够提供更准确、更有针对性的服务，提高社会治理的智能化水平。建设数字政府，利用新一代信息技术提高公共服务效率、提升公共治理水平，是推动我国国家治理体系和治理能力现代化的重要方式与不可避免的选择。

然而，尽管近年来数字化治理在全国范围内的大力推行取得了显著成效，但是各地区数字化治理能力水平却表现出巨大差异，面临着发展不平衡不充分的矛盾。《省级政府和重点城市网上政务服务能力（政务服务"好差评"）调查评估报告（2020）》显示，区域间网上政务服务能力仍不平衡，服务能力"东强西弱、南强北弱"的格局仍未改变。国内部分地区的公众和企业在享受电子商务、现代物流等技术创新带来便利的同时，却依然需要忍受着政务服务办事难、跑断腿、流程多、进度慢等困扰，糟糕的办事体验大幅降低了公民的幸福感和获得感，也进一步影响了政府效率的提升。

（二）广东省数字化治理的现状及问题

1. 广东省数字化治理的现状

近年来，广东省围绕深化"放管服"的改革要求，综合运用云计算、大数据等新技术手段，结合企业和广大群众的实际需求，不断提升政府效能。广东省在全国范围内率先建设了网上办事服务大厅，省直各单位也针对自身业务需要，大力开展政务信息化建设，推出了一批独具特色的电子政务应用系统和服务项目，全省电子政务的建设和应用取得了一定进展。《广东省"数字政府"建设总体规划（2018—2020年）》中的数据统计显示，省直单位现有政务信息系统1068个，其中省级垂直系统475个，建设20个以上系统的单位21个。在信息化建设和应用过程中，各级部门积累了丰富的数据资源，初步实现了数据聚合。目前，省政务信息资源共享平台已实现79个省级单位、21个地市联通，沉淀数据超过60亿条。

广东省政府数字化治理的目标在于升级改造网上办事大厅，建设广东政务服务网络，简化审批流程，缩短办理时限，优化用户体验。拓展微信、支付宝等第三方互联网服务渠道，通过便捷的智能终端入口，推动线上线下服务融合，实现"即时""就近""一体"的政务服务，建立多元化的政务服务模式。全省力争实现通用办理、刷脸服务、扫码支付，最终实现足不出户办事，提高政府的办事效率，也提升群众的获得感和满意度。

2. 广东省数字化治理的问题

数字化治理在一定程度上是对现有行政体制的改革，因此相关工作的推进难度较大，需要各级政府、政府各部门以及社会各界力量的支持和配合。现阶段数字化治理仍处于探索阶段，仍面临诸多治理问题。

一是对数字化治理概念模糊。在不少地方,数字化赋能地方治理为时不短,但误区仍有不少。比如,有的地区为了数字化而数字化,投入巨大,收效甚微;有的地区把数字化等于"线上化",原有的部门分割、条块分割平移为"数字分割、信息孤岛";有的地区则把数字化、表格化代替为民服务,从面对面变成了"键对键";等等。

二是数字鸿沟显著。在广州、深圳等数字化水平较高的城市,数字化的城市大脑、数字防疫系统等数字化系统高效服务于政府数字化治理。然而,部分城市数字化水平仍较低,在很多行政程序的信息上报与流程处理仍然采用原始的纸质方式,降低了行政效率,这是数字鸿沟地域层面的体现。另外,我国老龄化与数字化几乎同步发展,这就导致了老龄化群体面临的数字鸿沟不断扩大。并且在我国互联网普及率和数字政务平台建设效率逐年提高的同时,以老年人群为代表的"数字贫民"的互联网使用率仍处于较低水平。在这种情况下,"数字贫民"的数据使用能力远远落后于数字政府的发展步伐。这就是数字时代年龄层面的鸿沟,这一现象的扩大将进一步加大数字时代公共危机治理的难度①。

三是数字化治理资源集成性不足。数字化治理是一项复杂的系统工程,目前广东省已建成的小程序数量很多,但存在小程序应用度不高、数量过多过杂的问题。花样繁多的小程序、App 不但没有给群众带来便利,反而还增加了群众的成本和负担,也造成了资源浪费。同时,如粤省事等综合性民生小程序上线的板块虽多,但宣传力度不足,很多市民不清楚能在其办理的业务内容。

四是数据信息安全悖论。在数字时代,人们的生产生活无时无刻不在产生数据和信息。现代信息技术的发展使得信息的生成、传播速度极快,人们面对种类繁多、用途不一的大量数据和良莠不齐的信息时,由于社会各主体对数据利用的安全和隐患存在认识差异,会很容易造成数据滥用、信息泄露、数据诈骗、贩卖信息等信息伦理问题。数字化治理的关键在于信息保护,而目前我国关于数据开放与利用的法律体系仍未健全完善,信息伦理问题未能得到彻底有效的解决。

(三)文献综述

1. 数字化治理

通过对中国知网中关键词为"数字政府""数字化治理""电子政务"等检索发现,目前国内学者关注的是数字化治理的特征、运用、支撑体系、发展趋

---

① 王少泉. 数字时代公共危机治理:阻滞与前景[J]. 广州大学学报(社会科学版),2019,18(2):73-80.

势等，其中与政府治理以及政府效率相关的论文占比较大。有学者提出信息技术使得政府治理由部分走向整体，从破碎走向整合①，从而有利于构建国家数字治理的原则、架构设计和支撑体系②；同时，大数据技术使得政府能够预测、防范、化解公共危机③，促进数字治理体系和治理能力现代化的实现④；数字化治理能够构建有效的城市政府善治机制，成为数字时代城市政府善治的理想选择⑤。

2. 政府效率

"政府效率"即以"最低成本实现最好效率"，进一步拓展为重视"质"和"量"的统一。其中，"质"指政府效率具有社会基本价值取向，"量"指政府投入与产出的最优化。政府效率是衡量政府治理能力和提高治理效能的重要工具，但提高政府效率是全球都面临的挑战。政府治理是国家治理的核心组成部分⑥，治理问题最终是政府治理的效率问题⑦。政府效率是指参考了企业生产经营或生产效率的概念，指政府提供公共服务过程中产出与投入的比率。这是反映政府利用有限资源来实现复杂的公共治理目标的重要方式⑧。世界银行认为政府效率应该包括公共服务、公务员质量、政策制定和执行质量⑨。从治理环境和治理工具的视角来看，有学者认为大数据发展水平可以提高政府绩效，遏制腐败行为⑩。

因此，在现代社会，通过建设数字政府来提高政府效率，离不开大数据、云平台、人工智能、区块链等新一代信息技术的应用。在数字政府建设较为先

---

① 竺乾威. 从新公共管理到整体性治理［J］. 中国行政管理，2008（10）：52-58.
② 何哲. 国家数字治理的宏观架构［J］. 电子政务，2019（1）：32-38.
③ 董青岭. 大数据安全态势感知与冲突预测［J］. 中国社会科学，2018（6）：172-182.
④ 鲍静，贾开. 数字治理体系和治理能力现代化研究：原则、框架与要素［J］. 政治学研究，2019（3）：23-32.
⑤ 徐晓林，刘勇. 数字治理对城市政府善治的影响研究［J］. 公共管理学报，2006（1）：13-20.
⑥ 石佑启，杨治坤. 中国政府治理的法治路径［J］. 中国社会科学，2018（1）：66-89.
⑦ 刘子怡，陈志斌. 政府治理效率、财政透明度与政府会计治理工具：信息需求的视角［J］. 北京工商大学学报（社会科学版），2015，30（6）：54-59.
⑧ 贺宝成，熊永超. 国家审计如何影响政府治理效率：基于Tobit-SDM模型的空间计量分析［J］. 审计与经济研究，2021，36（6）：16-25.
⑨ KAUFMANN D，KRAAY A，MASTRUZZI M. The Worldwide Governance Indicators：Methodology and Analytical Issues［M］. Hague Journal on the Rule of Law，2011，3（2）：220-246.
⑩ 赵云辉，张哲，冯泰文，等. 大数据发展、制度环境与政府治理效率［J］. 管理世界，2019，35（11）：119-132.

进的地区，利用数字化手段促进各层级、各区域、各系统、各部门之间统一协同的创新方式已经出现。通过打造一体化数字平台，不仅可以促进政府机构内部的协调，还可以促进政府与企业、社会组织和公众等其他主体一同进行公共治理。提高政府履职能力，提高公众对公共服务的满意度，也是政府效率提高的重要体现。

3. 数字化治理和政府效率间的关系

信息技术革命推动下的社会变革，主要聚焦于社会治理系统的完善和治理效率的提高，客观上要求将国家治理体系与治理能力现代化建设置于数字化浪潮的大背景下展开和进行。这就使得社会变革不仅体现为借助信息技术提升国家治理体系和治理能力现代化水平，更体现为国家治理体系和治理能力本身的变革，以适应乃至促进整个社会的数字化转型。同理，在新时代政府建设中，既要从技术层面肯定信息革命对于提升治理水平和治理效率的工具意义，也要从生产关系层面回答数字社会形态下政府效率的影响因素和提高路径。

在行政管理的研究中，泰勒从一开始就专注于政府效率的研究。此外，随着市场的发展，各种社会问题对政府的治理能力和效率提出了更高的要求。由于我国的组织结构大多是线性的职能结构，因此面临职能重叠、协调困难的问题。从这个意义上来说，解决政府问题的关键是信息的传递和整合。如今互联网政务成为公共组织行政管理的大趋势，广东省政府也表示希望运用互联网政务实现政府的决策和执行从单层级、单部门实施，向多层级联动、多部门协同转变。经过对广东省数字化治理与政府效率有关数据的调研和整理分析，本研究认为，政府数字化转型将大大提升我国各级政府效率，提高我国政府治理的"善治"水平。

在我国，促进数字化快速发展首先要解决的问题是，在完善数字基础设施的基础上，实现政府机构内部之间及其与外界的广泛"连接"。在对一系列中央文件和有关文献的研究中发现，协同共治成为当今数字化治理的重点。现有研究对无法实现协同治理成因的探讨包括制度视角和认识视角、组织视角和个体视角等[1]。也有学者重点论述了数字资源失衡和数字鸿沟问题的存在导致了宏观层面和微观层面的治理困境，这严重影响了政府治理效率[2]。我国广东省作为数字化改革的先行地区，其运用数字化手段促进层级间、地区间、系统间的协作

---

[1] 梁宇，郑易平. 我国政府数据协同治理的困境及应对研究[J]. 情报杂志，2021，40(9)：108-114.

[2] 赵娟，孟天广. 数字政府的纵向治理逻辑：分层体系与协同治理[J]. 学海，2021(2)：90-99.

正在全面展开，但协同治理的失衡、部门和地区之间的数字割裂等问题也仍然存在。近年来，广东省各地区数字化治理经历了从分散治理到协同共治，协同化发展成效显著，其演变趋势和过程是各地利用数字化促进治理协调、提高治理效率的典型实践范例。为此，本研究的关注点放在对广东省数字化治理的趋势演变分析，包括时间和空间层面的演变，从而更好地推动数字化治理与政府效率的协同发展。

（四）研究价值与创新

本研究基于广东省的数字化治理实践与政府效率变革进行分析，期望在以下方面提供边际贡献。理论价值：（1）深化数字转型模式下公共组织数字化治理的认识；（2）构建数字化治理促进政府效率变革的互动关系的理论分析框架；（3）揭示数字化治理背景下政府效率提升的内涵、特征与演化机制，提出治理体系和治理能力现代化的可行性政策依据。实践价值：（1）政策层面，本研究可为政府治理数字化转型及相关政策制定提供现实资料与理论依据，有效促进政府效率的转型和提升；（2）社会层面，本研究可为数字化背景下的社会治理机制和策略博弈提供决策参考；（3）个体层面，有助于拓展数字治理的深度和广度，为个体提供更为便捷和高效的数字化治理体验。

本研究的可能创新之处在于：（1）从研究方法而言，本研究构建定量和定性相结合的方法体系，并进一步将耦合协调、时空演化模型和案例分析等方法纳入数字化治理与政府效率的互动关系中，从理论与实践的双重维度概括了数字化治理影响政府效率的逻辑和内涵，为现有理论研究的进一步深入提供了具有参考价值的数据资料和方法借鉴；（2）从数字化治理解释与衡量的角度而言，数字化治理是一个方兴未艾的概念，现有研究对于数字化治理的衡量方式并未形成合理的框架体系，借鉴张鸿、朱建建、中国信通院关于数字化治理的定义和变量处理方法，本文从数字生活活跃度、互联网劳动就业水平、数字金融创新发展、数字产业化水平、数字基础设施建设的维度对数字化进行较为全面的衡量，并通过测算得出了综合的数字化治理指标，为现有研究提供了可行的切入点；（3）从研究视角而言，数字化治理作为引领政府效率革命的新型战略性方法形态，其与技术进步的融合放大了传输、匹配、交换、获取和利用等各环节的治理效率，降低了治理成本，因此，本研究从数字化治理促进政府效率转型的角度出发，分别探讨数字化治理与政府效率变革的协调关系、促进机制和演变特征等内容，为全面认识当前政府治理数字化转型提供了新的研究视角。

二、样本与资料

（一）研究方法

本研究采取定量和定性相结合的研究方法体系，定性分析是指对观察资料予以非数字化考察和解释的过程，其目的在于发现数字化治理和政府效率的规律性结论。而量化研究则是从特定的假设出发，将数字化治理和政府效率进行数量化分解，度量两者之间存在的关系，进而得出合乎逻辑规律的研究结果。因此，考虑到疫情防控的相关规定和研究的合理性需求，本研究主要采取案例研究、电话访谈、文献研究和定量分析等研究方法。

在进行案例研究前，借鉴黄炜等的案例研究理论逻辑，研究者首先要明确以下三个问题。（1）分析对象是什么？本研究的分析对象是政府及相关社会治理组织。（2）研究者要解决的问题是什么？这反映了案例研究的目的，即数字化治理与政府效率的时空演进趋势和理论逻辑。（3）研究者的主张是什么？案例研究所得到的结论都是为证实研究者的主张而服务的。而在进行本研究中的数量化分析时，需要明确以下原则：（1）理论有效和合理的假设，（2）指标体系的科学性和解释性，（3）结论的客观、稳健与可复现。基于以上原则，开展定量与定性相结合的分析方法。

（二）数字化治理和政府效率指标体系建构

新一轮的信息网络和通信技术革新促进了以数字化转型为代表的创新战略性经济形态和政府治理能力现代化的迅速发展，进而从专业化、智能化、技术化和信息化等方面提升了政府效率[1][2]，这使得社会整体迈入了数字化发展阶段，进一步强化了数字治理的突出作用。党的十九届六中全会指出，"在社会建设上，人民生活全方位改善，社会治理社会化、法治化、智能化、专业化水平大幅度提升，发展了人民安居乐业、社会安定有序的良好局面，而政府治理数字化无疑是推动这一效率和质量革命的重要力量"。基于此，本研究构建政府数字化治理指标体系和政府效率指标体系以进一步探究。

数字化治理。现有研究广泛地从政府数字化服务、政务参与、产业数字化、政府数字支持、数字化应用效果等维度对数字化治理进行衡量，但相关概念的

---

[1] VIRGILIO A, FERNANDO F, FRANCISCO G. Principles and Elements of Governance of Digital Public Services [J]. IEEE Internet Computing, 2019, 23 (6).

[2] 戴祥玉，卜凡帅. 地方政府数字化转型的治理信息与创新路径：基于信息赋能的视角 [J]. 电子政务, 2020 (5)：101-111.

学术定义尚未建立统一的标准。基于此，本研究以现有文献对数字化治理指标体系的构建模式，从居民数字生活活跃度、数字经济与金融发展、数字产业化水平和数字化治理基础设施建设四个维度共计 5 个三级指标对政府数字化治理进行衡量，并最终运用熵权法综合计算得出政府数字化治理水平。

政府效率。政府效率是政府从事各种活动所产生的政府成本与收益之间的对比关系，是"数量和质量的统一价值和功效的统一"①。其标准化测量难点在于政府活动的非市场性、政府的垄断地位和政府价值主体的复杂性等特征。目前，全球政府效率研究的权威机构 IMD 的评价体系将公共财政、财政政策、组织机构、企业法规和教育五个维度作为政府效率评价要素，而唐天伟和刘自伟基于中国语境将我国政府效率进一步概括为政府公共服务、政府公共物品、政府规模和居民经济福利四个维度的 47 个指标②。因此，本文借鉴现有研究的普遍做法，从政府公共服务、政府公共物品、公共财政和福利水平三个维度，采用地区专利创新产出、生活垃圾无害化处理率、基本养老保险参保人数、地区生产总值增长率等共计 9 个三级指标进一步分析。

本研究采用 2012—2020 年广东省各地级市面板数据，借鉴现有研究设计数字化治理和政府效率两大指标体系进行定量研究。为了消除指标量纲或指标测度量级的不同而造成的影响，本研究已将指标体系中的指标进行无量纲处理。

（三）资料来源

以广东省作为研究案例的原因如下。（1）广东省是数字化治理改革的先行者，根据中央党校电子政务研究中心发布的《省级政府和重点城市一体化政务服务能力调查评估报告（2021）》的数据表明，2021 年广东省政务数字化转型得分 95.38 分，排名全国第一，广东省政府积累的数字化治理的丰富经验将为扩大全国各级政府实现数字化转型改革提供有益的借鉴。（2）研究团队立足于广东省的资源优势，本研究对于统计数据和部分数字化资源的需求决定广东省将成为首选案例，同时，以广东省作为研究样本也能够基于独特的数据资料和参与广东省政府数字化改革的实践经验对数字化治理与政府效率的内在逻辑及理论路径进行更为深入的分析，从而有效地总结广东经验。

本研究相关案例资料来源于网络社会调查和电话访谈，数据资料来源于广东省各级政府网站及统计局、2012—2020 年中国城市统计年鉴与广东省统计年

---

① 吕炜，王伟同. 发展失衡、公共服务与政府责任：基于政府偏好和政府效率视角的分析 [J]. 中国社会科学，2008（4）：52-64.
② 唐天伟，刘自伟. 我国省级政府效率损失及测度指标体系 [J]. 社会主义研究，2019（6）：101-108.

鉴、EPSDATA数据库和由北京大学和蚂蚁金服等共同编撰的《中国数字金融普惠指数》。

三、数字化治理与政府效率的内在联系论述

目前来看，数字化已经成为政府治理的基本属性与内在逻辑，成为政府治理职能有效发挥的必要途径与实现工具，是政府治理现代化的必由之路。数字化将推动现代政府实现实体性政府机构与虚拟数字政府的进一步融合。《中国地方政府效率研究报告（2021）》从内涵、提升目标等角度，论述乡村振兴与政府效率的内在联系；杨丽萍和陆岷峰从工具、目标、实施路径等层面剖析了精准扶贫、乡村振兴及共同富裕的内在联系①；陈国权从制度基础、资源配置、调控能力等方面讨论了政府能力与为政清廉间的联系②。基于此，本研究从概念层、资源层、技术层、组织层、互动层五个维度，结合广东省各级政府的实际情况，对政府数字化治理对提升政府效率的内在联系进行论述。

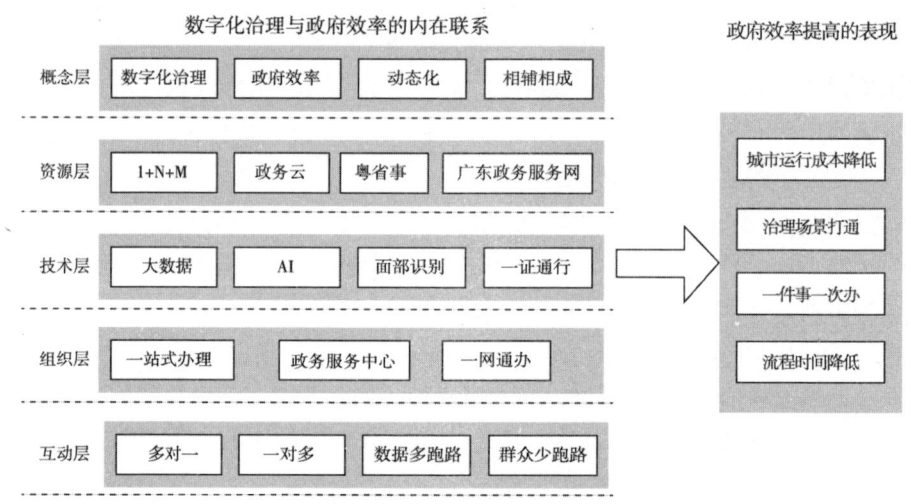

图1 数字化治理与政府效率的内在联系论述

（一）概念层

"数字化治理"被界定为在数字社会形态下具有相对稳定性的制度化和技术

---

① 杨丽萍，陆岷峰．关于精准扶贫、乡村振兴及共同富裕内在联系和策略研究：基于金融供给侧结构性改革的视角[J]．海南金融，2022（3）：62-68．
② 陈国权．论政府能力与为政清廉的内在联系及其协调发展[J]．浙江大学学报（社会科学版），1997（4）：69-73．

化治理[1],"政府效率"被界定为各级政府也就是各治理主体,在资源处理、权益配置、行为协同等方面实现治理目标的有关绩效[2]。事实上,并非所有治理行为都可以被制度化或技术化为固定不变的治理模式,数字社会形态的不确定性、动态性特征更凸显了这一客观事实。由此来看,数字化治理与政府效率有明显的分界且关系处于不断变化中,但两者又相辅相成、不可分割,数字化治理需要以如何提高政府效率的引导而执行落地,政府效率同样需要政府的数字化治理能力的改善以不断提升。数字化技术有效服务于政府治理,联结、支撑、直达每一个社会要素,将更多治理场景打通,有效提升政府效率。

(二)资源层

从政府组织内部来看,政府数字化治理打破信息壁垒,实现各部门、各单位的网络互联、资源互流、信息互通、业务互动,实现跨层级、跨地域、跨系统、跨业务、跨部门的协同管理和服务,促进部门业务协同融合、数据资源流通通畅,以集约化、一体化建设模式降低行政成本,提高政府效率。广东省对内统一规划建设全省政务云平台,落实"集约共享"平台建设思维,建设全省统一的政务大数据中心,形成"1+N+M"的政务云平台,实现数据资源汇聚共享。

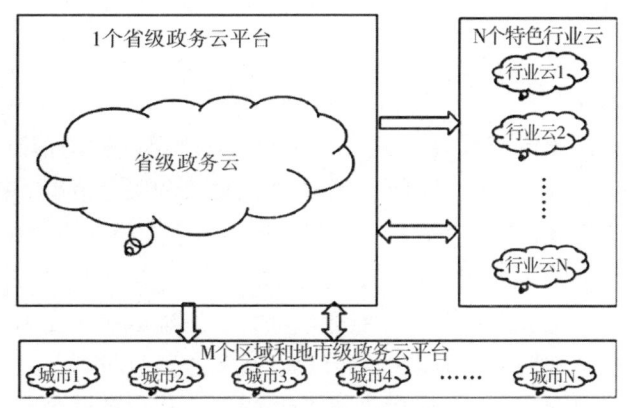

图2 "1+N+M"政务云平台

资料来源:广东省人民政府关于印发广东省"数字政府"建设总体规划(2018—2020年)的通知,粤府〔2018〕105号。

---

[1] 薛澜. 顶层设计与泥泞前行:中国国家治理现代化之路[J]. 公共管理学报,2014,11(4):1-6.

[2] 应松年. 加快法治建设促进国家治理体系和治理能力现代化[J]. 中国法学,2014(6):40-56.

从外部资源来看，数字化相关技术的发展得到政府鼓励和支持，而数字技术如今也有能力反哺政府，提供更多政府治理方式和方法，为提高行政效率、改进政府管理、强化为民服务等发挥着至关重要的作用。广东省充分发挥电信运营商和省内信息技术企业的人才、技术优势，与三大运营商和腾讯、华为合作，在较短时间内成功打造了"粤省事"移动应用和"广东政务服务网"一体化在线政务服务平台，以公民需求为导向推动平台功能优化完善，为公民提供精准、优质、个性的政务服务。

（三）技术层

在如大数据、AI、区块链、5G、云计算等新兴ICT技术的辅助下，各级各部门推进"互联网+政务"的战略共识，政府能够实时监测、全面感知、精准判断、预测把握目标群体的特质和需求，并以公众需求多层次的分类划分，按照需求的提出时间、内容、重要程度、紧急程度等有序回应公众诉求，开展符合民众需求、民情民意的政策窗口，为民众提供全方位的、全年龄段的政务服务。开发便民应用，通过面部识别等技术，开发了"一证通行""多证合一""电子证照""一键缴纳""一键办理"等系统，极大方便了公众的日常生活。"粤系列"数字政府建设的成果推广使用，实现市民动动指尖就能把事情办好，实现企业"一件事一次办"。

（四）组织层

政府数字化治理能够及时共享政府数据，打破碎片化的信息和数据状态，提高政府和社会数据信息的利用率；再造和优化政务服务流程，提供线上政务服务，简化办事流程，实行平台统一、窗口统一、事项统一的"一站式"办理。广州市以"数字政府"建设为抓手，充分利用新一代信息技术，持续推进政务资源整合、流程再造、数据共享、业务联动，打造标准化、便利化、智能化的政务服务体系。全部覆盖权力运行全流程、政务服务全过程，大力提升政务服务"一网通办、全市通办"的能力，实现市级依申请政务服务事项和公共服务事项90%以上"零跑动"方便企业群众办事创业，有效推动行政管理和公共服务提质增效。

（五）互动层

政府数字化治理实现政务服务从"一对一"转向"多对一"和"一对多"。在传统的"一对一"模式下，群众办理一项跨部门事务的不同步骤需要到不同部门办理，办理效率低，用户体验差。而"多对一"模式将多项业务的办理、多个部门集中到政务服务大厅中，实现部门数据互通，让数据多跑路、让群众少跑腿；在"一对多"模式下，用户可在一个受理窗口办理多项业务，能在一个 App 或小程序上查询多个板块的业务。

综上所述,数字化治理从概念层、资源层、技术层、组织层和互动层五个内在联系维度有效促进政府治理能力现代化、数字化和信息化转型进程,从而有效地提升了政府效率。事实上,数字化治理模式的实践改变了信息传播与组织运行的渠道和方式,使得治理主体间的关系从原有的分散逐步向着数字化协同演进,其主要特征表现为纵向扁平化和横向网络化。一方面,从治理主体间的纵向维度,数字化治理打通了纵向多层级结构的治理难点,提升了各层级社会治理体系中成员间的交换、协商和谈判有效性,缓解了纵向治理体系中成员间的不平等关系,建立了纵向治理体系各成员在互动中的信任关系,在信息传递中,纵向治理体系依赖于自上而下的信息传递,整合了分散的治理能力和资源。另一方面,从治理主体间的横向维度上,数字化增强了治理主体间的信息沟通和传输的网络化、对称化与透明化,强化了横向协同治理的思想意识和行为基础,进一步化解了横向结构中治理主体间分散、不良竞争的困境。

四、广东省数字化治理与政府效率时空特征和格局演化

（一）数字化治理与政府效率耦合协调内涵

在物理学中,耦合是指两个（或两个以上的）系统或运动形式通过各种相互作用而彼此影响的现象①。当系统间或系统内部要素之间配合得当、相互促进时,为良性耦合;反之,为不良耦合。耦合度是描述系统或要素彼此相互作用影响的程度。协调是两种或两种以上系统或系统要素之间一种良性的相互关联,是系统之间或系统内要素之间配合得当、和谐一致、良性循环的关系,是多个系统或要素保持健康发展的保证②。耦合协调度是度量系统之间或系统内部要素之间在发展过程中彼此和谐一致的程度,体现了系统由无序走向有序的趋势。基于前文的分析,推进政府数字化改革有利于从概念层、技术层、资源层、组织层和互动层五个维度提升政府治理效率,而信息网络和通信技术的革命也进一步依赖于政府良好治理创造的政策环境和社会环境,数字化治理为政府效率革命提供了动力,而政府效率的提升也为数字化的转型发展奠定了基础,因此,数字化治理与政府效率存在耦合协调的关系。

（二）数字化治理与政府效率的耦合模型

为了深入分析这一耦合关系,本研究基于上文构造的能够较全面反映两个

---

① L V. The Penguin Directionary of Physics [M]. Beijing: Foreign language Press, 1996.
② 吴跃明,张翼,王勤耕,等. 论环境—经济系统协调度 [J]. 环境污染与防治, 1997 (1): 20-23.

子系统的整体功效和协同效应的耦合评价模型，相关处理见图3。

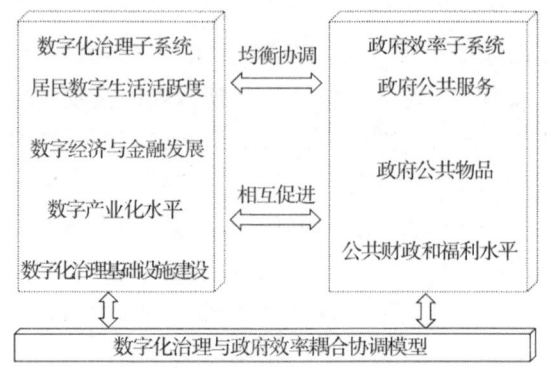

图3　数字化治理与政府效率耦合协调发展评价模型

为了消除指标量纲或指标测度量级的不同而造成的影响，将指标体系中的指标进行无量纲处理，并计算耦合协调度①。公式如下。

$$u_{ij} = \frac{x_{ij} - \min(x_{ij})}{\max(x_{ij} - \min(x_{ij}))} \quad (1)$$

$$u_{ij} = \frac{\max(x_{ij}) - x_{ij}}{\max(x_{ij}) - \min(x_{ij})} \quad (2)$$

式（1）和式（2）中，为其第 i（$i=1,2$）个系统中的低 j（$j=1,2,\cdots,n$）个指标，$\max(x_{ij})$、$\min(x_{ij})$ 分别为系统中 x_{ij} 的最大值和最小值。

$$p_{ij} = x_{ij} \sum_{i=1}^{n} x_{ij} \quad (3)$$

$$w_{ij} = \frac{1 - \left(-\frac{1}{\ln n}\sum_{i=1}^{n} p_{ij}\ln p_{ij}\right)}{\sum_{j=1}^{n} 1 - \left(-\frac{1}{\ln n}\sum_{i=1}^{n} p_{ij}\ln p_{ij}\right)} \quad (4)$$

式（4）中 $j=1,2,\cdots,n$，w_{ij} 为一级指标熵值权重，以分别计算数字化治理和政府效率两个子系统中各指标对总系统的贡献程度，进一步采用几何平均法和线性加权法。公式如下。

$$u_{i=1,2} = \sum_{j=1}^{n} w_{ij}u_{ij},\ 其中\sum_{j=1}^{n} w_{ij} = 1 \quad (5)$$

借鉴物理学中的容量耦合协调系统模型，可推广得出数字化治理与政府效率的耦合协调度模型，表示为：

---

① 王淑佳，孔伟，任亮，等. 国内耦合协调度模型的误区及修正［J］. 自然资源学报，2021，36（3）：793-810.

$$D = \frac{(au_1+bu_2) \; 2\sqrt{u_1 u_2}}{u_1+u_2}, \text{其中} \; a=0.4, \; b=0.6 \qquad (6)$$

式（6）中，D 为耦合协调度，a、b 为待定系数。由于数字化治理与政府效率的协调发展过程中，数字化治理与政府效率之间的相互促进程度是有差异的，政府效率的提升是多种要素综合作用的结果，数字化治理可能不是唯一驱动力，因此，将 a、b 分别赋值 0.4、0.6。

为了更直观反映数字化治理与政府效率耦合协调发展状况，参考高楠、廖重斌和王成①②③等的研究成果，采用均匀分布函数法来划分耦合协调度的区间和等级。

表 1 耦合协调度的区间和等级

序号	协调区间	协调等级	序号	协调区间	协调等级
1	0~0.1	极度失调	6	0.5001~0.6	基本协调
2	0.1001~0.2	严重失调	7	0.6001~0.7	初级协调
3	0.2001~0.3	中度失调	8	0.7001~0.8	中级协调
4	0.3001~0.4	轻度失调	9	0.8001~0.9	良好协调
5	0.4001~0.5	濒临失调	10	0.9001~1	优质协调

（三）数字化治理与政府效率耦合协调度时空分异及演化特征

根据上述方法和评价体系分别计算出广东省 21 个地级市 2012—2020 年数字化治理与政府效率耦合协调度演化趋势，具体结果如表 2 所示。

2012—2020 年，广东省 21 个地级市的数字化治理与政府效率耦合度均呈现逐步优化的演进趋势。截至 2020 年年底，除潮州市的协调等级濒临失调外，其余地级市均呈现出不同发展阶段的协调水平，全省整体协调性高达 95.24%，其中广州市和深圳市分别以 0.8527 和 0.9077 的协调系数达到良好协调、优质协调等级，据中央党校电子政务研究中心发布的《省级政府和重点城市一体化政务服务能力调查评估报告（2021）》表明，2021 年广东省大力提升政务服务效

---

① 高楠，马耀峰，李天顺，等．基于耦合模型的旅游产业与城市化协调发展研究：以西安市为例 [J]．旅游学刊，2013，28（1）：62-68．
② 廖重斌．环境与经济协调发展的定量评判及其分类体系：以珠江三角洲城市群为例 [J]．热带地理，1999（2）：76-82．
③ 王成，唐宁．重庆市乡村三生空间功能耦合协调的时空特征与格局演化 [J]．地理研究，2018，37（6）：1100-1114．

率,数字化、一体化政务服务得分高达 95.38 分,排名全国第一,广东省政府数字化治理的经验为深化全国数字化治理改革打开了新格局,这也进一步论证了构建数字化治理与政府效率的系统性协调关系的重要意义。

表 2　2012—2020 年广东省 21 个地级市数字化治理与政府效率耦合协调度结果

城市	2012年	2013年	2014年	2015年	2016年	2017年	2018年	2019年	2020年	2020年协调等级
潮州	0.3314	0.4042	0.4498	0.4443	0.4665	0.4702	0.4720	0.4874	0.4970	濒临失调
东莞	0.3725	0.5522	0.6389	0.6306	0.6685	0.6919	0.7239	0.7312	0.7667	中级协调
佛山	0.4608	0.5378	0.5965	0.6083	0.6410	0.6518	0.6786	0.6803	0.6857	初级协调
广州	0.6394	0.6686	0.7319	0.7381	0.7671	0.7921	0.8236	0.8321	0.8527	良好协调
河源	0.2380	0.3868	0.4162	0.4670	0.4696	0.4943	0.4963	0.5170	0.5208	基本协调
惠州	0.4143	0.4875	0.5398	0.5417	0.5677	0.5851	0.5952	0.6034	0.6066	初级协调
江门	0.3941	0.4519	0.4886	0.5077	0.5262	0.5409	0.5565	0.5752	0.5724	基本协调
揭阳	0.2841	0.3830	0.4295	0.4293	0.4349	0.4425	0.4775	0.4982	0.4839	濒临失调
茂名	0.2173	0.3845	0.4554	0.4637	0.4761	0.4937	0.5763	0.5054	0.5056	基本协调
梅州	0.2501	0.3932	0.4182	0.4506	0.4763	0.4903	0.5016	0.4933	0.5065	基本协调
清远	0.2554	0.3608	0.4184	0.4593	0.4845	0.5073	0.5104	0.5124	0.5367	基本协调
汕头	0.4365	0.4196	0.4619	0.4683	0.4997	0.5200	0.5392	0.5424	0.5365	基本协调
汕尾	0.2368	0.3876	0.4176	0.4275	0.4598	0.4650	0.4898	0.5021	0.5026	基本协调
韶关	0.3044	0.4150	0.4664	0.4817	0.4995	0.5188	0.5269	0.5371	0.5495	基本协调
深圳	0.5839	0.7144	0.8006	0.7844	0.8080	0.8272	0.8455	0.8814	0.9077	优质协调
阳江	0.2858	0.4189	0.4806	0.4738	0.4939	0.5020	0.5200	0.5230	0.5476	基本协调
云浮	0.2997	0.3882	0.4271	0.4535	0.4741	0.4897	0.4939	0.4923	0.5196	基本协调
湛江	0.3206	0.3750	0.4278	0.4687	0.4753	0.4988	0.5137	0.5158	0.5184	基本协调
肇庆	0.3508	0.4117	0.4647	0.4861	0.5036	0.5101	0.5254	0.5416	0.5498	基本协调
中山	0.4005	0.5225	0.5770	0.5761	0.6056	0.6179	0.6394	0.6486	0.6422	初级协调
珠海	0.3858	0.5332	0.5968	0.6087	0.6342	0.6470	0.6557	0.6709	0.6651	初级协调

表3 数字化治理与政府效率的系统性协调关系类型和状态

数量关系类型	发展类型	发展状态
$U_1<U_2$	数字化治理转型发展滞后型	数字化治理失衡
$U_1=U_2$	数字化治理和政府效率协同型	均衡发展
$U_1>U_2$	数字化治理转型发展引领型	政府效率失衡

此外,依据数字化治理系统(U_1)和政府效率系统(U_2)各自不同发展水平,可将每种耦合协调度进一步划分为3种类型,$U_1<U_2$,数字化治理转型发展滞后型;$U_1=U_2$,数字化治理和政府效率协同型;$U_1>U_2$,数字化治理转型发展引领型。截至目前,广东省各地级市大部分呈现出数字化治理转型发展引领型的特征,即政府效率仍有一定的提升空间,相对于数字化治理发展水平政府效率提升滞后,政府部门应当进一步推动深度性数字化转型,构建数字化政府。

本研究分别截取了2012,2016,2019,2020年的数据进行分析,2012年广东省整体数字化治理、政府效率及二者耦合协调度处于较低水平。2016年三者的划分呈现分离趋势,在数字技术和通信网络的快速发展之下,数字化治理成为拉动政府效率的重要机制,此时广东省整体的治理发展类型逐步向着$U_1>U_2$的趋势演进,即政府效率提升的滞后,此时说明数字化治理成为耦合关系优化的主要驱动因素。从整体层面而言,2019年数字化治理、政府效率及二者耦合协调度与2016年差别较小,但数字化治理为主导的驱动机制进一步增强,政府效率得到了有效的提升,但政府效率失衡仍然存在。

值得关注的是,虽然受到2019年新冠肺炎疫情的冲击给政府治理效率和治理体系带来了严重的挑战,但疫情后的一年广东省各地级市的政府效率仍保持了一定程度的上涨趋势,数字化治理和政府效率的耦合协调指数也均保持了小幅增长,这说明疫情之下,数字化治理能够有效地化解社会风险、强化政府风险管理能力和缓解系统矛盾,进而提升政府效率,促进我国政府治理能力和治理体系现代化建设。

1. 时序演化特征

在时间维度上,数字化治理和政府效率的耦合协调度在整体上呈现出由中度失调向基本协调发展逐渐上升的特征,耦合协调度的平均水平由最低0.2373增加到最高0.9077。2012年,耦合协调区间位于[0.2373,0.6394]的区间内,最低值为茂名市,最高值为广州市,耦合协调类型主要有中度失调、轻微失调、濒临失调,分别占比38.10%、33.33%、19.05%,整体水平较低,大多处于失调状态。中位数2016年,耦合协调度介于[0.4349,0.8080],最低值为揭阳市，最高值出现在深圳市，该时期数字化治理和政府效率的耦合协调类型以濒临失调和基本协调为主，占比71.43%，整体协调水平显著提升，失调状态基本消失，开始呈现出较为稳定协调的过渡状态。2019—2020年，除珠海、揭阳和江门外，其余地级市耦合协调度均呈现小幅上涨趋势，全省均未因疫情冲击而出现失调状态，基本协调率达95.24%；此外，疫情的冲击引起了政府效率的小幅结构性波动，但数字化治理水平逆势上涨，政府部门加快了疫情期间政府服务的数字化治理转型步伐，整体层面由于数字化治理体系的建立和完善，有效化解了疫情对政府效率的负面效应，使得政府在疫情中仍能保持有效治理、高效治理和优质治理。

2. 空间演化特征

数字化治理与政府效率耦合协调关系具有空间相关性，广东省数字化治理与政府效率的耦合关系呈现出以广州市和深圳市的双中心空间驱动结构，分别以2012年以广州市为引领核心和2013—2020年以深圳市为引领核心为核心，逐渐向外部空间扩散，在整体空间结构上也呈现出较为显著的呈现"中部高两端低"的散射状空间格局特征，区域差异较为显著，耦合协调度呈现由中部向四周的空间距离递减趋势，远离驱动中心的空间边缘呈现耦合协调度较低的问题，即存在较为明显的空间溢出效应。双中心驱动型结构有利于扩大广东省治理格局上的优势协同，以广州市和深圳市带动全省数字化治理快速发展，进而推动政府效率革新，实现全省空间格局上数字化治理与政府效率相互协调关系。事实上，表2中的广东省21个地级市2020年协调等级分布也进一步论证了双中心的驱动效用，除潮州外的20个地级市均达到了基本协调以上，全省的整体协调程度发展较高。

2012—2020年间，广东省各市数字化治理、政府效率及二者耦合协调度逐步趋于稳定关系，其中耦合协调度在整体上呈现出由中度失调向基本协调发展的趋势，并以广州市和深圳市为双中心空间驱动结构，呈现"中部高两端低"向外部空间扩散的散射状空间格局特征，同时，数字化治理更是有效化解了疫情对政府效率的负面效用。综合而言，在时空维度上，数字化治理的实践强化了跨越空间区域边界和行政区域边界的治理要素和信息资源等的有效流动，打破了各地级市间相对封闭和分散的治理环境，使得广东省各市数字化治理、政府效率及二者耦合协调呈现出时空协同的发展格局，即以广州市和深圳市发挥数字化治理驱动核心的资源集聚优势，释放"空间溢出效应"，培育四周潜力型治理主体的数字化治理新增长极的作用，培育追赶型、平衡型、协同型数字化治理空间综合发展体。

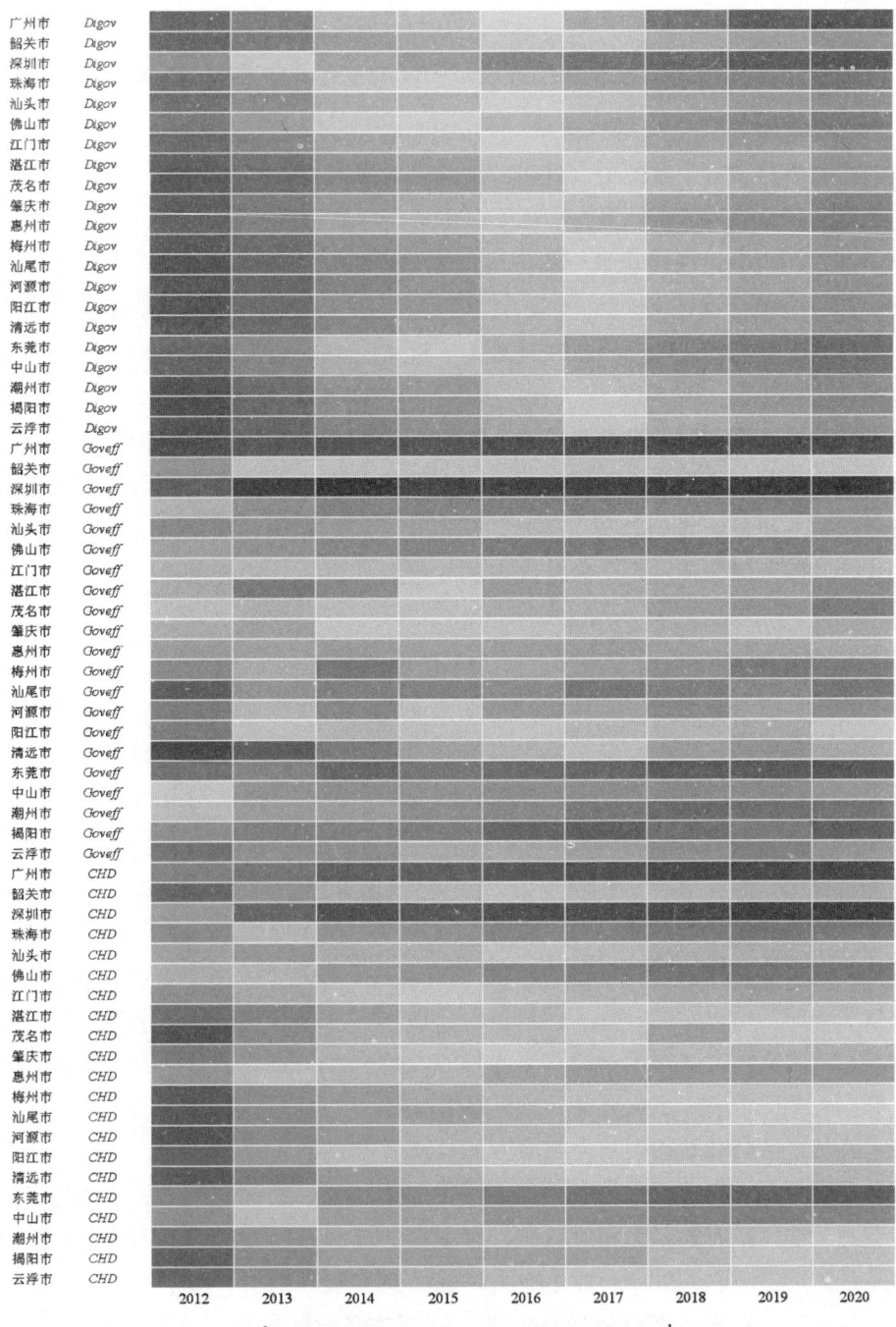

图4 2012—2020年广东省21个地级市数字化治理与
政府效率的耦合关系（按行政排序）

五、数字化治理有效提升政府效率：以广东省粤省事和 i 深圳为例

（一）粤省事：数字政府建设的先行者

粤省事移动民生服务平台目前已涵盖包括出生、入学、毕业、工作、结婚、养老等公民全生命周期服务，承载了身份证、居住证、社保卡、驾驶证等 53 个电子证照，基本实现群众拿一部手机，便带齐所有常用证照。"广东政务服务网"已成为整合省、市、县、镇、村五级政务服务的总平台、总枢纽，目前全省事项进驻数总计 199 万项，并打造了一批"一站式"专题服务。自粤省事民生服务小程序在 2018 年上线以来，其注册用户在 2021 年末突破 1.5 亿，粤省事已经成为广东全省居民日常生活的重要工具。粤省事移动民生服务平台的建设，极大地提升了广东省的政务服务能力，实现了省级政务信息化项目全生命周期管控，实现项目运作全过程电子化、规范化、流程化、标准化的闭环管理，推动了公共服务的变革，是全国范围内的先行者，也为其他省市建设数字政府提供了参照。

1. 优化运营模式

为建设数字政府打好基础，广东省从完善数字环境着手，进一步优化数字政府的运营模式。广东省调整了原本的各省直部门自设的信息化机构，将全省数据汇聚组建为广东省政务服务数据管理局，为全省各级政府及政府各部门的数据共享、资源流通提供实践基础。同时，作为改革开放的"排头兵"，广东省拥有良好的营商环境，有着腾讯等一系列优秀的互联网公司。基于这样的条件，广东省与上述互联网企业以及中国电子、中国联通、中国电信、中国移动开展了强强联手的合作，"数字广东"公司就在这样的背景下应运而生，承担了广东省数字政府的项目管理。数字广东为广东省数字政府的建设提供了技术和科技领域的人才支持，在每个领域都有更加专业的人才负责运营，同时，作为一个互联网企业，数字广东也更善于捕捉和深入挖掘用户的需求。

在传统的公共管理中，公共服务的生产者和供给者都是政府，而政府作为唯一的管理者承担着巨大的压力。即使在公共服务市场化改革之后，优化了政府管理职能，政府的压力相对减轻，对市场的规制有所放松，但仍然存在政府越权的问题，政府无法完全放手交由企业去完成服务供给。数字广东公司的成立，优化了公共服务供给的运营模式，使得政府能够专注于公众意见的接收、公共服务整体规划、对市场进行符合公共利益的引导、供给的监督等宏观调控上，而运营权则交给企业，企业拥有较大的自主权，能够更好地把握市场、用户的偏好，同时也发挥自身的技术人才优势，使公共服务资源更高效地流通和配用。广东省重建运营基础的做法，使公共服务的各主体间能够进行优势互补，各主体的合作也更加和谐，政府效率也得到了极大的提升。

2. 转变服务思维

在数字政府的建设过程中，广东省一直将为公众服务作为数字政府建设的宗旨。而以公众为中心的宗旨也在数字政府建设的三个方面中得以体现。一是解决公众需求的思维，广东省数字政府推出了粤省事民生公众号、小程序与移动客户端等民生服务应用，上线了当前受到广泛关注的民生领域的各类服务，与公众需求相对接。同时，利用数据共享的技术，整合全省的资源，将移动民生应用的覆盖范围扩展到全省，接通到省、市、县、镇、村，实现了以发达的技术优势带动全省的公共服务均等化发展。二是双向沟通思维，在数字政府的建设过程中，数字广东打通了公众与政府交流的困难，使粤省事等民生服务小程序上提供的服务能够根据公众需求的变化而不断调整，紧跟公众的需求。三是便民的思维，粤省事上线了各种公众日常生活所需办理的各项服务，全面且覆盖范围极广，同时数字广东开展的"一网通办""一证同行"等服务程序，通过多样化的技术手段，简化公众在接受政府服务中的流程，让数据多跑路，让公众少跑路，为公众提供更加便民化的服务。

3. 丰富服务内容

广东省是我国的人口大省，同时人口结构复杂，跨省流动人口规模大，复杂的人口结构以及庞大的人口数量使公共服务的供给十分困难，因此造成了政府所提供的公共服务内容与公众需求不匹配。且从地域来看，广东、深圳等珠三角地区经济发展水平要远远高于省内其他地区的经济发展水平，经济水平在一定程度上影响着公共服务的供给，因此广东省政府对公共服务的供给也难以覆盖到省内全部的地区，更是加大了公共服务供给均等化的难度。而数字广东为数字政府提供了粤省事的民生服务小程序，在很大程度上为跨市级的区域进行公共服务供给以及对应不同群体的公共服务需求提供了解决思路。首先，粤省事民生服务小程序上线的服务内容非常多，覆盖全群体的全生命周期，并根据具体事项进行分类整合，方便有需要的用户寻找；同时，凭借大数据技术的存储与分析的强大功能，粤省事的公众号可以针对用户的使用习惯，深入分析用户的服务偏好与需求，向不同需求的用户和群体推送精准、个性化的定制服务。此外，借助于全省一盘棋的整体战略，广东省各级政府以及其中的政府部门能够做到数据共享和业务协同，广东全省的公民都可以从粤省事小程序或移动客户端中享受自己需要的服务，全省一盘棋使公共服务也在全省领域内得到公平的供给。

（二）"i深圳"：疫情防控中的独特作用

"i深圳"App是平安智慧城市在深圳市政府的协助下打造的全市统一移动政务服务平台。这是"放管服"和"互联网+政务服务"改革推出的重要成果。自2019年1月11日上线至今，"i深圳"的服务事项覆盖率不断提高。如今，全市95%的个人政务服务事项都可以在"i深圳"进行办理，"i深圳"成为全天候的移动政府。

"i深圳"让生活更美好，不仅仅是一个口号，而是通过便捷的政府服务为深圳居民带来便利。通过人脸识别，市民可以享受刷脸服务，能够快速填报信息。通过自动推送相关证照文件，有效减少了材料的提交，促进了审批流程的简化。同时，"i深圳"的故障自检程序与数据安全管理系统可以提供全天候、全方位的安全防护和监测预警，能够及时发现安全漏洞和异常行为，动态维护系统运行。

在疫情特殊时期，"i深圳"发挥了独特的作用。一方面，提供全面周到的疫情防控相关服务，如24小时门诊服务，有专业医生接诊并积极回答市民的提问；在线心理咨询服务，为市民提供心理危机干预和帮助，缓解恐慌和紧张情绪。另一方面，市民可以在线自助办理社保、公积金等事务。由于是非接触式处理，可以减少人群流动，降低交叉感染风险，既安全又方便。

为继续做好新冠肺炎疫情防控工作，及时向市民提供最新疫情信息，"i深圳"开设了"疫情防控"专区。疫情防控服务专区提供了健康知识讲座、信息科普、防疫问答、自助申报、在线健康咨询、在线预约挂号、家庭医生等服务，并整合了电子健康卡、电子健康档案、在线问诊等功能，让市民足不出户就能了解疫情最新情况，实现线上服务，从而降低市民外出和聚集的风险。"疫情防控"专区中的各个小模块就是通过更细致的分类来提供更精细的政务服务。例如，为加强新冠肺炎疫情的群防群治，进行科学预防和精准服务，提高新冠肺炎疫情防控工作的效率，"深i您——自主申报平台"发挥了很大作用，市民可通过"i深圳"App疫情防控服务专区入口进入申报平台，接着在平台上获取自己需要的信息和能享受的精准服务；针对居家隔离的群体，"i深圳"上线了"深i您——平安在家"服务专区，平安在家服务专区定位于为居家隔离、居家防疫的市民提供信息获取、在线健康咨询、居家生活、在线学习等在内的居家服务，具体包括：居家防护资讯、疫情地图、发热症状自查、在线健康咨询及在线办理等服务。

综上所述，以粤省事和"i深圳"等为代表的数字化治理手段全面提升了政府、社会和公民的政务体验，打通了治理和服务场景的切换与协同结点，构建了资源共享、流通与利用的平台，从而有效促进了政府治理效率变革。数字化治理需要多重因素和多元主体的共同发力，整合资源，打破以往政府为单一治理主体的分散格局，形成协同共治的格局，最大限度地实现公共利益。多种数字化治理手段的推出，使得政府、社会组织、企业和公民迅速整合到一起，实现了有效互动和高效协同，释放了巨大的治理效能，在疫情防控时发挥了重要价值，有效结合数字治理与协同治理。

本研究采用全局 Moran′I 进行数字化治理的空间自相关分析。表 4 汇报了广东省数字化治理的全局 Moran′I 指数，呈现出明显的空间协同性。结果中显示 2012—2020 年不同空间权重矩阵下数字化治理的 Moran's I 指数的 P 值皆为在 1%的水平上显著，而且 Z 指数检验值均正且值大于 2.50，这表明广东省数字化治理发展具有显著的空间集聚特征，整体协同性强。从时间演化来看，广东省数字化治理的空间聚集特征呈现均衡波动趋势，整体而言保持在相对稳定的状态，这也进一步为广东省数字化治理协同共治模式的稳定性提供了直接证据，有效协同的数字化治理系统是实现政府效率变革的核心驱动力。

表 4 三种矩阵下全局 Moran's I 指数结果

	全局 Moran's I 指数		
	反地理矩阵	经济地理矩阵	经济地理嵌套矩阵
2012	0.135***	0.139***	0.612***
	(4.114)	(4.322)	(5.798)
2013	0.122***	0.124***	0.616***
	(3.839)	(4.011)	(5.868)
2014	0.097***	0.100***	0.576***
	(3.356)	(3.523)	(5.640)
2015	0.111***	0.114***	0.593***
	(3.699)	(3.863)	(5.819)
2016	0.113***	0.115***	0.596***
	(3.766)	(3.921)	(5.890)
2017	0.101***	0.139***	0.559***
	(3.558)	(4.322)	(5.670)

续表

	全局 Moran's I 指数		
	反地理矩阵	经济地理矩阵	经济地理嵌套矩阵
2018	0.105***	0.107***	0.586***
	(3.581)	(3.733)	(5.811)
2019	0.077***	0.080***	0.512***
	(2.993)	(3.146)	(5.260)
2020	0.077***	0.079***	0.498***
	(3.017)	(3.164)	(5.181)

六、讨论与对策

(一) 广东省数字化治理对提高政府效率所持优势

1. 创新"管运分离"治理模式，实现资源集约化利用

管运分离是广东数字政府建设的重要模式。管运分离作为广东省政府数字化改革的一部分，着力于实现数字政府建设中政府市场间的合作。在运营模式方面，"政企合作、管运分离"模式是广东省数字政府建设模式的一大特色与优势：广东"数字政府"运营中心，即数字广东网络建设是由三大运营商和腾讯公司共同出资组建，并与华为公司签订战略合作协议，形成"1+3+1"的"政企合作"模式，该模式既强调政府在规划引导、业务协调、监管监督等方面的重要作用，又充分发挥互联网企业和基础电信运营商的技术优势，改变以往政府部门既是使用者又是建设者的双重角色，将政府部门变成服务的使用者、评价者，把原来分布在各个部门的建设能力集中起来，统一建设、统一运营、统一调度，形成建设能力的集约效应。

2. 搭建全省"政务云平台"，打破发展不协调困局

面对以往政务数据管理过程中存在的区域发展水平不均、数据库共享不对等的"协调发展"困局，广东省致力于通过全省政务数据智能云平台的搭建，利用技术升级打造数字政府云架构，包括筑牢基础支撑平台，如统一身份认证、统一信息门户、统一政务大数据中心等，以及打造技术和数据两个平台，完成自身数据管理结构与政府数字化转型方向的匹配规则。一是在平台顶端设计层确定了"一体化"的建设思维，统一政府各层级间的数据共享标准；二是在平台落实层保障各地区数据平台基础建设的标准化，缩小各地方政府间的建设差距；三是在平台执行层打破部门间数据共享不充分的信息壁垒，构建分布式数据库。

3. 推动"好差评"管理工作，鼓励社会监督政府治理

大力推动政务服务"好差评"管理工作，让更多的社会公众参与到"数字政府"改革建设中去，实现了政府、企业、公众之间的良性互动，使得公共权力更加公开透明，提升了政务服务的质量。借鉴企业服务模式，公众可对已接受过政务服务中的政府服务结构、平台以及工作人员的服务质量做出"非常满意""满意""基本满意""不满意""非常不满意"的评价。对政务服务的评价可以通过线上和线下的多种渠道进行，就线上评价渠道而言，可以通过广东政务服务网、"粤省事"、"粤商通"等平台，群众办事后按照系统提示做出评价即可；就线下评价渠道而言，可以通过政务服务大厅、自助服务终端、12345热线电话等完成评价。而差评形成工单，要求政府部门限期回访整改，评价结果定期通报，并纳入各级政府年度目标考核和绩效考核，促使各部门不断改善和提升政务服务质量。同时，公众通过"用户体验"也可以就平台在使用上存在的不足及改进措施提出意见和建议，通过反馈，企业可以进一步加强技术创新，优化平台建设。

4. 推动疫情防控"信息化"，促进政府多元治理

自2020年初以来，新冠肺炎疫情的暴发激发了政府数字化治理的作用。社交距离的拉远推动了网络互动，隔离和检疫也限制了许多"正常"的经济、政治和社会活动。当面对面的互动变得不可能或是难以进行时，政府进行社会治理也变得寸步难行。基于此，数字化治理的解决方案就变得至关重要。基于政府数字化治理，拥有强大的多功能电子政务系统的各级政府能向公众、政府部门和医疗工作者提供明确的、真实的、有效的最新信息，同时还能与承担数字政府建设的企业等其他利益相关者进行合作，减少错误信息的传播，解决网络安全和数据隐私问题。

在疫情防控时，广东省强化疫情防控信息化支撑，完善新冠病毒大规模核酸检测信息系统、疫苗流通与接种管理信息系统，更有力支撑大规模检测、疫苗接种和基层防控需求，同时进一步加强"粤康码"系统运行保障，确保群众安全、有序、顺畅出行，大幅度地提升了政府社会治理的效率。

(二) 提升广东省数字化治理能力和政府效率的对策建议

广东省数字化治理取得了一系列成效，提升了广东全省整体的公共服务供给能力，在短时间内迅速成为全国当地政府数字化转型模板。在未来的实践中，广东省更需要着眼以下几点，持续深化推进数字化改革，完善数字化、智能化

的公共服务供给体系，实现使全省数字化改革持续走在国家前列的战略目标。

1. 信息资源透明化，鼓励社会开发利用数据资源

在大数据时代下，数据是当前的战略资源，数据共享是数字政府建设的核心动能。广东省的数字政府建设已经实现了数据的共享与数据公开，而作为战略资源，政府应该进一步对数据进行深度开发，释放数据红利的作用。不仅仅是对数据进行收集整理与分析，还应该让数据资源发挥更重要的作用，政府应该进一步将信息资源透明化，方便社会接触，并鼓励社会、企业更多地对数据资源进行开发和利用，推动政务服务数据和社会数据的融合与共享，加大各领域智能化应用的研发力度，在实现公共服务供给体制机制重塑的同时，也能够推动广东经济社会迸发出新的活力，推动广东经济进一步向高质量发展，也营造出以数据开发为基础的经济可持续性发展动力，打造数字经济，全面提升广东省的数据与经济竞争力。

2. 聚焦地区和年龄差异，解决数字鸿沟问题

要解决地区层面的数字鸿沟问题，首先则是要加大数字化治理的财政投入。要设置数字政府建设专项经费，合理确定广东省各市、县、区的投入比例。对省内欠发达农村地区、乡村振兴重点帮扶县，在经费上应适度给予财政转移资金倾斜，缩减数字鸿沟。另外，还应合理引入社会资本助力数字化建设。要引导通信企业加大对政府信息基础设施建设的支持力度，保证数字化治理技术水平的不断更新，并且扩大数字化相关的资金投入和技术应用的覆盖范围。

要解决年龄层面的数字鸿沟问题，一方面要更新老龄群体的数字认知，其中最重要的就是转变观念。这需要充分发挥老龄群体的主观能动性，积极克服传统观念，更新数字观念，加快融入数字社会。另一方面要提升老龄群体的数字运用能力，包括休闲娱乐等基本生活需求以及个人发展等深层需求。这需要全社会共同努力，逐步建立健全覆盖老龄群体的社会福利型终身教育体系，为老龄群体提供学习机会和学习设施。

3. 明确绩效评价体系导向，整合数字化治理资源

数字政府的绩效评价是以不断贴近公众需求为重要标准，来作为衡量自身数字化建设成果，优化数字化治理结构。广东省在数字政府的绩效评价体系以公众满意度为导向，在建设中已经取得了良好的成效。但是政府的绩效评价指标必须不断发挥其引导的作用，并与外部环境相结合。因此，广东省数字政府的绩效评价指标体系在建设中应与人民获得感相结合，从数字政府的内容、安全、应用以及服务等方面全面衡量使用者的主观获得感，并以此作为数字政府建设的绩效评价指标，以此来指导、调整和完善数字政府在界面设计、内容提

供、交互使用等多方面的建设，不断提升公众的使用获得感。

4. 关注保障数据安全，严防信息安全漏洞

在大数据时代下，网络及数据带来了数据红利的同时，也为规范和防止网络犯罪带来了极大的挑战。广东省既需要发挥数据资源的作用，又需要将保障数据安全放到非常重要的位置上。因此，广东省还需要不断完善与信息安全、数字政府建设相关的法律法规，对未来数据资源的利用加以规范与保护，引导网络社会与数字政府的有序发展。同时，在政务信息公开的同时，由于数据的流动性较强，也会涉及政府的数据信息安全问题，这就要求数字政府不断提高自身的基础设施建设，同时也要加强网络社会与数据使用的监测，不断强化网络信息安全体系建设。在当前的信息社会中，政府还需要不断提升公民的网络安全意识，从各个方面严防信息安全漏洞的出现，也能使政务服务数据与社会数据得到更高效的利用。

参考文献

一、中文文献

[1] 中共中央马克思恩格斯列宁斯大林著作编译局. 马克思恩格斯文集：第3卷[M]. 北京：人民出版社，2009.

[2] 中共中央马克思恩格斯列宁斯大林著作编译局. 马克思恩格斯文集：第2卷[M]. 北京：人民出版社，2009.

[3] 中共中央马克思恩格斯列宁斯大林著作编译局. 马克思恩格斯全集：第20卷[M]. 北京：人民出版社，1971.

[4] 中共中央马克思恩格斯列宁斯大林著作编译局. 马克思恩格斯选集：第3卷[M]. 北京：人民出版社，2012.

[5] 马克思. 资本论：第1卷[M]. 北京：人民出版社，1975.

[6] 中共中央马克思恩格斯列宁斯大林著作编译局. 列宁全集：第37卷[M]. 北京：人民出版社，1986.

[7] 中共中央马克思恩格斯列宁斯大林著作编译局. 列宁选集：第3卷[M]. 北京：人民出版社，2012.

[8] 中共中央马克思恩格斯列宁斯大林著作编译局. 列宁全集：第1卷[M]. 北京：人民出版社，1984.

[9] 中共中央马克思恩格斯列宁斯大林著作编译局. 列宁全集：第4卷[M]. 北京：人民出版社，1984.

[10] 中共中央马克思恩格斯列宁斯大林著作编译局. 列宁全集：第36卷[M]. 北京：人民出版社，1985.

[11] 中共中央党史和文献研究院. 十九大以来重要文献选编：上[M]. 北京：中央文献出版社，2019.

[12] 中共中央党史和文献研究院. 十九大以来重要文献选编：中[M]. 北京：中央文献出版社，2021.

[13] 中共中央文献研究室. 十八大以来重要文献选编：上[M]. 北京：中央文献出版社，2014.

［14］中共中央文献研究室．十八大以来重要文献选编：中［M］．北京：中央文献出版社，2016.

［15］中共中央文献研究室．十八大以来重要文献选编：下［M］．北京：中央文献出版社，2018.

［16］中共中央宣传部．习近平新时代中国特色社会主义思想三十讲［M］．北京：学习出版社，2018.

［17］中共中央宣传部．习近平总书记系列重要讲话读本［M］．北京：学习出版社，人民出版社，2016.

［18］毛泽东．毛泽东选集：第1~4卷［M］．北京：人民出版社，1991.

［19］毛泽东．毛泽东著作选编［M］．北京：中共中央党校出版社，2002.

［20］毛泽东．毛泽东论文艺［M］．北京：人民出版社，1992

［21］毛泽东．毛泽东谈古论今［M］．北京：人民出版社，1998.

［22］毛泽东．毛泽东外交文选［M］．北京：中央文献出版社，1994.

［23］中共中央宣传部．习近平总书记系列重要讲话读本［M］．北京：学习出版社，2014.

［24］习近平．之江新语［M］．杭州：浙江人民出版社，2007.

［25］习近平．干在实处　走在前列［M］．北京：中共中央党校出版社，2006.

［26］习近平．论党的宣传思想工作［M］．北京：中央文献出版社，2020.

［27］习近平．习近平谈治国理政：第1卷［M］．北京：外文出版社，2014.

［28］习近平．习近平谈治国理政：第2卷［M］．北京：外文出版社，2017.

［29］习近平．习近平谈治国理政：第3卷［M］．北京：外文出版社，2020.

［30］习近平．习近平谈治国理政：第4卷［M］．北京：外文出版社，2022.

［31］中共中央关于深化文化体制改革推动社会主义文化大发展大繁荣若干重大问题的决定［M］．北京：人民出版社，2011.

［32］习近平．携手建设更加美国的世界：习近平在中国共产党与世界政党高层对话上的主旨讲话［M］．北京：人民出版社，2017.

［33］中共中央文献研究室．习近平关于全面深化改革论述摘编［M］．北京：中央文献出版社，2015.

［34］习近平．中共中央关于党的百年奋斗重大成就和历史经验的决议［M］．北京：人民日报出版社，2021.

［35］程树德．论语集释［M］．程俊英，蒋见元，点校．北京：中华书局，1990.

［36］老子道德经注校释［M］．王弼注，楼宇烈，校释．北京：中华书局，2008.

[37] 郭庆藩. 庄子集释 [M]. 王孝鱼, 点校. 北京: 中华书局, 2012.

[38] 王先谦. 荀子集解 [M]. 沈啸寰, 王星贤, 点校. 北京: 中华书局, 1988.

[39] 朱熹. 四书章句集注 [M]. 北京: 中华书局, 1983.

[40] 十三经注疏 [M]. 阮元, 校刻. 北京: 中华书局, 1980.

[41] 许慎. 说文解字注 [M]. 段玉裁, 注. 上海: 上海古籍出版社, 1981.

[42] 张占斌, 薛伟江. 当代中国国家治理概论 [M]. 北京: 中共中央党校出版社, 2021.

[43] 俞可平. 治理与善治 [M]. 北京: 社会科学文献出版社, 2000.

[44] 尼古拉斯·布宁, 余纪元. 西方哲学英汉对照辞典 [M]. 北京: 人民出版社, 2001.

[45] 钱穆. 国史新论 [M]. 北京: 生活·读书·新知三联书店, 2001.

[46] 李泽厚. 中国古代思想史论 [M]. 北京: 人民出版社, 1986.

[47] 陈锡喜. 马克思主义: 意识形态和话语体系 [M]. 上海: 华东师范大学出版社, 2011.

[48] 俞吾金. 意识形态论 [M]. 上海: 上海人民出版社, 1997.

[49] 郑永年. 中国的"行为联邦制": 中央—地方关系的变革与动力 [M]. 上海: 东方出版社, 2013.

[50] 张维为. 中国震撼, 一个"文明型国家"的崛起 [M]. 上海: 上海人民出版社, 2011.

[51] 徐伟新. 中国新常态 [M]. 北京: 人民出版社, 2015.

[52] 陈锡喜. 平易近人: 习近平的语言力量 [M]. 上海: 上海交通大学出版社, 2014.

[53] 王宁. 全球化与文化: 西方与中国 [M]. 北京: 北京大学出版社, 2002.

[54] 张历历. 当代中国外交简史 [M]. 上海: 上海人民出版社, 2015.

[55] 魏礼群. 国家治理现代化 [M]. 北京: 国家行政管理出版社, 2020.

[56] 罗峰, 等. 中国国家治理现代化的探索与实践 [M]. 上海: 上海人民出版社, 2021.

[57] 吕锡琛. 善政的追寻: 道家治道及其践行研究 [M]. 北京: 人民出版社, 2014.

[58] 黎红雷. 儒家管理哲学 [M]. 广州: 中山大学出版社, 2020.

[59] 李宗桂. 中国优秀传统文化的现代价值 [M]. 北京: 人民出版社, 2019.

[60] 俞可平. 中国如何治理：通向国家治理现代化的中国之路 [M]. 北京：外文出版社，2018.

[61] 胡鞍钢，等. 中国国家治理现代化 [M]. 北京：中国人民大学出版社，2014.

[62] 毛寿龙，李梅，陈幽泓. 西方政府的治道变革 [M]. 北京：中国人民大学出版社，1998.

[63] 成中英. 文化·伦理与管理 [M]. 贵阳：贵州人民出版社，1991.

[64] 欧文·E. 休斯. 公共管理导论 [M]. 彭和平，等译. 北京：中国人民大学出版社，2001.

[65] 戴维·奥斯本，特德·盖布勒. 改革政府：企业精神如何改革着公营部门 [M]. 上海：上海译文出版社，1996.

[66] 塞缪尔·P. 亨廷顿. 变动中的政治秩序 [M]. 上海：上海人民出版社，2008.

[67] 弗朗西斯·福山. 国家构建：21世纪的国家治理与世界秩序 [M]. 北京：中国社会科学出版社，2007.

[68] 杜赞奇. 文化、权力与国家：1900—1942年的华北农村 [M]. 南京：江苏人民出版社，2003.

[69] 肖滨. 扩展中国政治学的现代国家概念 [J]. 中国社会科学评价，2020（2）.

[70] 郁建兴. 论全球化时代的马克思主义国家理论 [J]. 中国社会科学，2007（2）.

[71] 李崇富. 马克思主义国家观和国家认同问题 [J]. 中国社会科学，2013（9）.

[72] 王群光. 治理的西方语境与中国化重建 [J]. 社会主义研究，2017（5）.

[73] 曹正汉. 中国上下分治的治理体制及其稳定机制 [J]. 社会学研究，2011，25（1）.

[74] 何增科. 理解国家治理及其现代化 [J]. 马克思主义与现实，2014（1）.

[75] 郑言，李猛. 推进国家治理体系与国家治理能力现代化 [J]. 吉林大学社会科学学报，2014，54（2）.

[76] 胡仙芝. 治理理论与行政改革 [J]. 中国行政管理，2001（1）.

[77] 戴长征. 中国政府的治理理论与实践 [J]. 中国行政管理，2002（2）.

[78] 张成福. 论政府治理工具及其选择 [J]. 中国机构, 2003 (1).

[79] 郁建兴, 徐越倩, 江华. 温州商会的例外与不例外: 中国公民社会的发展与挑战 [J]. 浙江大学学报 (人文社会科学版), 2007 (6).

[80] 何增科. 社会管理体制改革的总体思路: 走向新的社会管理模式 [J]. 毛泽东邓小平理论研究, 2007 (9).

[81] 朱德米. 从行政主导到合作管理: 我国环境治理体系的转型 [J]. 上海管理科学, 2008 (2).

二、英文文献

[1] JAMES BUCHANAN. The Limits of Liberty: Between Anarchy and Leviathan [M]. Chicago: University of Chicago Press, 1975.

[2] WILLIAM NISKANEN. Bureaucracy and Representative Government [M]. Chicago: Aldine/Atherton, 1971.

[3] GORDON TULLOCK. The Politics of Bureaucracy [M]. Washington, DC: Public Affairs Press, 1965.

[4] TERRY MOE. The Politics of Bureaucratic Structure, J. E. Chubb and P. E. Peterson, eds. Can the Government Govern? [M]. Washington, DC: The Brookings Institution, 1989.

[5] PATRICK DUNLEAVY. Democracy, Bureaucracy and Public Choice: Economics Explanations in Political Science [M]. London: Harvester Wheatsheaf, 1991.

[6] A G BOVAIRD, ELKE LFFLER, SALVADOR PARRADO-DIEZ. Developing Local Governance Networks in Europe [M]. Nomos Publishers, Baden-Baden, 2002.

[7] JUDGE D, STOKER G, HAL W, et al. Theories of Urban Politics [M]. London: Thousand Oaks, C. A.: Sage, 1995.

[8] GERRY STOKER. The New Management of British Local Governance [M]. London: Macmillan, 1999.

[9] DAVID MARSH, RHODES R A W. Policy Networks in British Politics [M]. Oxford: Clarendon Press, 1992.

[10] JOHN PETERSON, ELIZABETH BLOMBERG. Decision-making in the European Union [M]. Basingstoke: Macmillan, 1999.

[11] IAN BACHE, MATTHEW FLINDERS. Multi-level Governance [M]. Oxford: Oxford University Press, 2004.

[12] BOVAIRD A G, ELKE LFFLER, SALVADOR PARRADO-DIEZ. Multi-level Governance: Decentralising Power in Europe [M]. Cheltenham: Edward

Elgar, 2005.

[13] DONNALD, KETTL. The Transformation of Governance: Public Administration for Twenty-first Century America, Baltimore [M]. Md: Johns Hopkins University Press, 2002.

[14] DWIGHT WALDO. The Administrative State: A Study of the Political Theory of American Public Administration [M]. 2nd ed, New York: Holmes & Meier Publishers, 1984.

[15] GEORGE FREDERICKSO. The Spirit of Public Administration [M]. SanFrancisco: Jossey-Bass Publishers, 1997.

[16] JAMES MARCH, JOHAN OLSON. Democratic Governance [M]. New York: Free Press, 1995.

[17] GUY PETERS. The Future of Governing: Rour Emerging Models [M]. Lawrence: University Press of Kansas, 1996.

[18] LAURENCE LYNN, CAROLYN HEINRICH, CAROLYN HILL. Improving Governance: A New Logical for Empirical Research [M]. Washington, D.C.: Georgetown University Press, 2001.

[19] DWIGHT WALDO. The administrative state; [electronic resource] a study of the political theory of American public administration [M]. New York: Ronald Press, 1984.

[20] B. GUY PETERS. The Future of Governing [M]. Lawrence: University Press of Kansas, 2001.

[21] TERRY MOE. The New Economics of Organizations [J]. American Journal of Political Science, 1984 (28).

[22] ELINOR OSTROM. An Agenda for the Study of Institutions [J]. Public Choice, 1986, 48 (1).

[23] RONALD COASE. The Nature of the Firm [J]. Economica, 1937, 4 (16).

[24] RONALD COASE. The Problem of Social Cost [J]. Journal of Law and Economics, 1960, 3 (1).

[25] SIMON HIX. The Study of the European Union II: the New Governance Agenda and Its Rival [J]. Journal of European Public Policy, 1998, 5 (1).

[26] BEATE KOLHER-KOCH, BERTHOLD RITTBERGER. The 'Governance Turn' in EU Studies [J]. Journal of Common Market Studies, 2006, 44 (1).

[27] DAVID ROSENBLOOM. Public Administrative Theory and the Separation of Powers [J]. Public Administration Review, 1983, 43 (3).

后 记

《马克思主义国家治理理论与中国实践》是为适应新时代国家治理体系和治理能力现代化的时代要求组织编写的，以期推动该领域的学术研究和交流。

自党的十八大以来，以习近平同志为核心的党中央提出了"国家治理体系和治理能力现代化"的重要命题，将之视为推进和完善中国特色社会主义制度，实现中华民族伟大复兴的重要环节，这为研究国家治理理论和实践提供了重要指引。马克思主义国家治理理论是马克思主义理论的重要组成部分，系统阐释了无产阶级如何建立新的国家和政府、由谁来治理国家、如何治理国家等国家治理方面的重大问题。马克思主义国家治理理论在我国的实践探索中得到进一步丰富和发展。因此，系统厘清马克思主义国家治理理论，梳理马克思主义国家治理理论的中国实践，为新时代我国国家治理实践提供理论支撑和经验启迪，就成为本书的写作初衷。而目前，集中系统论述马克思主义国家治理理论与中国实践相关的论著并不多见，本书由此而作，既可为相关专业本科生和研究生提供参考教材，亦可为相关研究人员提供参考资料。

本书是团队协作的结晶，其中，本书的基本观点、理论框架、篇章结构的设定、修改、统稿和最后定稿均由揭晓教授完成并负责。

第一章、第六章：由庄留华博士、揭晓教授完成。

第二章：由庄谦之博士、林惠川博士完成。

第三章：由罗彩博士完成。

第四章：由臧艳雨副教授和罗楚钰研究生完成。

第五章：由黄晓曦博士完成。

案例分析：由王韵晖、张璇、雷珊、梁志浩研究生完成。

本团队精诚合作，竭尽全力致力于学术探索，力求有所突破和创新，但是由于学识能力和学术水平的局限，错误和不当之处难免，诚望大家批评指正。

本书的出版得益于广东工业大学的资助，以及光明日报出版社编辑室同志为出版本书所付出的辛勤劳作，在此一并表示感谢。

2022 年 9 月于广州